40대 또래 친구들을 페미니스트 전사로 만들었던 말은
'맘충'이었다. 특히 한때 운동권이었던 이들은 더욱 분노했다.
여성 혐오가 엄마에게로까지 확산되자 순식간에 판이
달라졌다. 최근 몇 년은 그야말로 혁명적 순간이었다.
하지만 혁명의 시간이 지나면 비?　　　　　　　를 찾아오는 법,
최근 페미니스　　　　　　　　　　　　　　　　이다.
이제 그 친구들　　　　　　　　　　　　　　었다.

- 엄마 페미야?

맘충이란 소리에는 분노했는데 "엄마 페미야?"라는 말에는
다리가 풀렸다는 친구들에게 이 책을 권한다. 우석훈의 처방이
도움이 될 거라 확신한다. 좌파란 모름지기 인기가 없어도
버티는 거 하나는 잘하지 않는가. 그러므로 우리는 지는 법이
없다. 웃으면서 끝까지 투쟁!

권김현영 (여성주의 연구활동가, 『늘 그랬듯이 길을 찾아낼 것이다』 저은이)

슬기로운
좌파생활

슬기로운 좌파생활

우리, 좌파 합시다!

우석훈 지음

오픈하우스

차례

중2병 아들과 갱년기 아내, '환장의 커플'

1.

　중학생이나 고등학생 자녀를 둔 엄마들을 좀 안다. 부끄러운 얘기지만, 공부하는 일을 하다 보니까 내 주변에는 박사들이 너무 많고, 또 유명한 사람들이 너무 많다. 현장 활동을 내려놓은 지 시간이 많이 흘러, 어느덧 다시 공부하는 사람들만 주변에 가득하게 되었다. 아주 소수의 보수 성향 인사들도 있지만, 대부분 진보 쪽이고, 소수의 좌파들이 있다. 그들도 한때 공부라면 날렸을 사람들이지만, 세상살이가 늘 그렇게 자기 마음대로 되지는 않는다.

　이 엄마들의 고민이 얼마 전부터 아들과 대화하기가 아주 힘들고, 심지어는 아들이 자신을 미워하기도 한다는 거다. "엄마도 페미야?" 이런 얘기를 아들에게 듣고 결국은 우는 엄

6

마를 보았다. 지난 2~3년 동안에 이런 일들이 부쩍 늘어났다. 진보 성향의 엄마와 10대부터 마초 아니, '여혐' 성향을 보이는 아들 사이의 갈등. 한국에서 흔히 보던 일은 아니다. 영화 〈실미도〉(2003년)의 꾸겨진 흑백 사진으로 남은 설경구의 어머니의 신화는 이제 실루엣으로도 어렴풋이 지워져간다. 자식을 위해서 희생하는 성스러운 존재로서의 '어머니'가 가지고 있던 거룩하고 고상한 환상은 사라져간다.

이 현상을 남자들에게 얘기해보았다. 중2병에, 갱년기 엄마라서 그렇다고 그들은 아주 속 편하게 대꾸한다. 원래 그런 거란다. 중학교 2학년부터 본격화되는 '이유 없는 반항'은 환경호르몬에 너무 많이 노출되어서 성조숙증으로 인해 사춘기가 빨라진 거라고 한다. 그리고 월경을 시작하는 나이가 초등학생까지 내려갔다고, 묻지도 않은 얘기들을 주르르 늘어놓는다. 여성들의 갱년기는 원래 그런 거다, 소득이 높아져서 힘든 것도 생기지, 예전 엄마들처럼 먹고살기 힘들면 그딴 거 없을 거다…… 아따, 그 아저씨 말 많네, 엄청나게 떠든다. 분명히 여기도 여성호르몬 과다 분비로 수다가 늘어나고, 눈물이 늘어났을 것 같다.

특목고[1] 트랙과 일반고 트랙이 한국 사회에서 최초로 분

1 ────────────────────────────────────

特目高, 교육 내용 중 특정한 과목에 우수한 인재를 뽑아 육성하는 것을 목적으로 삼은 고등학교. 과학 고등학교, 외국어 고등학교 등을 말한다.

들어가며

리 현상을 체감하는 나이가 중2다. 이번 생은 망했어, '이생망' 이라는 신조어를 만든 게 바로 중학생이다. 호르몬하고는 아무 관계없이 우리의 교육 구조가 만든 집단 좌절을 체감하는 나이가 딱 중2다. 직장 여성의 경우, 딱 그 나이가 직장에서 중간 간부나 책임자급으로 올라갈지, 아니면 이른바 '유리 천장'에 막혀서 이제 다른 경로를 고려해야 할지, 인생에서 스트레스가 최고조로 달하는 시점이다. 중2 남학생과 진보 성향의 엄마, 그야말로 '환장의 조합'이다.

아빠들이 너무 집에서 대화가 없다는 생각이 들었다. 그 얘기를 했더니 아빠들도 불만이다. 행복하게 잘 놀고 있는데, 자기만 퇴근해서 들어가면 갑자기 딸이든 아들이든 혹은 아내든 다들 후다닥 문 닫고 자기 방으로 들어가버린다는 거다. 그래서 자신은 '외롭다'고 한다. 이런 쯔다! 그렇게 방치된 아들이 나중에 아빠가 될 확률은 3분의 1 이하다. 그리고 그렇게 대화 없이 살다가 어느 날 이혼 통보받게 될 확률도 매우 높다. 은퇴하면 삼식이 된다고 진짜 삼식이 할아버지 같은 얘기나 하고 있을 때는 아닌 것 같다.

– 너도 페미냐?

이런 질문을 처음 들은 지 3년 정도 되는 것 같다. "나는 공산당이 싫어요", 이승복 어린이가 얘기했다는 문장이 초등학교부터 전국을 휩쓴 이후로, 단군 이래로 한국의 틴에이저들, 아니 틴에이지 보이들이 가장 많이 사용하는 단어가 "너도 페미냐?"가 아닐까 싶다. 2021년에 개최된 도쿄올림픽에서 금메달 세 개를 딴 양궁의 안산 선수 '숏커트' 헤어스타일을 향한 물음으로 사용된 이후로 전국적으로 유명세를 탄 문장이 되었다. 그렇지만 틴에이저들과 20대 남성들 사이에서 이 문장은 오래전부터 이미 유명한 문장이었다. '안산 사건'과 함께 새로운 문장 하나가 등장했다. "머리 긴 애들도 페미래!" 이게 무슨 신여성 나혜석 시대 같은 소리냐!

　　게임 업계에서는 이 문장이 그냥 창피를 주거나 그런 정도가 아니라 실제로 밥줄을 끊는 문장이 되었다. 초기에는 주로 자기 또래나 자기보다 권위가 낮은 여성들에게 주로 쓰였던 것 같다. 그 후에는 학교 선생님과 엄마들, 그러니까 자신보다 권위 있는 여성들에 대해서도 좀 더 폭넓게 쓰이게 되었다. 그 과정에서 충격 받은 중고등학교 선생님들 얘기도 좀 들었고, 아들의 이런 반항적인 변화를 어느 날 갑자기 알게 된 엄마들이 충격받고 우는 일이 벌어졌다.

　　"너도 페미냐?"라는 문장의 뜻이 더 심화된 현상은 대체로 1년 전에서 지난 몇 달 사이에 급격하게 늘어난 것 같다. 젊은 남성들끼리도 뭔가 여성을 옹호하는 얘기를 하면 이런 질문을 던지기 시작했다. 남성이 남성에게, "너도 페미냐?", 이렇게 배신자 대하는 어감으로 질문하기 시작했다. 그리고 서울시장 보궐선거에서 20대 남성들의 70퍼센트가 오세훈에게 투

9　　　　　　　　　　　　　　　　　**들어가며**

표하였다. 마침내 사건은 일어났다. 결국 나도 이 문장을 듣는 일이 벌어진 거다.

– 선생님도 페미예요?

교실에서 시작된 이 질문이 급기야 나에게도 왔다. "586들은 아무것도 모른다", "왜 갑자기 페미니즘에 관심을 가지세요?", 별의별 댓글들이 달리기 시작했다. 이것들이! 그래서 나도 태어나서 처음으로 내 입장을 밝혀야 할 이유가 생겼다.

– 저는 좌파인데요.

좌파요? 진보, 민주당 계열 아니고요? 좌파다, 좌파! 그래, 빨갱이다. 평등주의자, 이갈리테리언egalitarian이다, 『이갈리아의 딸들』[2]이 아니라! 간만에 케임브리지 영어사전을 찾아봤다. 이갈리테리언, '모든 사람들은 동등하게 중요하며, 삶에 있어서 같은 권리와 기회를 가져야 한다고 믿는 사람'이다. 나는 좌파로서, 이갈리테리언으로서, 남녀평등 정도가 아니라 모든 사람들은 평등하게 태어났다고 생각한다. 나의 믿음이다. 좌파에게 남녀평등은 기본이다.

중2병 아들과 갱년기 아내,
'환장의 커플'

2.

　몇 년 전에 《문화일보》가 기획해서 연애 이야기와 관련해서 네이버에 글을 썼다. 곽금주 서울대 교수 등 심리학 전문가나 소설가 등이 한 꼭지씩 나누어서 연재하는 형식이었다. '3포 세대' 등 워낙 연애 자체가 줄어들거나 어려워진 시기라서, 뭔가 연애를 가볍게라도 활성화시켜보자는 약간의 계몽적 취지도 있었던 기획이었다.

　그 시절에 가장 큰 주제는 데이트 비용을 누가 낼 것이냐, 그런 문제였다. 진지하게 분석할 대상은 아닐지 몰라도, 순서상으로 보면 썸 타기, 모태 솔로, 데이트 비용 논쟁, 그리고 데이트 폭력, 이런 것들이 순차적으로 사회적 논의 한가운데 올라온 것 같다. 연애는 해야겠는데, 그렇다고 결혼 등 복잡한 미래가 부담스러우니까 썸싱을 줄인 '썸'이라는 단어가 먼저 나왔다. 뭔 일이 있기는 한 것 같은데, 그렇다고 아직 본격적으

2

페미니즘과 유토피아 소설. 남성과 여성의 성역할 체계가 완전히 뒤바뀐 가상의 세계 '이갈리아'의 모습을 그렸다. 여성과 출산, 직장 내 남녀차별 등 여성학 이론을 둘러싼 여러 가지 쟁점을 제시했다. 여성과 남성, 누가 주도하든지 피지배 계층의 성(性)은 부당한 권리와 억압에 착취당할 수밖에 없음을 보여준다. 작가이자 여성운동을 펼치고 있는 노르웨이 작가 게르드 브란튼베르그(Gerd Brantenberg)의 책으로 영어로 번역되었을 당시 큰 논쟁을 불러일으켰고, 한국에서도 도서명을 딴 '웹사이트 메갈리아'로 사회적 논쟁이 일었다.

들어가며

로 연인은 아닌 그런 상태가 사람들의 환호성을 받았다. 연애의 미니멀리즘이다. 그나마도 부담스러우니까 그리고 모태 솔로와 같은 솔로에 대한 얘기가 전면화되었다.

여기까지는 연애는 하고는 싶은데, 그야말로 메이팅의 문제, 어떻게 서로 모르는 사람들이 서로 만나서 연인이 될 것인가, 그런 문제로 이해할 수 있다. 그 한가운데에서 데이트 비용 논쟁은 본격적으로 한국의 청춘 남녀가 여혐과 남혐으로 들어가는 징후적 사건이었다. 데이트 폭력이 진짜로 늘어난 것이냐, 아니면 그걸 문제로 삼고 또 신고하기 시작하니까 늘어난 것으로 보이느냐, 그게 격론의 대상이 되었다.

생물학이나 생태학에서 얘기하는 메이팅은 유전자의 다양성을 확보하기 위해서 유성 생식을 사용하는 생명체에게는 피하기 어려운 한 순간이다. 메이팅을 위해서 수컷 공작은 머리 장식에 많은 에너지를 사용하고, 하다못해 수컷 매미들도 더 큰 소리를 내기 위해서 공명판을 크고 튼튼하게 만들려고 한다. 이런 생물학의 얘기를 전격적으로 도입한 진화심리학은 지나치게 개인적으로, 그리고 결국은 보수적인 방식으로 너무 많은 것을 환원적으로 해석하려고 시도하였다. 너희들의 행위, 심지어는 무의식마저 모두 DNA가 시키는 거야! '이기적 유전자의 가설'이 쉽게 많은 것을 설명하는 듯했다.

하지만 이런 게 한국에서는 잘 안 먹혔다. 처음에는 조심스럽게 접근하려던 남녀가 솔로 시대를 거치면서, 데이트 비용에 대해서 문득 의문을 제시하기 시작했다. 물론 당연히

**중2병 아들과 갱년기 아내,
'환장의 커플'**

데이트에 더 많은 비용을 대고 있던 남성들이 이 '투자'가 과연 합당한 투자인가, 그런 질문을 던지기 시작한 것이다.

　　과연 남자와 여자가 데이트할 때 비용은 어떻게 나누어야 하나? 단기적으로는 자기효용만큼 지불하면 된다. 장기적으로는 자신의 미래에 대한 투자라고 생각할 수 있다. 사실 이건 사회적으로 질문할 필요가 없는 질문이다. 이 질문이 나오는 순간에 사회적으로 데이트의 효용성 자체가 의심되는 것이다. 적당히 나누면 되는 것인데, 남자든 여자든 데이트 비용을 질문하는 순간, '과연 이 데이트를 왜 해야 하는 거지?' 그런 가볍지만 존재론적인 질문 앞에 서게 된다. 형식적으로는 데이트 게임과는 완전히 다르지만, 내용상으로는 유사하다. 남자는 복싱을 보고 싶고, 여자는 발레를 보고 싶어 한다. 둘이 원하는 것은 데이트인데, 같이 가고 싶은 곳이 다르다. 이 게임의 해법은 무엇인가? 누군가 포기해야 해법에 도달한다. 포기하는 사람이 없으면, 둘이 공통적으로 원했던 데이트 게임은 실패이고, 데이트는 없다.

　　데이트 비용을 어떻게 나눌 것인가. 이 논쟁이 몇 년간 지속되고, 사회적으로는 데이트 폭력 같은, 예전에는 남녀 사이의 사적인 일이라고 간주했던 것들이 공적 영역으로 나오게 되었다. 그리고 다시 몇 년이 지나자, 이제 정상 가족, 흔히 생각하는 엄마와 아빠, 그리고 자녀로 구성된 가족 형식이 폭력적이라는 지적이 나오기 시작했다. 사실 우리가 정상 가족으로 불리는 핵가족이 전면화된 것은 미국에서도 20세기 중반의

들어가며

일이다. 그 유형의 가족이 '정상'이었던 것은 1세기도 안 된다. 그전에는 장자 중심의 대가족이 더 일반적이었다.

데이트 비용 논쟁이 나오고 몇 년 후, 이제 데이트하고 결혼하는, 그 결혼 트랙으로 가는 청춘들은 절반이 될까 말까 한다. 여성들의 일부는 비연애, 비성관계, 비결혼, 비출산, 이네 가지 비非, 4B를 일종의 운동으로 실천하겠다고 결심한다. 이른바 4B 운동이다. 물론 우리나라에서 생긴 말이다. 일본에서는 2000년대 이후 청년 빈곤이 한참 심화되더니 '초식남'[3] 현상이 나왔는데, 우리는 그 단계를 건너뛰고 그냥 남성이든 여성이든 '비혼'이 일종의 문화 현상으로 자리 잡았다. 그렇다고 68혁명 이후 유럽에서 급격히 늘어난 동거가 늘어났느냐, 그런 것도 아니다. 그 시절에 생겨난 동거 1세대 중 한 명이 세골렌 루아얄과 프랑수아 올랑드였다.[4] 루아얄이 먼저 대선에 나와서 졌고, 다음번에는 올랑드가 대통령이 되었다. 물론 그 사이에 둘은 헤어졌다.

부부는 결혼하고 싸움이 확 늘어나고, 그걸 부부 싸움이라고 부른다. 한국의 청춘 남녀는 이제 결혼하지 않을 가능성이 큰데, 집단적으로 갈려서 싸움을 시작했다. 누가 먼저냐, 누가 나쁘냐, 그건 또 다른 문제다. 현상으로는 젠더 갈등을 넘어 '젠더 전쟁'으로 폭발하기 직전이다.

일부 언론에서는 이렇게 편 가르기 하고, 자꾸 '갈등'이라고 부르는 것 자체가 나쁘다고 한다. 물론 나쁘기는 하다. 그렇지만 드러난 것보다 문제는 훨씬 심각해 보인다. 20대 남성

**중2병 아들과 갱년기 아내,
'환장의 커플'**

보다 10대 소년들이 여성 문제에 더 공격적이고, 더 적극적이다. "엄마 페미야?", 이렇게 묻는 아들에게 충격받아 우는 엄마에게 아빠는 "아들은 중2병이고, 엄마는 갱년기야", 이러고 자빠졌다. 도대체 이런 무신경하고 무감각한 남편이랑 왜 사는 거야?

20년 전에 20대 남성들은 운동권이든 아니든, 다들 기본적으로는 마초였다. 지금은 "여성들에게 당하고 산다"라며 여혐 성향이 매우 높아졌다. 대학에 들어간 남자 20대의 여혐은 완성형이다. 그건 바뀌기 쉽지 않다. 왜냐하면 최소한 중학교 2학년부터 몇 년에 걸쳐서 다지고 다져져서 만들어진 완성

3

일본에서 등장한 신조어로서 처음에는 온순한 남자를 의미했지만, 시간이 지나면서 연애에 관심 없는 남자라는 의미로 굳어졌다.

4

제24대 프랑스 대통령(2012~2017)을 지낸 프랑수아 올랑드(Francois Hollande)는 첫 동거녀 세골렌 루아얄(Segolene Royal, 1953~)과 30년을 살며 슬하에 네 명의 자식을 두었다. 루아얄은 사회주의 인터내셔널 부사장(2008), 프랑스 공공투자은행 부사장(2013~2014), 프랑스 사회당 대표, 프랑스 환경부 장관(2014~2017) 등을 지냈다. 하지만 대통령 재임 당시 엘리제궁을 지켰던 이는 동거녀 발레리 트리에르바일레(Valerie Trierweiler)였다. 시사주간지《파리 마치》기자 출신인 트리에르바일레는 올랑드와 9년간 동거하면서 프랑스의 '퍼스트레이디' 역할을 했으나, 올랑드가 배우 줄리 가예트(Julie Gayet)와 밀회한 사실이 언론에 폭로되면서 그와 결별했다. 이후 『이젠 감사해요(Merci pour ce moment)』라는 회고록을 펴내 올랑드와의 사생활을 낱낱이 공개했다.

들어가며

형 여혐으로 20대가 되기 때문이다. 한국 사회가 그렇게 된 지 이미 여러 해가 지났다. 그 원인은 교육 구조와 노동 시장 관리에 실패한 한국 자본주의에 있다. 그렇지만 현실에서는 그 문제를 여자 교사와 엄마에게 찾고, 여성가족부에서 원인을 찾으려고 한다. 엄마가 무슨 잘못이 있겠는가?

3.

인간은 늘 "이래서는 안 된다"라고 하는 불균형한 상황에서 살아간다. 마찬가지로 "우리는 망했어", 이렇게 늘 문제 투성이인 사회에서 살아가게 된다. 자본주의에서는 더 그렇다. 많은 문제는 자본주의와 무관한 것도 있지만, 농경 사회가 끝난 자본주의 사회에서는 해결하는 문제보다 새로 생기는 문제가 더 많아졌다. 그래서 많은 문제들을 "결국 잘 안 될 거야", 그렇게 못 본 척하거나 봉합하려는 자세를 갖게 된다.

자본주의에서 우파들은 자본주의 체계를 지키고, 옛것을 지키려는 사람들이라서 정의하기가 쉽다. 원전의 경우를 보면, 한국 보수의 정체성에 대해서 누구나 쉽게 알 수 있도록, 정말 간결하다. 변화 이전으로 돌아가자, 너무 쉽다. 그 우파들과 자본주의 초기부터 싸워온 사람들이 좌파다. 프랑스 혁명기의 자코뱅과 지롱드의 갈등에서 개혁파가 왼쪽에 주로 앉았다는 이유로 '좌파'로 불리었다. 우리나라에는 이제 좌파가 없거나, 거의 전멸 지경이다. 그 자리를 진보가 대신한다. 원래는 보수가 자본주의를 지키고, 좌파가 그 자본주의의 문제를 공격하는 것이 기본 프레임이다. 미국은 자유의 나라답게, 그 좌파의 자리를 '리버럴liberal'들이 대신한다. 이 리버럴은 참 이해하기 쉬운 단어다. 엄격한 아버지들의 권위와 싸웠던 자유분방한 아들들의 공격, 사회적으로는 이렇게 형성된다.

진보는 좀 어렵다. 보수가 자본주의를 지킨다고 하면, 진보는 보수에 대해서 상대적인 개념으로만 존재한다. 그 말이 그 말 같지만, 한국에서는 보수가 지키려고 하지 않는 문제는 진보가 별로 신경 쓰지 않는다는 현실적 문제점이 생긴다. 자본주의 자체에는 별 관심이 없고, 보수가 뭘 하는지, 그들이 뭘 하는지, 그것 자체에 더 관심 있는 이념 집단이 하나 생긴 것이다. 그런데 자본주의는 끊임없이 변한다. 우리가 아는 진보는 자본주의, 특히 한국 자본주의에는 별로 관심이 없는 것 같다. 애당초 그들이 자본주의에 대한 반대가 아니라 보수에 대한 반대에서 출발했기 때문이 아닐까?

그래서 애당초 보수는 지금 한국 청년들이 겪고 있는 젠더 전쟁에는 별로 관심없고, 다만 그렇게 하면 청년의 절반인 남성 표라도 가져올 수 있다고 생각한다. 뭐, 그것도 정치의 일부이기는 하다. 그렇게 보수가 먼저 기이한 방식으로 '선빵'을 날리면 그 뒤에야 진보가 움직이기 시작한다. 그런데 뭘 어떻게 해야 하지? 남녀 문제에서 진보와 보수는 없다. 소득격차를 넘어 자산격차로 심화된 한국 자본주의의 모순으로 생기는 다

17

양한 갈등 현상 중 하나일 뿐이다. 시장에서의 자유로운 거래로 이 문제가 해결될 것이라고 보수는 최저임금을 비롯한 많은 제도에 대해서 반대하면 그만이다. 가장 최근에 최저임금을 강화시킨 사람 중 하나가 바로 일본의 극우에 가까운 아베정권이었다.

말로만 보면 진보가 보수보다 먼저 움직일 것 같은데, 현실은 그렇지 않다. 보수가 먼저 움직이면, 쟤들 어떻게 하면 이길까, 그 뒤에 진보가 움직인다. 젠더 갈등이 딱 그렇다. 뭐 이런 진보도 있어? 그런데 이게 원래 그렇다. 진보/보수라는 틀로 움직이는 것은 한국이 좀 특수한 상황이고, 대부분의 나라가 좌/우라는 틀 내에서 경제나 사회 혹은 문화가 움직인다.

자, 그럼 이 국면에서 한국의 좌파는 무엇을 하고, 무슨 얘기를 할 것인가? 이런 질문과 함께 잠시 뒤를 돌아보니⋯⋯ 아니 좌파는 아무도 없잖아! 다들 어디 있는겨? 이런 황망한 현실을 보게 되었다. 좌파가 없는 자본주의, 뭐 이런 자본주의가 다 있는겨? 자자, 좌파는 전부 나와보쇼! 아니, 나 혼자 있는겨? 우째야쓰까!

아니, 한 명도 없는겨? 술 마실 때에는 좌파 아닌 사람들이 없더니, 공개적인 자리에는 이 개명천지 21세기에 한 명도 없다. 우찌 된겨? 워매, 돌아버리겠네. 취미로 좌파 생활하는 나 말고는 다 어디 간겨?

"너도 페미냐?"라는 질문에 "저는 좌판데요"하고 돌아보니, 아무도 없는 텅 빈 개활지에 서 있는 듯한 느낌을 받았다. 그렇지만 이제야 내가 누구랑 놀아야 하고, 누구랑 친하게 지내야 하는지, 알게 된 것 같다. 이제는 나도 좌파 이야기를 해보고 싶어졌다. 김규항의 『B급 좌파』가 나온 지 딱 20년 만에 공개적으로 좌파 얘기를 시작한다.

들어가며

1장

좌파 라는 멸종 위기종

어영부영하기
직전

1.

- 어영부영하다 이렇게 될 줄 알았지!

I knew if I stayed around long enough, something like this would happen.

버나드 쇼의 에피타프^{epitaph}, 묘비명으로 유명한 말이다. 그의 소설 『피그말리온』은 세계적으로 대흥행한 영화 〈마이 페어 레이디〉(1964년)의 원작이다. 이 영화의 오디션에서 오드리 헵번과 줄리 앤드류스가 맞붙었다. 결국 헵번이 배역을 따 갔고, 절치부심한 앤드류스는 뮤지컬 〈메리 포핀스〉(1964년)의 주연이 되었다. 그 성공에 힘입어 다시 뮤지컬 〈사운드 오브 뮤직〉(1965년)의 주인공이 되고, 영원히 잊히지 않을 배우로 남는다. 세기의 대결인데, 내가 태어나기 전 일이다. 한때 라이벌이었던 헵번은 전 세계 빈곤 아동을 위해서 유니세프 친선대사가 되었다. 한편 앤드류스는 영화 〈프린세스 다이어리〉(2001년)에서 앤 해서웨이의 할머니이자 여왕이 되었다가, 결국에는 슈렉의 장모이자 피오나 공주의 어머니인 왕비가 되었다. 영화배우 중에서는 가장 좌파일 것 같은 마이크 마이어스가 슈렉을 연기했다.

사람들은 버나드 쇼를 노벨문학상을 탄 문호 혹은 영화인으로 안다. 보지는 않았지만, 그래도 이름을 들으면 '아 그거' 할 만한 영화로는 〈시저와 클레오파트라〉(1945년)가 있다. 이제는 많은 사람들이 그저 이름만 아는 비비안 리가 이 흑백 영화의 그 클레오파트라다. 물론 이제는 시간이 흘러서 버나드 쇼의 이름도 사라지고, 기가 막힌 묘비명만 남게 되었다. 버나드 쇼를 알든 모르든 "어영부영하다 이 꼴 난다", 그 얘기는 한 번쯤 들어봤을 것이다.

문학과 예술의 아우라 넘치는 버나드 쇼는 원래는 경제학자로 더 유명하다. 몇 권의 경제학 대중서도 썼고, 심지어 여전히 세계적 명문대학으로 이름을 떨치는 런던정치경제대학원을 설립한 주인공이기도 하다. 학부 시절, 나는 이 학교에 진학하기 위해서 알아봤는데, 등록금이 너무 비싸서 바로 꼬리 내리고 프랑스어를 새로 배워야 하는 불편함을 감수하고 등록금이 없는 파리로 방향을 틀었던 적이 있다.

21세기에도 여전히 살펴봐야 할 국제적 좌파를 생각하

면 역시 버나드 쇼 아니겠나 싶다. 혁명이 아닌 점진적인 방식으로 사회를 바꿔보자는 흐름을 영국에서 만들었는데, 그 맨 앞에 버나드 쇼가 있었다. 혁명의 시대에 혁명이 아닌 방식으로 사회를 바꿔보자는 얘기를 했으니 살아 있을 때 욕도 '뒤지게' 먹었다. 그와 동료들이 만든 흐름이 '페이비언 소사이어티 Fabian Society'다. 법과 제도를 통해서 세상을 바꾸자는 일종의 의회주의자다. 대학에 다니던 시절에는 수많은 혁명주의자들에게 나쁜 놈의 대명사로 러시아의 강단 사회주의자들과 영국의 버나드 쇼가 거론되는 얘기를 종종 들었다. 그렇지만 동구가 붕괴한 이후, 그래도 좀 기억할 만한 좌파를 생각하다 보면 결국 시선이 버나드 쇼에 머문다. 버나드 쇼, 참 별의별 말도 많이 했고, 책도 많이 썼다. 그렇지만 그는 친절하게도 '어영부영'이라는 간단명료한 단어로 그의 삶을 정리했다. 노벨문학상을 탄 버나드 쇼의 삶이 어영부영이면, 과연 나의 삶은? 꽝이다.

다행히도 내게는 아직 어영부영할 수 있는 시간이 이미 떠나버린 버나드 쇼에 비해 좀 남아 있다. 이럴 때에는 신이 있다는 점이 다행스럽다. 신 앞에서 우리는 모두 공평하고 평등하다. 수많은 사람이 평등을 외쳤지만, 진짜로 평등한 것은 신 앞에서, 그리고 죽음 앞에서 그 정도 아닐까 싶다.

별로 하는 일도 없이 세상 피곤하게 하는 신의 위대함에 대해서 잠시 생각해보게 된다. 별거 아닌 것 같은 우리 개개인의 삶도 하나의 우주이고, 다 위대한 존재들이다. 지금까지 수

어영부영하기 직전

많은 경제학자들이 평등을 이야기하고, 수많은 정치 지도자들이 평등을 외쳤지만, 우리가 아직까지도 평등을 당당하게 외칠 수 있는 것은 신 덕분 아니겠는가? 그리하여 오늘도 어영부영 살아가는 나의 인생을 위하여, 잠시 하느님께 기도, 할렐루야, 아멘!

2.

나는 평생을, 아니 대학에 들어간 얼마 이후로는 좌파라고 생각하고 세상을 살았다. 별다른 이유는 없다. 우파는 뭔가 열심히 하고 이루어야 하고 성취해야 하는 삶이지만, 좌파는 대충 개기고, 아닌 거 아니라고 말하고 살아도 되는 삶인 줄 알고 살았다. 나는 아무 사명감이나 성취 의식 없이 살아도 되는 좌파의 삶이 너무 마음에 들었다. 버나드 쇼의 어영부영 정도가 아니라 정말로 '대충대충' 살았다.

가슴에 손을 얹고 생각하면, 인생에서 정말 내가 할 수 있는 것보다 더 해야 한다는 마음으로 열심히 살았던 때는 딱 두 번인 듯하다. 유학 가서 대학원 석사 과정 입학시험에 붙고 나서 석사 졸업할 때까지 1년, 문재인 당대표 시절에 그를 도왔던 2년. 그 시절에는 잠시 죽기 살기로 열심히 했었다. 그렇지만 대부분의 시간, 대충대충 살았다.

내 주변의 많은 사람들은 스스로 '진보'라고 불렀다. 그

들은 참 열심히들 살았다. 그들에 비하면 난 대충대충 산 정도
가 아니라, 막 산 것에 가깝다. 차관급 자리와 공기업 사장에
앉으라 제안받았을 때 "싫어요" 거절했다. 주변에서 욕 정말
많이 먹었다. 아비로서 제대로 월급을 받아서 아내와 자식들
을 편히 살게 할 생각을 하지 않고, 너무 자기 편한 대로 행동
한다고 별의별 욕을 다 먹었고, 이기적이라는 얘기까지도 들
었다. 자식들에게 편안한 삶을 주지 않는 '나쁜 아빠'라는 말이
었다. 난 그냥 '네네' 하면서 집에서 애들이나 봤다. 내 삶에 스
스로 기대하는 것은 예전에도 그렇고 지금도 그렇고 "세 끼 입
에 밥 들어가는 것이 걱정되지 않는 삶"이다. 인류가 세 끼 걱
정을 하지 않게 된 것은 채 100년도 되지 않는다. 한국에서 보
릿고개가 없어지고, 밥 먹는 것에 대한 걱정이 없어진 것이 50
년 될까 말까 한다. 내가 넉넉하지는 않아도, 매일 아침 일어나
'오늘 우리 식구들 세 끼 밥 먹을 수 있을까?', 이 정도 고민은
하고 산다.

　　　몇 년 전부터 나에게 현실적으로 든 고민은 '진보 경제
학자'라고 붙어 있는 나의 타이틀에 관한 것이다. 내가 특별
하게 부탁하건 혹은 하지 않건, 언론을 비롯해서 많은 곳에서
나에게 '진보 경제학자'라는 타이틀을 쓴다. 그때마다 불편하
다. 솔직히 나는 진보가 뭔지 잘 모르겠다. 경제학에서는 좌
파 경제학이 존재하고, 주류orthodoxe가 아니라는 점에서 비주류
heterodoxe라는 표현을 쓴다. 좌파이고, 비주류 혹은 정치경제학
같은 용어는 무슨 말인지 알겠는데, 진보 경제학이라는 말은

어영부영하기 직전

배워본 적도 없고, 들어본 적도 없다. 프로그레시브progressive라는 말은 '프로그레시브 록'에서 처음 들었다. 무디 블루스Moody Blues, 킹 크림슨King Crimson, 에머슨 레이크 앤드 파머Emerson, Lake and Palmer, 이런 밴드들은 안다. 사이키델릭 록[5]도 좋아하고 〈우드스톡 페스티벌〉도 아주 좋아했다. 하지만 프로그레시브 경제학? 이건 정말로 뭔지 모르겠다.

나는 어영부영 한국의 한쪽 귀퉁이에 찌그러져서 살다가 적당히 나이 처먹고 뒤진 '어느 진보 경제학자'로 누군가 묘비명에 새길 것 같다. '대충 살다가 뒤진.' 내가 받아들일 수 있는 묘비명이다. 아니, 더 심한 욕으로 도배를 해도 나는 기꺼이 감수할 것 같다. 제일 좋은 것은, 그딴 묘비명 같은 것은 남기지 않고 조용히 사라져서 아무도 모르게 죽는 것이다. 그렇지만 '진보 경제학자'라고 묘비명이 선다면, 죽어서도 내내 목구멍에 이질물이 들어온 것처럼 따끔따끔할 것 같다.

어영부영, 더 이상 아무것도 할 수 없는 나이가 되기 전에 "나는 좌파다"라고 얘기해야겠다는 생각이 들었다. 영화 〈전우치〉(2009년)에 젊어서 무당이었던 한 할머니가 이렇게

5

Psychedelic Rock, 1960년대 영미권에서 형성된 '약물 문화'와 깊은 연계 고리를 가지고 있는 음악. LSD라는 약물은 '새로운 인식, 새로운 세계, 새로운 지평'을 원했던 히피들의 정신세계를 담당했는데, 그들의 가치관이 음악으로 투영되었다. 1967년 히피들의 축제 〈사랑의 여름(Summer Of Love)〉과 1969년 〈우드스톡(Woodstock) 페스티벌〉은 사이키델릭 문화가 정점에 이르렀음을 보여준 징표였다.

말한다.

- 맨날 도 닦으면 뭘 해, 자기가 누군지도 모르면서.

황진이와의 연애로 유명했던 화담이 영화 속에서 처음에는 정의파 도사 중 한 명이었는데, 그는 원래 요괴였다. 자기 팔에서 떨어진 녹색 피를 보기 전까지는 자신이 요괴라는 사실을 모르고 있었다. 자기 안에 흐르던 요괴의 피를 눈으로 보고 화담은 흑화해서 진짜 요괴가 되고, 그걸 목격한 제자들을 전부 죽인다. 할머니는 "옆구리에 복사꽃만 피지 않으면", 그런 얘기도 했는데 정말로 옆구리에 복사꽃이 피는 상황을 만나게 된다.

딱 맞는 비유는 아닐지 몰라도, 나는 이 영화를 보면서 "자기가 누군지도 모르면서", 이 대사가 너무 오래 기억에 남았다. 꼭 내 얘기를 하는 것 같았다. 한국에서 좌파라고 얘기하면 요괴 취급 받는다. 그게 꼭 무섭다기보다는 귀찮아서, 그냥 '진보 경제학자'라고 타이틀이 뜨면, 그냥 대충 "아, 네네" 하면서 넘어갔다. 내가 엄청나게 강력한 이념적 선호를 가지고 있느냐, 그런 것도 아니다. 프로야구에서 어느 팀을 응원할 것인가, 여기에 무슨 이념이 필요하겠는가? 그냥 자기가 태어난 고향, 아니면 약간의 사회생활에서의 인연, 그 정도로 응원한 팀을 정하는 것 아니겠는가? 그런 것과 비슷한 연유로 사람들은 우파가 되고, 보수가 되고, 진보가 되고, 가끔은 좌파가 된다.

어영부영하기 직전

노동자가 '자동빵'으로 좌파가 되는 시기, 그런 시기는 한국에는 온 적도 없고, 오지도 않을 것이다. 만약 그렇다면 민주노동당은 21세기 초반에 벌써 집권했을 것이다. 한국에서 노동자는 어지간해서 노동자의 당에 투표하지 않는다.

우리는 계급과는 별 상관없이 그냥 자기 편한 대로 정치적 성향 혹은 사상적 성향을 고른다. 고향이 조금 영향을 미치고, 연령이 조금 영향을 미친다. 성별은 크게 영향을 미치지 않았는데, 이제는 좀 변화가 생겨나는 것 같다. 어쨌든 한국 국민은 계급과는 아무 상관없이 진보/보수, 좌파/우파, 이네 개 선택지 가운데에서 하나를 자기 편한 대로 고르게 된다. 이것저것 다 귀찮으면 '중도'라고 해도 좋고, 조금 더 적극적인 성격이라면 무정부주의, '아나키즘'을 골라도 된다. 한국에서 여론조사를 하면 전통적으로는 진보 30퍼센트, 보수 30퍼센트, 그리고 40퍼센트 정도가 이 양쪽에 속하지 않은 중도라고 답을 한다. 사회학을 공부하는 친구가 한국에서 좌파는 10퍼센트 미만으로 잡힌다고 얘기해준다.

그렇지만 이 10퍼센트 미만에 속할 좌파들은 평소에 자신을 숨기고 살아간다. 누가 그렇게 하라고 한 것도 아닌데, 그렇게 되었다. 우리 역사가 좀 뒤틀렸다. 그렇게 뒤틀린 것이 21세기에 들어서도 제대로 펴지지 않았다. 뭔가 좀 이상하다. 자본주의 국가에서 좌파가 존재하지 않을 리 없지 않은가?

어렵게 생각할 것 없다. 혹시라도 누군가 소개팅에 나가서 "저는 좌파입니다"라고 솔직하게 말했다고 생각해보자. 이건 소개팅을 하자는 건지, 말자는 건지! 조인성급으로 잘 생기지 않는 한 최악이다. 그렇다고 좌파라고 미리 말하지 않고, 나중에 데이트하면서 알게 되었다면? 그것도 곤란한 일이다. 한국에서 좌파는 그런 존재다. 나중에 소개해준 사람이 뭐라고 크게 한마디 듣기 딱 좋다. 좌파인 게 무슨 죄라고! 그렇지만 많은 사람들은 불편해 한다.

나는 이미 50대 중반이다. 지금까지는 참고 살았는데, 앞으로는 그러지 말아야겠다는 생각이 문득 들었다. 지금까지 참아왔던 시간이 억울해서가 아니다. 나는 30대 초반 총리실 근무를 마지막으로, 공직과는 먼 길을 걸어왔다. '진보' 경제학자로는 원래 일하던 곳으로 돌아갈 기회가 있지만, '좌파' 경제학자'로는 공직으로 돌아가기 어려울 것이다. 우선은 보수 계열 신문들이 가만있지 않을 것이다. 그게 아니더라도 나는 여생에서 공직은 맡지 않기로 마음먹었다. 내가 글을 쓰고 분석할 수 있는 시간도 얼마 남지 않았기에, 그 시간을 그냥 폼 잡고 "나는 나라를 위해 봉사하는 중이다", 이런 되지도 않는 얘기는 하지 않을 작정이다.

나는 그냥 어영부영, 남은 인생을 대충 살아도 되지만, 누군가는 "나는 좌파다"라고 공식적으로 얘기하고, 좌파들이 사회 속에서 움직일 공간을 좀 만드는 게 나을 것 같다는 생각이 들었다. 한국에서 좌파는 '잠재적 요괴' 같은 것이고, 재혼임을 알리지 않고 소개팅에 나와서 총각 행사하는 부도덕한 돌싱남 같은 존재다. 싫은 게 아니라 혐오스럽다는, 일종의 혐

30

어영부영하기 직전

오 대상이다. 나는 그렇게 한평생을 별의별 욕을 뒤집어쓰면서 살았다. 지금 와서 그게 어떤 거였고, 얼마나 억울했는지, 그런 얘기를 다시 하지는 않을 정도로 나도 나이를 먹었다.

그렇지만 비록 소수이지만 한국 사회에서도 좌파는 끊임없이 새로 탄생하고 또 탄생할 것이다. 한국 자본주의에 대해서 불만을 갖고, 뭔가 다르게 가야 한다고 주장하는 사람들이 모두 '진보'이고 민주당 당원인 것은 아니다. 그 다른 사람들 중에는 정의당 당원도 있을 것이고, 나처럼 녹색당 당원도 있을 것이고, 그런 거 귀찮아서 아무 공식 활동을 하지 않는 사람도 있을 것이다. 우파 인사들이 꼭 국민의힘 당원이 되지 않아도 뭐라 하는 사람은 없다. 좌파를 사상적으로 선택한 사람들이 꼭 무슨 정당에 가입하거나 시민단체에서 활동해야 하는 것도 아니다. 그들을 '생활 좌파'라고 부를 수 있을 것이다. 반드시 외부적 실천을 해야만 사상의 자유를 가질 수 있는 것은 아니다. 하다못해 지구를 위해서 채식을 하는 개인적인 실천도 의미가 없는 것은 아니다.

좌파라는 소수파, 아니 스스로 자신을 드러내기 어려운 상태로 하루하루 살아가는 어려운 사람들이 많다. '강남 좌파'라는 표현이 있다. 조국을 비롯해서 대표적인 강남 좌파들은 어지간히 나와 동료였거나 친구인 사람들이다. 표현은 '좌파'이지만, 그 사람들 가운데 공식적으로 자신을 좌파라고 부르는 사람은 한 명도 못 봤다. 다 스스로를 '진보'라고 부른다. 법무부 장관을 한 조국도 진보라고 불렀고, 중소기업벤처부 초대 장관을 했던 홍종학도 진보다. 다들 친한 사람들인데, 그중에서 진보가 아닌 사람은 나밖에 없다. 강남 좌파라는 말을 맨처음 만든 사람은 이제는 보수 쪽 평론가가 된 공희준으로 알고 있는데, 정확히 표현하자면 '강남 진보'가 맞을 것 같다.

비슷비슷해 보이지만, 한국에서 죄 지은 사람은 좌파고, 세련되고 넉넉하고 힘쓰는 사람들은 진보라고 부른다. 전 세계 어디를 가도 이런 이상하고도 분열증적인 분류법을 가진 나라는 우리나라밖에 없을 듯하다. 프랑스의 좌파는 집권했고, 부패했고, 그래서 정권을 잃었다. 한국의 좌파는? 집권은커녕 공식적으로 스스로 좌파라고 하는 사람은 없는데, '진보 좌파' 같은 표현 속에서 진보와 함께 집권한 세력으로 호칭되고, 실제로 보수 쪽 사람들에게 진보가 욕먹을 때에는 '좌파'라고 욕먹는다.

한국의 좌파들은 뭐 해본 것도 없고, 누려본 것도 없이 자신의 얼굴과 생각을 숨기면서 살아왔다. 그러고도 맨날 욕먹을 때에는 '좌파'라고 칭해진다. 친북 좌파, 원래는 '친북+좌파'라는 의미인데, 말만 그렇게 하고 북한이랑 친한 좌파라는 의미로 통용된다. 나는 북한하고 안 친하다. 그 정도면 그래도 양반이다. 나중에는 '종북 좌파'라는 말도 쓴다. 졸지에 평양의 지시를 받는 사람으로 몰린다. 강남 좌파라는 소리가 듣기 싫어서 강남에서 종로로 이사를 왔더니, 강준만 선생이 강남이라는 물리적 지역을 떠나서 한국에서 먹고살 만한 좌파는 다 강남 좌파라고 한다. 욕받이도 이런 욕받이가 없다. 더한 것은

'진보 좌파'라는 표현이다. 진보면 진보고, 좌파면 좌파지, 진보+좌파라는 뉘앙스로 마치 뭔가 힘이라도 있는 것처럼 도매급으로 넘어간다. 그냥 온갖 싫은 것, 더러운 것, 가서는 안 되는 것에 대한 이미지를 모두 '좌파'에 걸어놓고 있는 것이 21세기 한국의 모습이다.

돌이켜보면, 한국의 좌파는 그 실체가 불분명하다. 도대체 이 나라에 왜 좌파가 존재할 수 있는지, 그 기원에 대해서도 말하기 어렵다. 족보도 없고, 조직도 없다. 내가 좌파이지만, 나에게 좌파 하라고 한 사람도 없고, 내가 지금까지 속했던 시민단체나 학회나 혹은 정당에서 나에게 좌파 하라는 곳도 없다. 그렇지만 나는 좌파가 좋았고, 내 양심에 의해서 나를 '좌파'라고 소개한다.

실체가 불분명한 좌파라는 존재에게 한국 사회는 요괴와 같은 악령스러운 이미지를 투사하면서 사회를 전복시키려는 음험하면서도 아주 강력한 집단처럼 처리했다. 좀 이상하다.

이런 상황에서도 "나는 좌파다"라고 말하는 사람은 뭔가 이상하거나 손해를 감수하고 기꺼이 살아갈 '개또라이'임에 분명하다. 내가 바로 그 개또라이다. 개또라이일지언정, 어영부영 살면서 결국 죽어서 '진보적 인간'으로 남고 싶지는 않다. 지금 그 얘기를 하지 못하면 정말로 내 삶은 드라마 〈미스터 선샤인〉(2018년)에서 고애신을 사랑했던 세 남자가 결국 맞게 되는 '새드 엔딩'이 될 것 같다.

3.

20세기 들어 많은 나라에서 부모보다 가난한 세대가 등장하기 시작했다. 그 과정에서 유럽에서는 20대 우파가 대거 등장하고, 그중 일부는 청년 극우파로 자리 잡았다. 아직 각 국가별로 정권을 잡은 극우파는 없지만, 역시 선거를 통해서 선출되는 유럽의회의 제1당은 이미 극우파 정당이다. 우리나라에도 마찬가지 흐름이 생겨날 것이라고 말했는데, 나의 진보 친구들은 한국의 20대가 그럴 리 없다고 말했다. 없기는!

　－　한국의 20대가 집단적으로 새누리당을 찍을 리 없다니까!

오세훈을 다시 서울시장으로 뽑은 지난 보궐선거를 시작으로 많은 20대들이 새누리당에서 당명을 바꾼 국민의힘에 기꺼이 표를 던졌다. 다를 리가 없다고 했지만, 그런 일은 이미 벌어졌다. 한국의 진보들이 이 문제를 잘 처리하지 못한 이유도 있지만, 근본적인 이유는 자본주의 작동 방식에 언젠가 만나게 될 '성장의 한계'를 만나면서 생겨난 자연스러운 사회적 흐름이다. '조국 사태'가 아니더라도 이런 일은 벌어졌을 것이고, 1980년대 맹활약했던 586 권력이 아니더라도 이 일은 생겨났을 것이다. 그렇지만 이렇게 빠르게 변화할 필요는 없잖아? 한국의 변화는 늘 그렇게 빠르다. 오죽하면 한국을 대표하

　어영부영하기 직전

는 국가 공식 지정 상징이 '다이내믹 코리아'겠는가?

　　이런 상황에서 한국에서 좌파가 30대 혹은 20대 남성 속에서 대대적으로 등장할 일이 있을까, 곰곰이 생각해보았다. 아무래도 어려울 것 같다. 극적인 반전이 벌어지지 않는다면 20대에서 점차적으로 보수가 우세할 것이고, 그중에 더욱 강렬한 마초 스타일 극우파가 분화되어 지금보다 한결 업그레이드된 초강경 청년 극우파도 등장할 것이다. 누구도 그들에게 지금 우리가 사는 한국이 '아름다운 대한민국'이라고 말하지 못한다. 그리고 또래 집단 내에서 진보가 소수 그룹으로 존재하게 될 것이다. 그렇다면 좌파는? 보통은 노동운동과 시민운동, 그리고 학계와 문화계에서 청년 좌파들이 발생하게 되는데, 다 좁은 구멍들이다.

　　냉정하게 말하면, 한국에서 좌파는 소수자다. 스스로 자신을 드러내기 어렵고, 감추고, 숨기면서 살아간다. 지금 환경부 장관인 한정애는 한국산업안전보건공단 노조위원장이 되면서 본격적으로 사회적 활동을 시작한 사람이다. 한국노총의 대외협력을 맡았고, 민주당 비례대표로 국회의원이 되었다. 전형적으로 노조를 대표하는 정치인이고, 격동기에 무주공산인 환경부 장관이 되었다. 한정애는 좌파일까? 유럽식 기준으로는 그렇게 분류되는 게 당연하지만, 아마 한정애는 스스로 좌파라고 생각해본 적이 없을 것이다. 그녀는 그냥 진보다. 만약 그녀가 좌파의 정체성을 가졌고, 그렇게 행동했다면 환경부 장관은커녕 국회의원도 되지 못했을 것이다. 물론 그녀에게 뭐라고 하고 싶은 마음은 하나도 없다. 진보나 좌파나, 그게 그거인 것 같지만 한국에서는 엄연히 차이가 있는 개념이다. 집권 후, 진보는 부패가 문제이지만, 좌파는 '자백' 할 기회는 많아도, 부패할 기회 자체가 아예 없다. 뭘 처먹을 게 있어야 부패 비슷한 거라도 하지. 현실의 삶은 쉬리가 산다는 청정 1급수, 아주 맑고 맑은 물에서 혼자 도도하게 살게 된다.

정서적으로 자신이 진보라고 생각한 20대 남성들을 몇 명 아는데, 대부분 이준석에게 투표했다. "문재인 너무 싫고, 조국 싫다", 그들이 나에게 말해준 짧은 이유다. 그리고 "페미니즘 너무 싫다", 그런 얘기도 곁들였다. 일제강점기 시절 총독부에서 하는 일에 거부하는 것이 나라 구하는 방법이라고 여겼던 것처럼, 정부 여당에 반대하는 것이 나라를 위하는 일이라고 믿는 20대가 점점 늘어날 것이다.

한국에서 좌파는 이제 멸종 위기종이다. 20대 좌파는 점점 보기 힘들어질 것이다. 혹시라도 등장해도 자신들의 또래 집단에서 무시당하거나 괴롭힘 당하면서 생각을 바꾸거나 말수를 줄이게 될 것이다. 정의당의 류호정이 재수 없다고 하는 사람이 진보일 수는 있어도 좌파일리는 없지 않은가? 한국의 진보는 그 범위가 아주 넓다. 68혁명 이후 유럽에서 등장한 신좌파는 문화, 환경, 그리고 여성이 세 가지 축이었다. 마초주의에 가까운 구좌파도 존재하지 않는 한국에서 류호정을 싫어하는 사람들은 진보에 속할 수는 있어도 좌파에 속하지는 않는다.

어영부영하기 직전

보통의 멸종 위기종은 보호종으로 지정되어 멸종될 것이 자명해도 보호하기 위한 노력을 한다. 논리적으로만 보면, 한국의 좌파는 50대에 가장 많지만, 점점 줄어들어 20대에서는 매우 희소하고, 10대에서는 멸종할 가능성이 높다. 그렇지만 이게 보호종으로 지정될 가능성은 없다. 사람들은 멸종해 가는 동물에 대해서는 연민을 느낀다. 하지만 냉정하게 보면 한국에서 좌파는 '혐오재'다. 국민의힘은 민주당을 좌파라고 몰아붙이기 위해서 혐오를 극대화하고, 결선 투표 없는 민주당[6]이 보여주듯 한국의 현실은 표가 분산되는 것을 막기 위해서 더 악착같이 괴롭힌다. 객관적으로 보면 20대 좌파는 멸종될 가능성이 높다. 이건 논리적 추론이다. 아쉽지만, 그렇게 시대가 가는 것을 어쩌겠는가?

전형적인 신좌파로 볼 수 있는 이길보라 감독의 책 『당신을 이어 말한다』를 우연히 읽었다. 이길보라는 다큐멘터

6 —————————————————————————

더불어민주당 대선 경선에서 이재명 경기도지사는 민주당 서울지역 경선과 제3차 슈퍼위크 개표 결과 누적 득표율 50.29퍼센트로 민주당 20대 대통령 후보로 확정됐다. 아슬아슬하게 과반을 넘겨 2위 이낙연 전 대표와 결선 투표를 치르지 않고 본선에 직행한 것이다. 그러나 이낙연 전 대표 측은 당 선거관리위원회가 정세균 전 국무총리, 김두관 민주당 의원 등 경선 중도 포기자의 표를 '무효표' 처리한 것이 이재명 지사에게 유리하게 작용했다고 반발했다. 중도 포기자의 표를 '유효표' 처리했다면 이재명 지사의 최종 득표율은 49.3퍼센트로 떨어져 결선투표를 해야 한다는 주장이었다. 3차 경선 이후 침묵해온 이 전 대표는 2021년 10월 13일 당 경선 결과에 승복한다는 입장을 밝혔다.

리 감독이고, 소리를 듣지 못하는 농인 부모에게서 태어난 CODA^Children of Deaf Adult, 그리고 고등학교 때 학교를 그만둔 '탈학교' 출신, 마초 자본주의의 상업적 주류들이 싫어할 코드를 고루고루 갖춘 사람이다. 그녀가 주류 사회, 아니 장애 앞에 서 있는 멀쩡한 사람들 앞에서 부딪힌 얘기를 읽으면서 이 책이 내 인생을 바꿀 책이라는 생각이 직관적으로 들었다.

나는 내가 살아오면서 어려웠다는 생각만 했지, 20대 혹은 30대에 어떤 이유로든 한국에 등장한 좌파들이 얼마나 힘들고 고통스럽게 살아갈지 가늠하지 못했다는 생각이 들었다. 구좌파에 대한 얘기들은 전부 노스탤지어에 가득 찬 옛날 얘기들이고, 과거의 영광스러웠던 영웅에 관한 이야기가 대부분이다. 안물안궁. 물어보는 사람도 없고, 궁금한 사람도 없다. 아무도 궁금해하지 않는 옛날의 영광을 얘기하고 싶은 생각은 없다. 결혼은커녕 연애도 힘들다고 아우성치는 이 시대에 청춘들이 보수에 투표하건, 우파가 되건, 극우파가 되건, 그게 무슨 상관이랴? 어차피 자본주의가 후반부에 도달하면 이런 모습을 보여줄 것을 우리가 몰랐던가?

그렇지만 한국 자본주의의 구석, 후미진 곳, 별로 빛이 들지 않는 곳에서 시대와 불화하고 구조와 충돌하며 젊은 좌파들이 생겨나고 있음을 보았고, 내가 어떻게 살아야 할지, 누구와 얘기해야 할지를 다시 생각하게 되었다. 나는 앞으로 영광을 구하는 삶을 살 것 같지도 않고, 떼돈을 벌기 위해서 열심히 살지도 않을 거다. 그런 거 할 줄도 모르고, 별로 할 마음도 없다.

한국에서 좌파는 앞으로 무엇을 할 수 있을까? 솔직히 유럽의 좌파들이 주로 투표하는 사회당이나 사민주의 정당이 생겨날 것 같지 않고, 좌파들이 집권하는 시대는 아마도 내가 살아서 보기는 어려울 것 같다. 노회찬과 오랜 기간 친구처럼 지냈고, 그가 대통령이 되는 걸 보고 싶다고 생각했었는데, 그 마음속 꿈을 펼쳐놓기에 그는 너무 일찍 떠나버렸다.

그렇지만 좌파는 '진보'라는 불분명한 상대적 개념과 달리 자본주의의 문제점과 대안에 대한 끊임없는 상상력과 미학을 지금까지 제공하였다. 문학에서 연극, 영화, 패션에 이르기까지 많은 분야에서 좌파는 지금까지 상상력의 원천이었고, 시대가 부패하는 것을 막는 소금 같은 역할을 하였다. 앞으로도 그럴 것이다.

한국 사회는 진보할까? 진보라는 개념 자체가 불분명한 데다가, 고도성장이 어려워진 시점에 이를 제어하기 위한 적절한 정책 프로그램을 제시하는 데 실패하였다. 진보는 적당한 경제 성장률 속에서는 이념으로 잘 작동하겠지만, 성장률이 내려가면서 한국 사회는 성과는 나지 않으면서 점점 경쟁만 많아지는 형태로 갈 것이다. 그래서 20대는 전 세대보다 가난하지만 더욱 보수적으로, 지금 10대는 그보다 더 가난하지만 더더욱 보수로 갈 확률이 높다. 그리고 수많은 보통의 남자들은 여자들만 욕하면서 젠더라는 창구가 열어낸 극우파의 길로 갈 것이다. 퇴행적이지만, 그걸 퇴행적이라고 말하면 사회적으로 매장당하는 시대가 앞으로 10년간 펼쳐질 것이다.

그렇지만 그 속에서도 멸종 위기종 같은 좌파들은 한국 사회에서 계속해서 태어나고, 성장하고 고통받을 것이다. 내가 이 속에서 무엇을 할 수 있을까? 내가 편안하게 입을 수 있고, 적당히 숨을 수 있는 '진보'라는 강력한 갑옷을 벗고, '좌파'라는 새로운 붉은 셔츠를 입는 것은 내가 한국의 2030 좌파들에게 할 수 있는 최소한의 연대 표시라고 생각한다. 지금은 그게 내가 할 수 있는 최대한의 노력이다.

지난 부산시장 보궐 선거 때, 미래당의 청년 손상우가 가덕도 신공항 반대를 걸고 부산시장 후보로 출마하였다. 나는 그를 지지하였다. 한국의 보수들은 부산에 공항이 필요하다고 외쳤고, 한국의 진보들은 더욱 가열차게 "그걸 당장 하자"고 외쳤다. 줌zoom으로 전국의 활동가들과 관련된 토론회를 하면서 진보도 보수도 아닌 환경주의자와 청년들이 모이는 모습을 보았다. 진보도 보수도 아닌 좌파는 한국 사회에서 무슨 얘기를 할까? 상징적이지만 "난 공항 반댈세", 그렇게 얘기하는 사람들이 아닐까? 한국에서 좌파들이 사라지면 은밀한 토건과 음습한 거래에서 진보와 보수가 대동단결하는 지점이 너무 많아진다.

'좌파 상실의 시대'에 관한 이 책은 나의 마흔한 번째 책이다. 내가 누구인지, 앞으로 누구와 남은 생을 지낼지를 생각해보는 첫 번째 책이기도 하다. 나는 지금까지 좌파로 살았고, 앞으로도 좌파로 살아갈 것이다. 그렇지만 그런 얘기를 할 기회가 없었다. 굳이 누가 물어보지 않는데, 그런 얘기를 할 필요

어영부영하기 직전

가 없었다. 묻지 않는데 대답을 왜 해, 그렇게 애매하게 살았던 것 같다. 물론 내 삶은 큰 의미 있는 인생도 아니고, 냉정하게 뒤돌아보면 그냥 밥이나 먹고 산 인생에 다름 아니다. 나는 부패할 기회가 없었고 청탁할 기회가 없었다. 덕분에 진보 진영에서 힘쓰는 나의 친구들에게 "너네 그렇게 양아치처럼 살면 안 된다"고 뭐라고 한마디 할 정도의 삶은 산 것 같다.

언젠가 내 또래의 한국 좌파들이 힘을 모아서 청년 좌파들에게 국밥이라도 한 그릇 대접할 수 있는 기회가 있으면 좋겠다는 작은 소망이 생겼다. 아마도 한국의 좌파들은 국밥 한 그릇 사는 행사조차 기획하고 준비할 여력이 없을 것이다. 그래도 누군가 좌파라고 책을 내면 한 권 정도 사주는 여력은 있지 않을까 한다. 한국의 좌파. 우리는 소수고, 소수자 중에서도 극소수다. 그냥 살아만 있어도 좋겠다. 마르크스는 "만국의 노동자여, 단결하라"고 얘기했다. 물론 노동자들은 단결하지 않았다. 그 말을 한국 상황에서 하면 "한국의 좌파들이여, 연대하라" 정도가 될 것이다. 그러면 큰일 난다. 소수파의 연대 전략은 언제나 유효할 것 같지만, 지금 같은 절대 열세 상태에서는 연대해도 큰 힘이 나지 않는다. 그걸 한 번 더 틀어서 얘기하면 "한국의 좌파들이여, 웃겨라!", 이 정도 되지 않을까 싶다. 프랑스 극작가 몰리에르는 정말로 왕에게 목이 날아갈 뻔했는데, 자신을 통렬하게 풍자한 그의 연극을 본 왕이 크게 웃어서 살아났다고 한다.

다행히도 한국의 진보와 보수는 모두 근엄주의, 어깨 힘

빡이다. 소수파의 전략은 웃기는 길이 최고다. 물론 살기에 힘든 사람들을 웃기기는 어려운 일이다. 그래도 웃기려고 시도를 해야 어쩌다 한 번이라도 웃길 수 있다. 심각한 얼굴로 진실을 얘기하는 사람들은 모두 단두대로 가던 시절이 있었다. 한국의 좌파가 멸종하지 않을 유인한 전략은 웃기기, 이것이 아닐까 한다. 물론 엄청나게 잘생기면 좀 낫겠지만, 그건 노력한다고 될 수 있는 일은 아니다. 20대 때 프랑스에서 보았던 너무너무 멋지고 잘생겼던 트로츠키주의자들이 생각난다. 남학생이든 여학생이든, 그냥 바라만 보아도 서글픈 마음이 들 정도로 멋졌었다. 트로츠키는 끊임없이 혁명을 해야 한다는 영구혁명론을 주장하다가 결국 스탈린이 보낸 자객에게 도끼를 맞고 죽었다. 20대 초반, 나는 거울을 보며 나는 트로츠키주의자는 못 될 것 같다고 생각했다.

'1등만 기억하는 개좆같은 나라'가 20년 가까이 진행되다 보니 정말로 1등들의 나라가 되었다. 그 1등을 공평하게 하자고 '공정'을 외치는 나라가 되었다. 그 난장판 속에서 어쩌다 등장하는 한국의 청년 좌파들에게, 하늘이 그들에게 남들을 조금이라도 더 웃길 수 있는 재능을 주었기를 바란다.

어영부영하기 직전

왼쪽에 앉으면 좌파다

내가 가장 많이 듣는 질문 중 하나는 "좌파가 뭐냐?", 이 질문이다. 여기에 답하기는 쉽다. 왼쪽에 앉는 사람들이다. 프랑스에서 입법부가 형성되고 혁명이 진행되는 과정에서 좀 더 급진적인 자코뱅과 좀 더 온건한 지롱드가 분화되었다. 영국에서는 보수당의 전신인 토리와 그에 반대하는 휘그가 대립했었다. 프랑스 혁명 지도부 중에서 가장 잘 알려진 파리 시장인 조르주 자크 당통^{Georges Jacques Danton, 1759~1794}과 비극의 정치인 막시밀리앙 드 로베스피에르^{Maximilien de Robespierre, 1758~1794} 같은 사람들이 자코뱅에 속했고, 이 사람들이 의회 왼편에 앉았다. 별다른 이유가 아니라 왼쪽에 앉는 것을 선호한 사람들이 좌파의 기원이 되었다. 당통과 로베스피에르, 모두 프랑스 혁명의 격정과도 같은 흐름 속에서 단두대 위에서 생을 마감하였다. 권력을 잡고 절친인 당통을 단두대에 올린 혁명 동지의 비극적 우정은 사람들 가슴속에서 쉽게 잊히지 않는다. 프랑스 혁명 직전, 왕을 그냥 둘 거냐 말 거냐, 그렇게 생겨난 혁명 정부를 어떻게 지킬 것인가, 노선 싸움이 극한에 가던 시기였다. 마리 앙투아네트 Marie Antoinette는 재판에서 쉽게 처형이 결정되었지만, 그의 남편인 루이 16세는 단 한 표 차이로 처형이 결정되었다. 혁명의 동지들끼리 얼마나 격론이 오고 갔겠는가?

좌승희라는 경제학자는 경기개발연구원장을 역임한 전형적인 우파 학자다. 나는 그와 종종 비교되곤 했었다. 어떤 보수 인사가 좌승희를 언급하며 내게 "부모님이 그렇게 좋은 성姓을 주셨는데, 왜 좌파를 하느냐"라고 얘기한 적이 있었다.

— 두 사람이 서로 성을 바꾸면 딱 좋겠네.

공교롭게도 아버지가 나에게 준 성은 우씨다. 오른손잡이다. 보수 아저씨들은 틈만 나면 나에게 좋은 우씨 성을 가지고도 좌파 활동을 하느냐, 그렇게 놀려댔다. 그럼 진씨 성을 가진 진중권이야말로 정말로 한국의 진보를 대표하는 사람일까? 그럴지도 모른다. 만약 그가 한국인이 아니었고, 독일에 있었거나 혹은 그 어디에 있었어도 좌파에 속하는 사람이라고 했었을 것 같다. 그러나 그만 해도 나보다 좀 더 먼저 활동을 시작한 사람이다. 좌파라고 스스로 말하기에는 진보/보수의 틀이 너무 강했던 시기를 살았다. 그도 이제 곧 환갑이다.

한국에서 내가 기억하기로 공개적으로 좌파라고 말한

왼쪽에 앉으면 좌파다

거의 초창기 인물은 2001년에 『B급 좌파』를 쓴 김규항일 테다. 그가 말한 A급 좌파란 아마 좋은 대학을 나오고, 운동권 앞줄에 서 있으면서 정작 자신들을 '진보'라고 부른 그 사람들 아닐까 싶다. 운동권 안에서 대학교 학벌주의, 진짜 살벌하다. 학교만 따지는 게 아니다. 자기들끼리도 경제학과를 나왔으니 무역학과에서 이름을 바꾼 국제경제학과는 정통이 아니라고 무시한다. 단과대가 어디냐, 심지어는 출신 동아리까지 따졌다. 조금 더 나이 많은 할아버지들은 고등학교까지 따진다. 경기고 나왔느냐, 안 나왔느냐, 경복고냐, 서울고냐? 나는 초창기에 그런 모습을 보고 확 질렸다. 그래서 고졸 노무현에게 박수를 쳤다. 상고 출신도 대통령 한 번 하고, 공고 출신도 한 번 하고, 그렇게 몇 번 하다 보면 대학이니 과니 혹은 학번 따지는 게 좀 없어질 거라고 생각했다. 입만 열면 '노무현의 계승자'라고 하는 사람들이 그 후로도 겁나게 대학을 따졌다.

한국의 운동권에서 학벌 안 따지고, 나이 안 따지는 사람은 노회찬과 그의 동료들밖에 못 봤다. 그 사람들과는 만나자마자 친구가 되었고, 평생을 그렇게 친구로 살았다. 노회찬이 경기고 출신이라는 사실은 나중에 다른 사람들에게 들었다. 뭔 진보라는 사람들이 대학교를 그렇게 따지는지, 정말 확 질려버렸다.

김규항이 스스로를 'B급 좌파'라고 한 것이 충분히 이해되는 까닭은, 좋은 학교도 나오고 나이도 많은 사람들이 얼마나 그에게 "찌그러져 있으라"고 했었겠나 싶어서다. 군사 정권 시절에 소수의 엘리트 중심의 비밀운동을 할 수밖에 없던 것은 이해가지만, 너무 오랫동안 '진보'라는 이름 속에 숨어서 학교 놀이하고, 친구 놀이했던 것 아닌가 싶다.

2002년 코미디 영화 〈라이타를 켜라〉에서 열차에 타고 있던 민주투사 출신 국회의원 박용갑은 요즘 식으로 말하면 갑질 단단히 하는 이중적 인물이다. 그의 입에서 틈틈이 나오는 단어가 민주투사였고, DJ 정권이 거의 끝나갈 시점이다. 이 캐릭터는 나중에 연상호의 〈부산행〉에서 '국민 밉상' 김의성으로 한 단계 업그레이드된다.

사람 사는 데는 어디서나 엘리트 그룹이 생겨나고, 그 사이에서 특권이 생긴다. 혁명 이후의 소련 사회도 그랬다. 사람 사는 데는 다 거기서 거기다. 한국의 진보는 처음에는 군사 정권에 대항하기 위해서 소그룹, 비밀그룹 형태를 가졌다. 노회찬이 조직부장으로 있던 인천 지역의 인민노련을 비롯해서, 조국이 속했던 사노맹 등 수많은 비밀조직이 있었다. 민주화 시대와 함께 더 이상 비밀스럽게 행동할 필요가 없어졌고, 비밀 조직이 사라진 자리를 학벌이 신속하게 채웠다. 지금의 청년들이 차라리 "시험으로 공정하게 하자"고 외쳐도 별로 할 말이 없을 정도로 진보들의 통치는 매우 끈적끈적했다. 대통령 비서실장이 한양대 출신이던 시절, 한양대 출신들이 약진한다는 소문이 진했다.

한국에서 누구나 진보라고 할 수는 있지만 진보의 상층부가 되기 위해서는 거대 기업에서 회사 승진하는 것과 유사

왼쪽에 앉으면 좌파다

한 길을 밟아야 한다. 입사하고 승진하는 것과 같다. 그런데 마치 한국의 재벌이 그렇듯이 위에는 창업공신들이 있다. 조선왕조에 가끔 있었던 계유정난이나 인조반정 시절에도 이렇게까지 복잡하지는 않았을 것 같다. 학벌이 있고, 민주당이 있고, 참여연대가 있다. 그리고 수많은 분야별 단체가 있다. 이런 게 모여서 아주 복잡한 진보의 계보를 형성한다. 그 길에 들어가기 위해서는 때때로 김대중에 대한 존경심을 표시해야 하고, 노무현에 대한 애정을 드러내야 한다. 현재의 20대를 생각해보자. 김대중에 대한 기억이라야 정말로 있을 게 없고, 노무현의 기억 역시 희미할 것이다. 그런 사람들에게 노스탤지어에 가득한 50대들이 김대중과 노무현에 대한 존경심을 강렬하게 얘기한다면? 이게 현재의 진보가 만든 회사보다 더 지독한 위계의 모습이다. 민주주의가 회사가 되었고, 진보가 직장이 되었다.

여기에 정의당이 더해진다. 정의당은 또 뭐야? 민주노동당이 몇 차례 시련과 함께 이름을 바꾸면서, 결국 이런 이름이 되었다. 원래의 이름에서 민주도 사라졌고, 노동도 사라졌고, 정의만 남았다. 정의, '저스티스justice'는 전통적으로 우파들의 가치였다.

영화 〈해리 포터와 불사조 기사단〉 앞 장면에 마법사가 아닌 보통 인간들인 '머글' 앞에서 마법을 쓴 해리 포터에게 마법사 학교 퇴학을 알리는 편지가 도착한다. 이때 평소에 해리 포터를 얄밉게 여기는 이모부가 주먹을 쥐며 낮은 목소리로 외친다. "쥐스티스!" 이게 내가 본 가장 명확하고도 유쾌한 영화 속에서의 '저스티스' 장면이다. 상당한 밉상인 해리 포터 이모부 캐릭터이지만, 이 순간만큼은 그가 평소에 참아온 마법사 혈통의 식구들에 대한 불만이 너무 강렬해서, 자연스럽게 그에게 감정을 이입하게 된다.

'저스티스'를 외치는 진보, 한국에서는 '진짜 진보'와 '가짜 진보', 그야말로 조제약의 성분 함량 차이 같은 논쟁이 이어진다. 여기에 진보가 더 많이 들었어요, 아니에요, 이게 진짜 진보예요! 가수 윤종신이 광고하는 피로회복제 우루사라는 약이 있다. 그런데 병원에서도 우루사를 처방해준다. 뭐가 다른지 약사에게 물어봤다. "네, 함량이 다릅니다." 약 성분이 조금 더 많은 것은 병원에서 처방받아서 사용하고, 성분이 약한 건 TV에서 광고하고 누구나 원할 때 사 먹을 수 있다. 민주당과 정의당의 차이는 성분 함량의 차이 같은 것인가? 진보가 조금 더 들어간 당과 진보가 조금 덜 들어간 당? 민주노동당 시절에는 민주당과의 차이점을 설명하기가 쉬웠는데, 지금은 너무 어려워졌다. 우리 집 초등학생 두 어린이들에게도 민주주의 개념은 알려줬지만, 아직 민주당과 정의당에 대해서는 알려주지 못했다. 쉽고 간결하게 설명할 방법이 없다. 혹시라도 "진보는 좋은 거야"라고 말했다가 "왜?", 이렇게 물으면 대답해줄 방법이 궁색하다.

누군가 좌파에 대해서 물어보면 "프랑스 혁명기 의회에서 왼쪽에 앉았던 사람들입니다", 그렇게 불성실하게 대답하고 만다. 자코뱅과 지롱드 등 이름의 기원에 대해서 설명할 자

왼쪽에 앉으면 좌파다

신이 없다. 자코뱅은 그들이 처음 모였던 수도권 이름이다. 지롱드는 지롱드파 사람들 중에 지롱드 출신이 많아서 그렇게 되었다고 한다. 이런 걸 기억할 필요가 있나? 그나마 그건 좀 낫다. 토리와 휘그, 뭐가 보수인지 맨날 헷갈린다. 파리에서도 왼쪽과 오른쪽은 경제적으로는 거꾸로 된 상징으로 작용한다. 센 강을 중심으로 '왼쪽 강'은 부자들이 사는 동네다. 대표적 관광지인 몽마르트르가 포함된 '오른쪽' 강은 가난한 사람들이 살아간다. '리브 고쉬$^{Rive Gauche, Left Bank}$'는 우리의 강남에 해당한다. 좌, 우. 원래는 그렇게 엄격한 기준을 가지고 쓰는 단어는 아니다. 자기가 좌파라면 좌파고, 우파라면 우파다. 좌파가 되거나 우파가 되는데 별 진입 장벽은 없다.

　나는 30대 중반 이후, 그러니까 에너지관리공단을 퇴사하고 책을 쓰던 시절부터는 확실히 좌파로 살았다. 좌파로 살면서 분명히 좋았던 점이 있다. 갑자기 내 위에 아무도 없어졌다. 물론 수많은 좌파 성향의 인사들이 내 위로 줄줄이 있었지만, 공식적으로 좌파라고 칭하는 사람은 거의 없었다. 수많은 진보들 사이에 마치 나 혼자 좌파인 것 같은 이상하고도 그로테스크한 상황이 펼쳐졌다. 홍세화 선생이 『새는 좌우의 날개로 난다』라는 책을 냈다. 베스트셀러가 되었다. 그렇기는 한데, 여기에서 스스로 '좌'라고 하는 사람은 없었다. 좌우는 유럽 스탠더드 표현인데, 한국에서는 좌는 없고, 진보만 있었다. 아마 좀 더 정확하게 한국식으로 표현하면 새는 '진우'의 날개 혹은 좀 더 길더라도 '진보/보수의 날개로 난다"라고 해야 했을 것 같다.

　　혼자 좌파라고 덜렁거리면서 다니니까 이래라저래라 하는 사람이 없어서 좋기는 했는데, 상대방은 물론 관객도 없는, 경기 없는 텅 빈 그라운드에서 혼자 축구하는 것과 다를 바 없었다. 원래 나는 혼자 있는 걸 좋아하고, 혼자 노는 걸 최고로 즐거운 걸로 친다. 남자 아이 둘 육아 5년 차, 고독이 이렇게 그리워질 줄은 나도 몰랐다. 정말 온몸으로 혼자 있고 싶고, 고독이 좀 사무쳤으면 좋겠다. 아마 나처럼 고독을 좋아하고, 혼자 있기를 정말 좋아하는 사람이 아니라면 한국에서 좌파의 길은 고난의 길이 아니라 '고독의 길'이라고 부를지도 모른다.

　　한국은 누구든지 자기가 좌파라고 하면 좌파가 되는 나라다. 공식적으로는 좌파들의 정당도 없고, 이제는 좌파 조직도 없다. 고독이 사무치는 삶을 살게 될 것이다. 따로 절에 가서 도 닦을 일도 없다. 이 삶을 온전히 치러내면 종국에는 몸에서 사리가 나오거나, 해탈은 몰라도 득도得道 정도는 할 것이다. 좌파 쪽 게시판에 가면 노자나 장자와 관련된 아이디ID가 많다. 그리고 무정부주의에 해당하는 '아나키' 관련된 아이디도 대개 하나씩은 있다. 그렇지만 현실 속에서 장자나 아나키 같은 아이디를 만나면 나는 일단 도망간다. 너무 공격적이거나, 너무 하이클래스 질문을 던지는 경우가 많기 때문이다. 나는 아직 그런 높은 마음의 얘기에 편안하게 대답할 정도의 수준 높은 정신적 경지에 도달하지 못했다.

　　심심한 걸 좋아하거나, 도 닦는 것을 좋아하는 사람들

왼쪽에 앉으면 좌파다

은 혼자서라도 좌파 선언을 하면 그 소망이 이루어질 것이다. 20대 좌파가 그 이유로 왕따 당하는 일은 없을 것이다. 아무도 궁금해하지 않을 테니까. 세상도 많이 변했다. 좌파라면 잡아 죽이려고 하던 시대를 건너, 아무도 관심 갖지 않는 시대로 변했다. 도쿄올림픽 야구 대표팀의 마지막 경기인 도미니카와의 게임에서 극적으로 도미니카가 재역전했다. 10년 전 같으면 모두가 한국 국가대표팀(!)의 선방을 바랐겠지만, 생각보다 많은 사람들이 "정의는 승리한다", 도미니카의 역전에 환호했다. 군 면제 등 많은 사건들이 겹치면서, 한국 대표팀이지만 대표적인 한국 밉상이 되었다. 시대도 변했고, 맥락이 변했다.

좌파가 교양 넘치고 간지 넘치는 시대가 우리에게도 있었다. '신여성'과 '모던 뽀이'가 경성을 채우던 1920년대와 1930년대, 슈트를 입고, 커피를 마시고, 러시아나 독일의 사상가에 대해서 얘기하는 것은 모던하고 '개간지' 나는 일이었다. 그건 그냥 옛날이다. 지금 한국에서 20대가 좌파라고 말하면, 간지나 교양이 넘쳐 보이지 않는다. 하지만 자유와 고독만큼은 보장할 수 있다. 20대가 가기 전에 책을 출간할 수 있다는 것도 보장할 수 있다. 희소성은 생각보다 교환가치가 높다. 아마 자신이 몸담은 분야에서 희소성을 만끽할 수 있고, 뭘 하든지 그 분야 최초 혹은 '간만에 등장한'이라는 수식어가 따라다닐 것이다. 꼭 책이 아니더라도 무엇인가 자신이 직접 만드는 분야에서는 '간만에 등장한 좌파'가 이 시대와는 이질적인 뭔가 새로운 것을 만들 배경을 제공할 것이다. 영화감독이나 화가들 가운데 유독 좌파가 많은 것은 좌파라는 입장과 시선만으로도 남과는 다른 것을 만들 확률이 높아지기 때문이다.

세상은 돌고 돌고, 유행도 돌고 돈다. 다른 책을 슬쩍 베끼면 표절이지만, 『자본론』을 슬쩍 베끼면 오마주가 된다. 『자본론』을 뒤틀면 패러디가 된다. 그리고 『자본론』은 싫다고 말하면 철학자가 된다. 읽었으니까 좋든 싫든 말할 거 아닌가, 우와~ 찬사가 뒤따른다. "『자본론』은 꺼져"라고 말하면 시대의 혁신가가 된다. 자본주의가 계속되는 한 『자본론』 놀이는 끝나지 않는다. 좌파만이 당당하게 할 수 있는 놀이다. 직장에서 상사가 괴롭히면 책상 위에 『자본론』을 갖다놓는 것도 이 책을 잘 활용하는 방법이다. 상사가 좌파든 우파든, 기성세대라면 『자본론』의 권위에 쉽게 덤비지 못한다. 『자본론』을 보란 듯이 꺼내놓은 직원이 무슨 말을 하고 싶은 건지, 대부분 알아듣는다. 사 놓고 보지 않는 대표적인 책 중 하나가 『자본론』이다. 물론 MB 시절 200만 부 이상 팔려나간 마이클 샌델의 『정의란 무엇인가』가 그 기록을 깼다. 이 책을 다 읽은 사람이라면 충분히 『자본론』 1권은 읽을 수 있다. 그러나 그냥 꽂아만 둬도 뭐라고 하는 사람은 아무도 없다. 한국에서 『자본론』을 산 사람의 99퍼센트는 읽지 않았다. 이상할 것도, 흠될 것도 없다.

왼쪽에 앉으면 좌파다

스타일이 빨갱이, 연암 박지원

1.

'사다리 걷어차기'라는 단어를 최근에는 청년들이 아파트와 관련된 민주당의 정책을 비판하기 위해서 종종 사용한다. 자기들은 다 집을 사서 적당히 돈을 벌어놓고 막상 새로운 20대~30대가 집을 사려고 하니까 금융 대출을 규제해서 사다리를 걷어찬다는 의미로 사용된다. 사실 이 사다리 걷어차기라는 말을 우리나라에서 유행시킨 사람은 케임브리지 대학의 장하준이다. 그의 박사 학위 논문이 '사다리 걷어차기'라는 이름으로 출간되어 전 세계적인 베스트셀러가 되었다. 우리나라에서는 장하준을 별거 아닌 사람으로 낮추려는 경향이 있지만, 아프리카 등 선진국의 경제적 횡포에 시달리는 개발도상국에서 장하준은 록 스타 같은 존재다.

'사다리 걷어차기'는 19세기 초중반에 활동한 프리드리히 리스트[7]가 사용한 단어다. 독일 역사학파를 만든 사람인데, 영국이 산업혁명 이후 자유무역을 강력하게 주장하고 독일이 이에 반발하면서 나온 이론이다. 영국, 프랑스 등 산업혁명을 했던 나라들도 경제 발전 초창기 때에는 보호무역을 하다가, 독일이 뭔가 좀 해보려고 하니까 이제는 관세 같은 것도 없애고 자유무역을 하자던 데서 나온 반발이다. 강자가 약자에 대해서 동등하게 하자고 하는 것은 때로는 폭력인 경우도 있다. 이준석이 전면적으로 들고 나온 성별 할당제나 '사다리 걷어

7

Friedrich List, 1789년 독일 남부의 로이틀링겐에서 피혁 가공업자의 아들로 태어났다. 1820년 뷔르템베르크 주의 입법부에 의원으로 선출되어 지방자치의 확대와 사법 절차의 개혁을 주장하다 공공 안전을 저해한다는 죄목으로 10개월의 금고형을 선고받고, 1822년에 해외로 망명했다. 1824년에 독일로 돌아오자마자 체포되었고, 미국으로 이민을 가겠다고 약속하고 석방된 후 1825년에 뉴욕으로 떠났다. 그곳에서 농장을 경영했고, 펜실베이니아에서는 경질탄 탄광 개발을 발견 단계에서부터 성사시켰으며, 철도 건설 사업을 하기도 했다. 이러한 경험을 통해 정치경제 문제에 예리한 식견을 얻었고, 애덤 스미스 학설의 보편적 타당성을 의심하게 되었다. 공업화 도상에 있는 국가에게는 보호관세가 불가피하다는 결론을 내리며 『미국 정치경제학 개론』(1827)을 저술했다. 1823년 앤드루 잭슨 대통령의 선거운동을 도와 그 보답으로 독일 주재 미국 영사가 되어 귀국했다. 미국에서 얻은 경험을 살려 독일 철도 체계를 조직하는 계획을 수립하고 철도 가설에도 착수했지만, 개인적으로는 재정적 어려움에 빠져 프랑스로 갔다. 프랑스 학술원 논문 공모에서 『정치경제학의 자연적 체계』를 썼고, 그 후 독일로 돌아와 『정치경제학의 민족적 체계』(1841)를 집필했다. 1846년 자살로 생을 마감했다.

**스타일이 빨갱이,
연암 박지원**

차기'나 같은 맥락에서 나온 용어들이다.

장하준은 좌파인가? 발전경제학이라는 경제학 분야에서 폴 크루그먼Paul Krugman이 배출되었고, 그는 2008년 노벨 경제학상을 받았다. 지금 우리가 보는 국가가 주도하는 경제 정책이라는 틀을 만든 케인스John Maynard Keynes, 1883~1946를 좌파로 보는 사람은 없다. 그래서 그의 후계자들을 비주류로 분류하지만, 좌파라고 보지는 않는다. 국제적으로나 이론적으로나 장하준은 좌파는 아니다. 그렇지만 한국에서는 불온서적의 저자다.

2008년 MB 정부 시절 국방부에서 불온서적을 간추렸는데, 그 안에 『나쁜 사마리아인』이 포함되었다. 대박 사건이다. 케인스 계열의 발전경제학 정도는 자본주의 발전 전략에 대한 다양한 논의로 충분히 공개적으로 나눠볼 만한 얘기인데, 그게 불온서적이 되었고, 졸지에 장하준은 불온서적의 저자가 되었다. 군인의 눈으로 보면 장하준은 불온한 인간이고 빨갱이다. 한문으로 불온不穩은 온건(온당)하지 않다는 의미라서, 그 자체로 빨갱이는 아닌데, 공교롭게도 불온에 '불'자가 들어가서 빨갱이 뉘앙스로 많은 단어들이 파생된다. 불온서적, 불온사상, 불온분자 등 이런 것들이 빨갱이 계열로 간주된다. 원래 '불온'이라는 용어는 3.1운동 등 일제의 통치에 고분고분하지 않은 이들을 지칭하기 위해서 조선총독부에서 주로 썼던 용어로 알려져 있다. 일제가 한국을 통치하기 위해서 쓰던 장치들이 이승만을 거쳐 군사 정권에서도 그대로 통치수법으로 쓰인 것들이 많다. '디바이드 앤 룰divide and rule', 영국이 인도를 통치할 때 인도 국민끼리 서로 분리시켜서 자기들끼리 싸우게 했던 대표적 식민지 통치 방식이다. 한국의 군사 정권도 이런 방식을 사용했다. 경상도와 전라도에 차별을 두는 것은 야비한 방식이지만, 독재 시대에는 총독부 시절부터 익숙한 장치들이 한국에서도 사용되었다.

2.

불온한 책 정도가 아니라 책을 쓰는 스타일로 조선 역사에서 가장 불온했던 사람은 연암 박지원일 것이다. 그의 글, 아니 정확히는 그가 글 쓰는 스타일을 조선의 지도부가 너무 싫어했다.

대학에 들어가기 전, 내가 읽은 거의 유일한 경제와 관련된 책은 박지원의 『허생전』이었다. 사실 나는 그냥 점수 맞추고 고만고만하게 별로 가고 싶지 않은 학과들 중에서 그냥 집에서 제일 가까운 데를 가다보니까 경제학과에 가게 된, 진로는 물론이고 인생에 대해서도 거의 고민하지 않았던 불성실한 고등학생이었다. 그 시절에도 『허생전』은 정말 재밌었고, 화폐와 매점매석을 통한 독과점이 문제라고 생각했었다. 그렇다고 내가 박지원의 책을 탈탈 읽는, 그렇게 성실한 사람은 아니었다.

**스타일이 빨갱이,
연암 박지원**

- 근래 문체^{文體}가 날로 더욱 난잡해지고 또 소설을 탐독하는 폐단이 있으니, 이 점이 바로 서학에 빠져드는 원인이다. 우리나라의 문장은 나라를 세운 이후로 모두 육경^{六經}과 사자^{四子}에 오랫동안 노력을 쌓은 속에서 나왔으므로, 비록 길을 달리한 때가 있었지만 요컨대 모두 경학^{經學} 문장의 선비들이었다. 그런데 근일에는 경학이 쓸은 듯이 없어져서 선비라는 자들이 장구^{章句}에 좋은 글귀를 따다가 과거볼 계획이나 하는 데 지나지 않고, 그렇지 않으면 또 이러한 이학^{異學}의 사설^{邪說}에 빠지고 있으니 어찌 크게 탄식할 만한 일이 아닌가."

『정조실록』 26권, 정조 12년 8월 3일 임진 첫 번째 기사

위의 『조선실록』 기사는 정조 12년에 조선 최고의 공무원이라고 할 수 있는 채제공[8]이 예수회 소속 이탈리아 신부 마테오 리치^{Matteo Ricci, 利瑪竇}의 『천주실의』[9]를 직접 읽고 좋은 점과

---

[8] 蔡濟恭, 조선 후기의 문신. 영조대의 남인, 특히 청남 계열의 지도자로 사도세자의 신원 등 자기 정파의 주장을 충실히 지키면서 정조의 탕평책을 추진한 핵심적인 인물이다.

---

[9] 天主實義, De Deo Verax Disputatio. 중국 북경에서 예수회 신부 마테오 리치가 한역하여 1603년에 간행한 천주교 교리서.

나쁜 점을 정조에게 강의하는 장면 직후에 나온다. 채제공과 정조가 짧은 토론을 한 후에, 정조는 조선의 글 스타일, 즉 문체가 점점 난잡해지고 사람들이 소설을 탐독하다보니『천주실의』같은 책에 쉽게 빠진다는 결론을 내린다.

이후 '문체반정'이라고 불리는 대대적 사상 억압이 시작된다. 정확히는 스타일 억압이다. 폭군인 연산군을 내린 사건은 중종반정이고, 광해군은 인조반정에 의해서 내려간다. 이 정도 사건 때 쓰는 용어가 '반정'이다. 문체반정은 서학이 들어올 수 있을 정도로 사람들이 전통적인 책을 보지 않고 문체, 즉 스타일이 너무 경박해졌는데, 이걸 다시 고풍스러운 스타일로 되돌리겠다는 정조의 책 길들이기 같은 것이다.

기독교는 정조 때부터 대원군에 이르기까지 조선 최고의 불온사상이었다. 처음에는『천주실의』라는 책을 덜 읽게 하는 정도로 온건하게 대응하다가 급기야는 관련된 사람을 전부 처형하는 최대의 사상 사건이 벌어진다. 유교라는 이념 위에 세워진 조선이 기독교에 대해서 적대적 입장을 가진 것은 이해할 수 있지만, 글을 쓰는 문장이 소설체라거나, 지나치게 재미있다는 이유로 싹 되돌려야 하는 '반정'의 대상이 된 것은 놀라운 일이다.

1972년, 박정희는 광화문과 여의도에 장갑차를 들이대고 국회를 해산시키고, 일종의 친위 쿠데타인 '유신'[10]을 강행한다. 유신을 찬양하는 노래를 당시 최고 인기 가수이자 청년들에게 인기가 높았던 신중현에게 부탁한다. 신중현은 싫다고

**스타일이 빨갱이,
연암 박지원**

하고, 대신 〈아름다운 강산〉이라는 노래를 작곡한다. 이 노래는 바로 금지곡이 되었다. 그런데 금지 이유가 끝내준다. 창법 미숙! 노래 부르는 스타일이 미숙하다는 얘기다. 정조나 박정희나 확실히 보통 사람들은 아니다. 보통은 내용이 싫다고 하는데, 스타일이 싫다고 한 건 확실히 평범한 사람들보다는 한 끗 위다.

연암의 소설은 양반 체계에 대한 반대가 노골적이다. 양반들이 봐서 즐거울 책은 아니다. 청나라로 가는 사신단에 끼어서 천자를 직접 만나고 돌아온 여행을 쓴 『열하일기』는 조선 최고의 베스트셀러가 되었다. 우리 식으로 얘기하면, 해외여행은커녕 국내 여행도 어렵던 시절에 중국에 가서 천자는 물론 온갖 나라의 사신들과 코끼리 같은 말로만 듣던 동물들에 대한 얘기로 시작하는 『열하일기』는 당대로서는 블록버스터 대작이다. 게다가 중국어로 말이 통하지 않으니까 붓으로 적어서 하는 필담은 말을 줄인 문장으로서의 축약본과 남의 대화를 몰래 엿듣는 것을 섞어서 마치 카메라 앵글을 바꾸어서 긴장감을 높이는 효과들이 중간중간 계속 발생한다. 특수 효과를 넣은 요즘 영화나 다를 바 없다. 천자나 조선 왕조의 방침에 어긋나는 대답을 하기 위해 서로의 필담 속에 나

10

維新, 박정희 대통령이 남북 분단의 현실과 국제 사회의 변화에 능동적으로 대처한다는 명분 아래 대통령의 권한을 크게 강화하고 국민의 기본권을 제한한 제도.

오는 엉뚱한 대답들을 찾아 읽는 재미가 있다. 게다가 양념으로 술 마시면서 벌어지는 크고 작은 에피소드가 중간중간 들어 있다. 때로는 술에 취해서 남의 방에 들어가서 자기도 한다. 딱딱한 공자 책만 보고, 시라고 해봐야 우울하기 짝이 없는 두보^{杜甫} 시만 맨날 보라고 하던 시기에 『열하일기』가 준 충격이란! 본격적으로 책이 출간되지도 않았는데, 서로 필사해가면서 『열하일기』를 읽는 붐이 생겼다. 박지원이 조선에 준 충격은 신선한 내용 정도가 아니라 '박지원 스타일'로 글을 쓰는 것이 대유행이 되었다. 이 정도로 조선에서 빅히트를 친 책은 토함 이지함이 명종 때 쓴 『토정비결』 정도가 아닐까 한다. 아마 박지원이 한문이 아니라 한글로 글을 썼다면, 지금도 수많은 작가들이 박지원의 글을 필사하면서 습작 시절을 거쳤을 것이다.

중국에서 새로 나온 책들을 사신들에게 가지고 오지 못하게 하고, 경박한 글을 쓰는 사람들을 혼내주면서 정조의 문체반정은 점점 클라이맥스로 치닫는다. 그런데도 문제가 해결되지 않는다. 결국 조정에서 드디어 '박아무개'가 문제라고 하는, 바로 그 박지원이라는 대중 스타를 처치할 문제에 부딪힌다. 실록에 이 사건은 나오지 않는다. 정조는 사람을 몰래 보내서 반성문을 쓰라고 지시하고, 박지원은 결국 반성문을 쓴다. 만약 반성문을 안 썼다면? 사형, 아니면 종신 귀양이었을 것이다.

역도^{逆徒}, 즉 역적의 무리나 왕의 눈 밖에 난 사람들에 대

**스타일이 빨갱이,
연암 박지원**

한 얘기야 숱하게 많지만, 책의 내용이 아니라 책의 스타일이 문제되어 왕이 직접 나선 경우는 본 적이 없다. 스타일이 불온하다, 정말로 멋진 얘기가 아닌가? 박지원의 유머 코드는 조선을 움직였지만, 좀 더 예법 스타일로 고전적인 이 나라를 중흥시키겠다는 정조의 엄숙주의와 정면으로 부딪힌다.

박지원의 '명랑'과 정조의 '예법'이 정면으로 부딪혀 예법이 이겼다. 그때부터 조선은 망하는 길로 본격적으로 들어갔다. 아버지인 사도 세자의 비극을 안고 있는 정조가 좀 더 명랑할 순 없었을까. 그걸 기대하기는 어려울 것 같다. 태생적 비극을 강조하는 권력은 대부분 근엄주의를 택하고, 그런 시기에 유머를 탑재한 것들은 불온사상, 아니 불온 스타일로 탄압받는다.

과연 연암 박지원은 좌파일까? 유럽식 관점에서의 좌파는 자본주의의 형성, 그리고 왕조 붕괴와 관련되어 있다. 조선 왕조에서는 좌파고 뭐고 따질 상황이 아니다. 박지원이 조선의 좌파라고 표현하면 너무 나가는 해석이다. 그렇지만 박지원이 불온한 사상가이고, 빨갱이였다는 점은 맞는 듯하다.

나이 먹고 박지원을 다시 읽으면서 스타일이 빨갱이라는 게 너무 멋있었다. 사상이고 나발이고, 왕이 나서서 반성문을 쓰라고 할 정도로 대중들의 가슴속에 들어간 스타일. 나는 반성하였다. 다시 돌아보니, 나는 스타일이 개판이다. 사상이라고 해봐야 별것 없는 잡탕이고, 내용도 참신하지 않다. 무엇보다 스타일이 개판인데, 나는 왜 책을 쓰고 있느냐? 그런 생각을 몇 번 했다.

그렇게 스스로를 잠시 돌아보다 보면 좋은 점이 있다. 혼자 먹는 술이 아주 달다는 것이다. 그리고 '진지해지지 말자', 웃기지는 못해도 최소한 명랑한 정신만은 지켜야겠다고 생각하게 된다. 박지원은 웃기는 데 성공했지만, 나는 언제나 개그 실패. 근엄한 엄숙주의 시대에는 웃기는 게 빨갱이고, 불온한 것이다. 한국의 정치인 가운데 가장 웃겼던 사람은 YS(김영삼)다. 1993년에 나온 『YS는 못 말려』는 공전의 히트를 친다. 그다음으로 웃겼던 사람은 노회찬과 홍준표가 팽팽한 라이벌일 것이다. 차이가 있다면 노회찬은 웃기려고 노력해서 웃긴 사람이다. 그는 '삼겹살 불판' 같은 빅히트한 유머를 빼곡하게 메모하던 스타일이다. 홍준표는 그냥 웃기는 데 성공하는 사람이다. 스타일 차이가 좀 있다.

3.

한국의 진보가 엄숙주의 스타일로 복귀한 것은 불행한 일이다. DJ(김대중)는 그렇게 엄숙한 사람은 아니었던 것 같다. 그를 처음 본 사람들은 "옴마 옴마, 오셨는가, 잘 오셨소", 그렇게 밝은 웃음으로 자신을 맞아준 첫 목소리에 대한 얘기를 많이 한다. 노무현의 자살은 한국의 진보 그룹에게 벗어날 수 없는 엄숙주의의 기원이 된다. 오죽하면 김어준이 몇 년간 상복

**스타일이 빨갱이,
연암 박지원**

이라고 검은 양복을 입었겠나 싶다. 그 이후, 노무현에 대해서 비판하면 맞아 죽는다. 그는 '비판할 수 없는' 신성으로 남았다. 그리고 좋든 싫든, 이제는 한국 진보를 대표할 수밖에 없게 된 조국 가족의 비극, 또 다른 원초적 비극이 만들어졌다. 조국은 그의 책『조국의 시간』에서 말했다.

- 가족의 피에 펜을 찍어 써내려가는 심경입니다.

조국의 책은 이렇게 시작한다. 하이고야, 가족이 피를 흘리고, 그 피로 글씨를 썼다는데 여기에 무슨 말을 더 할 수 있겠나! 이 비극에 다시 한국 진보의 원형적 비극이 더해진다.

- 노무현 대통령 서거일에 이 서문을 쓰게 되어 감회가 남다릅니다.

우연히 그렇게 한 것은 아니겠지만, 하필이면 책의 서문을 쓴 날이 노무현 서거일이다. 하나의 비극에 또 하나의 비극이 되어 민주당을 중심으로 한 한국의 진보는 매우 강력한 엄숙주의 안으로 들어가고 만다.

마르크스는『루이 보나파르트의 브뤼메르 18일』에서 "역사는 반복되는데, 한 번은 비극으로 또 다른 한 번은 희극으로 반복된다"고 하였다. 나폴레옹이 황제가 된 것은 비극이었고, 그의 조카인 루이 보나파르트가 황제가 된 것은 코미디라는 의미였다. 우리에게도 마찬가지로 역사는 반복되는데, 한 번도 비극이고, 또 다른 한 번도 비극이다. 하이고, 숨 막힐 정도의 비극이다. 그렇지만 시간이 지나면 결국 스타일만 남는다. 나도 이 두 번의 비극이 만들어낸 엄숙주의가 무겁고 불편하다. 하이고야, 초상집 앞에서 숨 잘못 쉬면 버릇없다고 벽돌 날아올 분위기다. 나도 이 엄숙주의가 숨 막혀 죽을 것 같은데, 청년들은 진보가 만들어내는 엄청난 엄숙주의 앞에서 무슨 생각을 하겠나. 내용과 상관없이, 스타일에서 gg!**11**

정조는 진보 진영에는 개혁 군주로 해석되고 있고, "정약용처럼 되고 싶은 사람" 하면 수많은 사람들이 "저요, 저요!' 한다. 정조의 죽음과 정약용 형제들의 죽음, 그리고 유배는 진보가 가진 비극성으로 사람들 가슴에 슬픔의 원형으로 남아 있다. 그때 정조가 실패하지 않았더라면, 그는 계몽군주로 유럽과 같은 지성의 시대를 열었을 거라는 역사적 안민이 오늘도 많은 사람들을 다산초당**12**으로 이끌고 있다.

문제는 영조의 탕평책이나 정조의 실용주의 정신이 한국 진보에서 사라지고, 문체반정 같은 정조의 엄숙주의만 남았다는 것이다. 너무 비장하고 근엄하다. 청와대 사람이나 장관 가운데 유머를 갖고 사람을 대하는 인간이 거의 없다.

이 숨 막힐 것 같은 근엄주의를 어찌할꼬? 정조의 문체반정 앞에서 반성문을 쓰고 붓을 꺾었던, 한국 최고의 유머리스트 작가인 박지원을 다시 생각해본다. 유머리스트[humorist], 유

**스타일이 빨갱이,
연암 박지원**

머 있는 글을 쓰는 사람이라는 의미로, 코미디와는 다른 장르의 글이다. 『톰 소여의 모험』을 쓴 마크 트웨인을 이 분야에서는 최고로 쳐준다.

21세기, 아직도 한국의 진보는 너무 비분강개[13]형이다. 원형적 비극을 깊은 곳에 깔고 있는 무거운 스타일이 유행한다. 유머 스타일로 시대를 웃겼던 최고의 스타일리스트 박지원을 오늘에 다시 생각하는 것은 말이나 행동이 아니라 스타일 그 자체만으로도 불온하고 빨갱이였던 역사가 우리에게도 있었기 때문이다.

진보의 엄숙주의 앞에서 문화적·정서적으로 충돌하는 사람들 중에서 박지원 같은 사람이 또 나오기를 희망한다. 불

11

Good Game, e스포츠에서 게임이 끝났을 때 '좋은 게임이었다'는 의미로 패자와 승자 모두가 남기는 말 혹은 게임의 패배를 인정하고 포기할 때 패자 쪽에서 하는 항복 선언.

12

茶山草堂, 강진만을 굽어보는 만덕산 기슭에 자리한 다산초당은 다산이 강진 유배 18년 중 10여 년을 생활하며 『목민심서』『경세유표』『흠흠신서』 등 600여 권에 달하는 조선 후기 실학을 집대성했던 곳이다. 현판에 판각된 '다산초당'이라는 글씨는 추사 김정희의 친필을 집자해서 모각한 것이다.

13

悲憤慷慨, 의롭지 못한 일이나 잘못되어 가는 세태가 슬프고 분하여 마음이 북받침.

온한 스타일, 멋지지 않은가. 그 불온성이 유머러스할 수 있다면 얼마나 즐겁겠나?

한국의 진보는 재집권 5년 만에 정책적으로 실패했고, 미학적으로는 파산했다. 한국의 좌파는 미학적으로 실패한 곳에서 다시 출발해야 한다. 진보는 미학적으로만 실패한 것이 아니라 사회적으로도 완전 실패다. 50대 진보라고 하면 길거리에서 청년들에게 매 맞아 죽게 생겼다. 20대 진보는 또래 그룹에게 완전 왕따 당하게 생겼다. 유머, 지금은 스타일을 생각하기 전에 생존의 문제다.

최소한 미학적으로 한국의 좌파는 진보와는 분리된 길을 걸어갈 것 같다. 지금 생각하면 노회찬, 참 나빴다. 왜 그렇게 슬픔으로 기억되도록 '마지막'을 남겼는가? 나도 이제 마음속의 노회찬을 떠나보내려 한다. 그만 슬퍼하고 싶다.

**스타일이 빨갱이,
연암 박지원**

웃기는 것은
나의 무기,
움베르토 에코

1.

1996년 여름, 시간강사로 나의 첫 사회생활이 시작되었다. 그해 12월, 현대그룹에 입사하면서 나는 먹고사는 길로 나섰다. 중간에 정부 기관으로 한 번 자리를 옮겼고, UN 기후변화협약의 정부협상단으로 일했다. 그 시절에 내 삶은 외형적으로는 화려했다. 총리실로 옮겨 같은 일을 하면서부터는 조금은 색다른 공무원 생활을 했다. 3급 부장에서 2급 부장으로 승진할 무렵, 내 안의 갈등을 그냥 참아낼지, 아니면 다시 내 모습으로 돌아올지 갈등했다.

그때도 참 고민이 많았는데, 결국에는 글을 쓰는 삶을 선택했다. 지금 돌아보면, 30대 중반의 나는 삶에는 먹고사는 것보다 더 중요한 일이 있다고 믿었던 것 같다. 지금도 가끔 꿈에 사직서를 쓰던 순간이 다시 나오기는 한다. 그렇게 공직을 떠나고, 나는 모든 것을 다시 시작했다.

첫째, 둘째, 셋째…… 이렇게 숫자를 세면서 길고 긴 문장을 쓰는 논문체, 그리고 ㅇ과 -으로 시작하는 줄임말로 글을 쓰는 '찍땡체'로 불리는 보고서 문체를 벗어나기 위해 길고 긴 습작을 시작했다. 나도 학위 논문에는 본문보다 길게 각주를 달았었다. 각주 없이 글을 쓰는 연습을 했고, 꼭 인용이 필요할 만큼 중요한 책이나 논문은 본문 안에서 중요하게 다루는 글쓰기 방법을 만들어냈다. 그리고 다시 운동권으로 돌아왔고, 시민운동과 관련된 일들을 시작했다.

꼭 그렇게 계획했던 것은 아니었지만, 얼마 지나지 않아서 녹색당 초창기의 녹준(녹색정치준비연합)과 초록정치준비연합에서 상근하게 되었다. 상근이라고 하지만, 소득은 거의 없고, 사람들 밥 먹이고, 이래저래 모임을 꾸리면서 내가 쓰는 돈이 더 많은 시간을 보냈다. 그 시절에 아내는 너무너무 힘든 시간을 보내서 원형탈모증이 생겼다. 그 이후, 나는 아내에게 평생 미안한 마음을 안고 살아가고 있다.

2년 가까이 녹준 상근자로 지내면서 너무 일찍 떠나버린 내 인생의 친구 이재영을 만났고, 노회찬을 만났다. 힘들지만 나름대로 즐거운 시간이었다. 그때 노회찬과 그의 동료들과 함께 학벌 없고, 선후배 없고, 나이 상관없는 만남을 처음 보았다.

그 시절 초창기 국제 녹색당 강령에서 '우정과 유머로 함께 가는 길'이라는 표현을 처음 보았다. 나이 오십이 안 되어

**웃기는 것은 나의 무기,
움베르토 에코**

서 이혼하고 삶의 목표를 잃은 한 사나이가 120킬로그램이 넘는 몸을 끌고 죽어라 달리기 시작했다. 독일 녹색당 간부이며 연방의회 의원인 사나이는 '달리기'로 삶의 희망을 다시 찾았다. 그 책이 바로 달리기 열풍을 만들어낸 『나는 달린다』이다. 이후에 요시카 피셔는 독일 외무부 장관이 되고 부총리까지 이른다. 그러나 이 얘기는 나중의 일이고, 내가 들은 요시카 피셔에 대한 얘기는 독일 녹색당이 국회에 진출하기로 할 때 반대파에 의해 그의 귀가 물어 뜯겼다는, 그야말로 술 마시면서 하는 정도의 슬픈 얘기였다.

　　소수파일수록 더 많이 싸우고, 급진파일수록 의견 대립이 강하다. 녹색당 초기에 오죽 많이 싸웠으면 아예 강령에 '유머'를 딱 박아 넣었을까, 그런 생각이 들었다. 싸울 때 싸우더라도 웃음을 잃지 말자는 의미에서 그런 걸 넣었을 거다.

　　그 시절에 녹준은 아직 녹색당이 아니라서 시민단체와 함께 움직였다. 그 시절은 나에게 많은 영향을 남겼다. 지금도 나의 주변 사람들 중에는 정의당이나 민주당 같은 정당이 아니라 환경단체 같은 시민운동 사람들이 더 많다. 그 시절에 나는 미처 정당을 만들지는 못했다. 그때 풀뿌리 민주주의로 같이 활동하던 변호사 하승수가 단체를 운영하면서 실제 정당을 만들었다. 브라보, 하승수! 시민단체에 있다가 대학교수로 간 사람들은 많이 봤지만 대학교에 있다가 녹색당을 만든다고 학교를 그만두고 돌아온 사람은 그때 처음 보았다.

2.

대학생 때 민중운동을 했었다. '전민련'**14**이라고 하는 전
국적 민중단체를 만들 때, 나는 서울민중연합, 민중련 비상근
간사를 했다. 주로 돌아가신 김수행 교수 같은 사람들의 대중
강의를 수발하고, 녹취한 걸 풀어서 원고로 만들어주는 일이
었다. 이것도 몇 달이 되니까, 그 안에서 만들어진 소모임 스
터디를 돕는 일도 했다. 학부 학생이 시민들을 대상으로 경제
학을 지도한다니! 김수행을 비롯한 교수들은 주로 『자본론』을
강독했다. 그 시절에 『자본론』을 산 학생은 많았어도 실제로
읽은 사람은 많지 않았다. 나는 영문판으로 읽기는 했는데, 논
문들을 꼼꼼히 살펴본 것은 아주 나중의 일이다. 그 시절에는
아직 노조가 일반화되지 않았는데, 서울시 시내버스 운전사들
과 공부했던 기억이 아주 오랫동안 남아 있다. 그때 서울민중
연합을 이끌던 사람이 이재오였다. 홍제동에 사무실이 있었
다. 몇 번 만났었는데, 박정희 얘기를 너무너무 재밌게 했던 기
억이 생생하다. 나중에 유학 갔다가 돌아와 보니, 그는 이미 민
중당에서 민자당으로 넘어가 있었다. 시간이 아주 흘러 국회
에서 골프장 토론회를 했는데, 그쪽 골프장 반대 토론자로 이

14

전국민족민주운동연합(全國民族民主運動聯合), 1989년 1월 21일 결성된 재야민
족민주운동의 전국적 조직.

재오가 나와서 옆자리에 오래 앉아 있었다. 옛날 얘기를 나누기엔 이미 어색해졌다.

　1998년에 김수행 선생이 주도해서 『청년을 위한 경제학 강의』라는 책이 나왔다. 마지막 순간에 나에게도 글을 써달라고 해서 '생태경제학이 고민하는 것들'이라는 글을 썼다. 공식적으로 출간된 나의 첫 책이다. 겁나게 딱딱하다. 사회경제학회에서 힐퍼딩의 「금융자본론」에 관한 논문을 발표하며 김수행 선생 등 앞자리에 앉은 모든 원로들을 재울 정도였다. 민망했다. 자원경제학회에서 폐기물 순환 구조에 대해서 발표할 때에는 '환경경제학'으로 원로가 된 이정전 선생이 사회를 보았다. 사회를 보던 그 양반도 재웠다. 2004년 민주노동당에서 당시 선거에 출마한 권영길, 단병호, 조승수 등 후보들을 대상으로 부산에서 교육을 했는데 그때도 예외 없이 노동운동의 톱스타들을 재웠다. 그 시절의 나는 글을 쓰면 글로 재웠고, 말을 하면 말로 재웠다.

　공단을 그만두고 민중단체가 아니라 시민단체에서 상근하면서 나에게 익숙했던 민중 버전의 이야기를 시민단체 버전으로 바꾸는, 조금은 고통스러운 시간을 보냈다. 그때 습작을 시작했다. 현대 그룹과 공단, 그리고 총리실을 거치면서 내가 쓰는 문장은 흔히 '찍땡체'라고 부르는, 공무원 양식에 적합한 문장이었다. 일반적으로 쓰는 문장도 보고서 양식에 가까워져 있었다. 도저히 '인간의 언어'가 아니었다.

　인간의 말을 되찾는 습작을 2년 정도 했다. 문장의 길이도 문제이지만, 단어 자체가 문제인 경우도 많았다. 근로자는 우파의 용어다. 경제 원론 등 우파들이 손댄 글에는 반드시 '근로자'라는 말이 들어간다. 국제적으로는 '메이데이'라고 부르는 노동자의 날도 우리나라에서는 '근로자의 날'이다. 이런 용어를 하나하나 익혀가면서 보고서 문체를 풀어서 인간의 말로 바꾸는 것이 습작의 주요 목표였다. 석박사 논문에서 툭하면 본문보다 각주가 더 길어지는 방식으로 글을 썼다. 그런 방식에 익숙해지다 보니 각주에 들어가면 상관없는 얘기가 본문에서 길게 늘어져서 읽는 사람의 시선을 분산시켰다. 정작 나는 몰랐다. 누군가 내 글이 읽기 어렵다고 하면 괜히 심통 냈다. 결국 각주를 없애고 반드시 각주에 들어가야 할 책이나 논문은 되도록 본문에서 소화했다.

그때 가장 도움받은 것이 움베르토 에코의 책이었다. 그의 소설 『장미의 이름』은 유학 시절에 읽었고, 『세상의 바보들에게 웃으면서 화내는 방법』 같은 산문집은 강사 시절에 읽었다. 그 정도는 어지간하면 다 읽는 책이다. 나중에 에코가 68 혁명 이전에 이탈리아의 길을 모색하던 예술가와 작가들이 자생적으로 만든 '63 그룹'에 속해 있었음을 알게 되었다. 그들이 좀 더 나은 이탈리아를 위해 19세기 영국, 특히 런던과 런던에 속하지 않은 변방의 작가들을 연구하고, 그 연장선으로 셜록 홈즈를 통해 19세기 런던 중산층에 관한 연구를 했음을 알게 되었다.

그 시절에 내가 가진 지식들은 주로 영국에서 나온 경제학 책들, 프랑스에서 나온 것들, 이런 제국 중심에서 나온 생각

웃기는 것은 나의 무기, 움베르토 에코

들이었다. 반면 한국은 식민지 성향이 강했다. 조한혜정이 '탈식민지 시대'라는 주제로 계속 글을 쓰고 있었지만, 한국의 주류 지식인은 일본의 식민지를 거쳐 미국의 문화적 식민지 시대라고 보는 게 여러모로 맞았다. 한국의 대학교수 절반 정도는 미국을 모국으로 생각할 것이다. 이 어정쩡한 상황에서 나름 제국을 형성하려고 했지만 런던에는 비할 바 없던 이탈리아가 갈 길을 연구했던 움베르토 에코는 내가 아는 것들을 어떻게 전환해야 하는가에 좋은 참고 자료가 되었다.

그러나 에코에게 받은 가장 큰 영향은 스타일이었다. 그의 글을 읽으면서 머릿속에서 아주 오래된 기억을 꺼내어 살펴보았다.

우리로 따지면 벼룩신문 같은, 주로 동네 광고가 나오는 지역 신문에서 가장 먼저 눈에 갔던 것은 부동산 월세 광고였다. 프랑스 광고들은 "심각한 사람을 선호합니다"라고 되어 있고, 영국의 광고에서 눈에 띈 것은 "유머러스한 사람이면 좋겠습니다"였다. 프랑스어에서 심각하다는 말, sérieux라는 단어는 '심각하다'는 의미와 더불어 '진지해서 약속을 잘 어기지 않는다', 즉 '제때 월세를 잘 낼 사람'이라는 의미를 갖고 있다. 그런가 보다, 그렇게 심각하게 여기지 않았다. 그런데 영국에 몇 차례 가서 살펴보니까 월세 광고에서 프랑스의 '심각함'과 똑같은 자리에 유머가 들어 있었다. 개인의 좁은 경험을 전제로 말하면, 프랑스 사람들은 농담하고 웃기지 못해서 안달이 난 사람들이 많다. 뭐, 그렇다고 엄청나게 웃기지는 않지만, 아무튼 많이 웃는다. 영국 사람들은 그다지 웃기지 않는다. 근엄한 표정을 짓는 사람들이 많다. UN 협상장에서 만나도 프랑스 공무원들은 뭐라도 웃기려고 하는데, 영국 공무원들은 주석으로 만든 군인 인형처럼 딱딱하다. 대신 영국 영화에는 하드코어 계열의 '화장실 유머'가 많다. 그렇다면 프랑스는? 우리나라에는 누벨바그와 함께 배우 알랭 들롱이 사람을 죽이거나 엄청나게 철학적 고민을 하는 심각한 프랑스 영화들이 들어왔지만, 초창기 프랑스 영화의 주류는 코미디였다. 만화 〈아스테릭스〉의 실사 버전 같은 영화들이 주류였다고 보면 된다. 영화 〈레옹〉으로 알려져서 심각한 킬러의 내면적 고통을 안고 있는 존재로 알려진 장 르노도 〈비지터〉 시리즈 같은 코미디에 출연했다. 〈시네마 천국〉의 영화기사로 우리에게 낯익은 필립 느와레도 엄청 심각한 사람으로 알고 있지만 〈이 세상에서 가장 행복한 사나이〉(1967년) 같은 코미디로 국민 배우 반열에 오른 사람이다.

영국 사람과 프랑스 사람을 동시에 만나서 "어느 쪽이 더 웃기느냐?", 이런 질문은 절대로 하지 마시라. 나폴레옹 함대와 넬슨 제독이 맞붙은 트라팔가르 해전Battle of Trafalgar이 재현되는 장면을 보게 될 것이다. 이 해전을 계기로 나폴레옹의 시대는 저물었고, 영국이 자랑하는 넬슨 제독은 죽었다. 미국 사람들에게 그 얘기를 했더니, 다른 건 몰라도 미국이 영국이나 프랑스에게 유머에서만큼은 밀리지 않는다는 얘기를 들었다. 독일 사람에게는 차마 물어보지 못했다. 왠지 두드려 맞을 것만 같았다.

**웃기는 것은 나의 무기,
움베르토 에코**

움베르토 에코를 읽으면서 꽤 많은 구상을 했다. 2004년 어느 즈음, 나는 '명랑'을 내 인생의 구호로 정했다. 유머는 어려워도 명랑 정도는 할 수 있을 것 같았다. 그까짓 것 인상 덜 쓰고, 폼 덜 잡으면 되는 거 아닌가 싶었다. 그 시절에 쓴 이야기들이 나중에 『명랑이 너희를 자유케 하리라』라는 산문집으로 묶여 나왔다.

다른 친구들과 똑같은 표정으로 밥 먹고, 술 먹던 시절에는 몰랐는데 '명랑'을 모토로 내걸고 나니 한국이 얼마나 엄숙주의 속에 깊숙이 들어가 있는지 절절하게 보였다. 초창기에 미학 공부를 약간 했었는데, 그 시절에 좌파 미학은 대부분 사회주의 계열 리얼리즘으로 미학을 해석했었다. 보수도 그렇고 진보도 그렇고, 리얼리즘 계열의 엄숙함이라기보다는 유교식 엄숙주의에 일본식 선후배 문화가 찌들어서 엄청 엄숙했었다. 족보 없는 엄숙함이다.

3.

소설 『장미의 이름』은 중세의 어느 수도원을 배경으로 이루어진다. 중세? 사실 우리는 중세에 대해서 잘 모른다.

그리스의 번영이 사그라든 후 권력은 로마로 넘어갔다. 플라톤과 아리스토텔레스 등의 고전은 소실되었고, 아랍 세계에서만 원전을 보유하고 있었다. 지금 우리가 '그리스 원전'이라고 배우는 것들이 사라졌었다. 아랍어 번역본만이 유통되어서 예전에 철학을 공부하던 사람들은 아랍어를 공부해야 했다. 데카르트 시대가 되어서야 많은 원전들이 돌아와서 아랍어를 공부하지 않아도 되는 1세대가 되었다. 이런 역사적 배경이 소설의 출발이다. 대부분의 책은 돌아왔는데, 하필이면 역사 속에 기록만 있던 아리스토텔레스의 희곡 2편인 코미디가 돌아오지 않은 것이다. 지금 남아 있는 아리스토텔레스의 희곡 1편이 비극편이다. 비극과 코미디라는 두 가지 장르 중 비극만으로 아리스토텔레스를 해석하던 시기에 희곡 2편인 코미디가 우연히 성당으로 돌아오면서 얘기가 시작된다. 아리스토텔레스의 논리학과 형이상학은 히브리 전통에 의한 비유럽적 요소를 유럽에 익숙한 틀로 전환시켜주었다. 이교도적 전통을 로마의 전통으로 왜곡하거나 뒤틀었다고 하는 사도 바울에 대한 지적이 니체가 얘기한 것인데, 에코는 니체 전통을 살짝 빠져나가면서 아리스토텔레스의 사라진 희곡이 그 시대에 위기를 줄 수 있다는 전혀 새로운 해석을 천연덕스럽게 펼쳐낸다.

『장미의 이름』을 읽던 시기에 마침 나는 자크 데리다가 쓴 『에쁘롱』이라는 책을 읽고 있었다. '니체의 스타일'이라는 부제를 달고 있었다. 니체도 어렵고, 데리다도 어렵다. 그리고 데리다가 얘기한 니체는 더 어렵다. 『장미의 이름』을 읽고 나서, 나는 니체는 그만 읽어도 되겠다고 생각했다. 니체 책, 참 많이도 읽었다. 니체의 글에는 욕만 잔뜩 있고, 유머라고는 찾아보기 어렵다. 이놈도 욕하고, 저놈도 욕하는데, 욕에 굶주리

**웃기는 것은 나의 무기,
움베르토 에코**

던 시대에는 니체가 최고였다.

아리스토텔레스의 형이상학이 주는 권위에 맞춰서 중세 사회를 아주 근엄하게 설계해놓았는데, 제목만 봐도 "웃어도 좋다"는 얘기가 있는 아리스토텔레스의 코미디가 유럽 사회에 다시 돌아온다는 일은 체계를 지키는 사람 입장에서는 지독하게도 위험한 불온문서일 수밖에 없다. 근엄과 웃음이라는 두 가지 코드로 움베르토 에코는 중세가 아니라 현대 자본주의가 갖는 통치 장치의 일부를 보여주고 싶었던 것 같다. 조금 좁게 해석하면, 이탈리아의 경제적 번영을 이끌어나가는 밀라노에 대한 문제를 얘기한다고 볼 수도 있다.

젊은 사제들의 호기심을 억누르는 일은 불가능하다. 사제들은 몰래 책을 훔쳐보고, 책을 읽은 사람들은 모두 죽는다. 시대적으로는 맞지 않지만, 영국 경험주의 철학의 프란시스 베이컨의 제자 윌리엄 사제가 우연히 이 사건에 끼어들면서 미스터리한 살인사건을 풀어헤치기 시작한다. 우리도 금서가 있던 시절에는 금지된 책을 열심히 봤었다. 금지되지 않은 것들은 찾아서 읽는 짜릿함이 없다.

유학 시절에 이 책을 읽으며 통쾌해 했다. 그 시절에 나는 책이란 좌파의 엄숙주의와 교조주의, 그리고 지독할 정도로 논쟁을 위한 논쟁 같은 얘기에 대한 비판으로 보았다. 나중에 이 책을 다시 읽어보니 굳은 사회 시스템에서 웃음이 드러나는, 조금은 보편적이고 일반적인 전복의 메시지로 느껴졌다.

에코의 에세이집 『세상의 바보들에게 웃으면서 화내는

방법』과 그의 유고작인 『미친 세상을 이해하는 척하는 방법』
은 그가 속했던 사회와 탈근대를 지나 21세기로 넘어오면서
에코가 느꼈을 세상에 대한 불편함을 좀 더 보편적인 방식으
로 적었다. 바보들에게도 바보라고 하면 안 되고, 그들에게도
웃으면서 말해야 한다는 메시지는 나의 말과 글에도 큰 영향
을 미쳤다. 빌 클린턴이 대통령 유세 과정에서 "바보야, 문제는
경제야!"라고 말했다. 한국에서도 많은 사람들이 이 표현을 여
러 가지 방식으로 반복해서 글 제목으로 썼다. 나는 그 제목을
쓰지는 않았다. 그것은 에코가 말한 '웃으면서 화내는 방법'에
해당하지 않고, 그냥 화내는 것에 불과하기 때문이다. 에코가
화낼 줄 몰라서 화를 내지 않은 게 아니다. 그게 별로 효율적이
지 않아서가 아니었을까?

 움베르토 에코가 어떤 사람인지 가장 통쾌하게 보여주
는 글은 「축구 이야기를 하지 않는 방법」이라는 에세이가 아닐
까 싶다. 이탈리아에서 축구에 열광하지 않는 사람이 있다는
것만으로도 놀라웠다. 나는 축구를 싫어하지는 않는데, 2002
년 축구 열풍과 함께 등장한 스포츠 쇼비니즘이 매우 불편했
다. 이탈리아에서 축구 얘기를 하고 싶어 하지 않는 학자, 갑자
기 기분이 통쾌해졌다.

> – 그의 얘기를 중단시키려고 하는 것은 부질없는 짓
> 이다. 그건 벽에 대고 지껄이는 거나 진배없다. 그
> 는 내가 축구에 대해 관심이 없다는 사실을 무시

**웃기는 것은 나의 무기,
움베르토 에코**

하고 있는 게 아니다. 그는 축구에 대해 전혀 관심이 없는 사람 자체를 이해할 수 없는 사람이다.

『세상의 바보들에게 웃으면서 화내는 방법』 중
「축구 이야기를 하지 않는 방법」(1990년)

축구에 대해서 전혀 관심 없는 사람과 축구 팬이 대화하기란 쉽지 않은 일이다. 에코는 좀 부드럽게 표현했지만, 그 후 보편적인 용어로 '훌리건'이라는 말이 사용되었다. 훌리건 문학은 물론 훌리건을 연구하는 훌리건 사회학까지 등장했다. 사회학자 김호기(연세대 사회학과 교수)가 일반적인 팬덤을 뛰어넘는 과격한 정치 팬덤에 대해 훌리건이라는 표현을 쓸 때만 해도 그런가 보다 했다.

- 당내 경선에서 이겨야 대선 후보가 될 수 있기에 간단치 않은 문제다. 대개 경선에서 '갈라치기' 전략으로 승부를 걸다 경선이 끝나면 '중도통합' 전략으로 선회하는 것이 일반적인 선거 양상이다. 하지만 최근에는 훌리건의 힘이 세지면서 마지막까지 갈라치기가 중요해지고 있다. 1등만 차지하면 선거에서 승리하기 때문이다.

《신동아》 김호기 인터뷰 (2021년 3월 4일)

노무현과 친한 친노, 문재인과 친한 친문, 이런 표현들을 별로 좋아하지 않아 거의 쓰지 않는다. 사람을 중심으로 세상을 이해해야 한다는 일이 너무 슬프고, 인간에 대한 예의가 아니라는 생각이 들기도 했다. 무슨 거대한 이론가도 아닌데, 그저 정치적으로 중요한 자리에 있다는 것만으로 마르크스주의자인 마르크시스트, 헤겔주의자인 헤겔리안, 프로이트주의자인 프로이디안, 이런 식으로 그룹을 분류하는 것도 어색하다. 무엇보다도 '친노'나 '친문'이라는 표현을 사용하면서 서로 지나치게 공격적으로 변하는 것을 보고 나서는 가급적 이런 말들을 쓰지 않으려고 한다. 친문이 생기면 거기에 반대하는 '반문'이 생겨난다. 누군가와 친하다는 이유로 움직이는 것도 이상하지만, 거기에 반대해서 뭔가 움직이는 동기를 찾는 것도 이상하다. 그렇게 몇 번을 하다 보면 결국 "그놈이 그놈이다", 그런 말이 나올 수밖에 없다.

이렇게 집단화된 그룹이 지나치다고 느낀 것은 '문자 폭탄'이 생겨난 이후다. 그 정도가 농담과 장난 혹은 팬으로서 할 수 있는 지지를 넘어서는 경계선이라고 생각한다. 여기서부터는 의견 개진이라기보다는 전쟁에 가깝다. 청년들에게서 '중년 훌리건'이라는 단어를 들으면서 슬퍼졌다. 같은 편이라도 의견이 조금만 다르면 기꺼이 문자 폭탄을 보내는 중년들이 청년들에게 어떤 모습으로 보이겠는가.

싸우다 보면 처음에 왜 싸우기 시작했는지를 잊어버리고 계속 싸우는 경우가 생긴다. 문자 폭탄을 집단적으로 보내고 나면 이미 선을 넘은 것이다. 진보를 가장 좋은 표현으로 이

웃기는 것은 나의 무기,
움베르토 에코

해한다면 뭔가 좋게 만들려고 한 사람들이다. 그들이 지켜야 할 것은 힘과 권력이 아니다. 힘을 지키기 위해 세를 과시하는 것은 아름답지 않다. 그런 과정을 통해 사람들은 입을 다물기 시작했다. 훌리건이라는 은유는 여기에 적당하다. 힘을 가진 패거리를 사람들이 피하는 것은 그들이 옳아서가 아니라 부딪히고 싶지 않아서. 사람들이 축구를 싫어하지 않아도 축구 이야기를 싫어하고, 더더욱 군대 가서 축구한 이야기를 싫어하는 까닭은, 축구라는 이야기 구조가 다양한 의견을 낼 기회를 원천적으로 차단하기 때문이 아닐까.

문자 폭탄은 나중에 '좌표 찍기'와 결합했다. 폭력은 그 자체로 더욱 강렬하게 진화하는 속성을 갖는다. 이 정도가 되면 팬으로서 할 수 있는 놀이 단계를 넘어섰다. 집권하고 힘을 가진 집단이 유머와 관용을 가지면 그 집단의 힘은 매우 오래 갈 수 있다. 반대로 폭력으로 생각과 의견이 다른 사람들을 협박하고 위협하고 괴롭히면 민주주의 사회에서는 오래 버티지 못한다.

관용과 관련된 유명한 얘기가 있다. 알제리는 프랑스의 식민지였는데, 제2차 세계대전이 끝나고도 독립하지 못했다. 그렇게 8년에 걸친 독립운동 끝에 겨우 독립을 이룬다. 1962년 일이다. 우리 식으로 비유하면, 제2차 세계대전이 끝나고도 한참을 일제에 저항하는 독립운동을 하고 나서야 해방된 것과 같다. 프랑스 지식인 사이에서는 알제리 독립을 놓고 격론이 벌어진다. 우리는 제국주의를 한 적이 없어서 당연히 식민지

운용에 대한 경험이 없다. 만약 한국이 제국이었고, 아직 실효적으로 지배하고 있는 식민지의 독립에 대해 내부에서 의견을 물어보면 각자 어떤 의견을 가질까? 매우 어려운 질문이다. 실존주의 철학의 장 폴 사르트르는 알제리의 독립을 지지했다. 아주 난리가 났(나 보)다. 그때 보수주의 정치인이자 프랑스의 대통령이던 드골이 한마디 하고 나섰다. "그도 애국자다." 보수가 아름답던 시절이다. 생각해보자. 만약 우리가 식민지로 지배했던 어떤 나라가 독립한다고 했을 때 누군가 인류 보편의 번영을 위해 독립을 지지했다면? 아마 생난리가 날 것이다. 문자 폭탄 정도로 끝나지 않고 진짜 생난리가 날 테다. 프랑스가 아주 강했던 시기는 보수가 강경했던 시기가 아니었다. 보수가 충분한 관용을 갖고 있던 시기였다.

유머로 통치할 수 있고, 넓은 관용을 가진 그룹이 존재한다면 그 나라의 생산성은 최고로 높아진다. 21세기에 접어들며 더욱 그렇게 되었다. 혁신과 창조는 다양성의 조합으로부터 나온다. 명령과 지시로 되는 일이 아니다. 만약 지시로부터 창조가 나올 수 있다면 북한 경제는 최고로 창조와 혁신이 일어나는 경제가 되었을 것이다. 그러나 장군님이 아무리 무섭게 지시한다고 해서 창조 현상이 벌어지지는 않는다. 시킨다고 되는 일이라면 현대 자본주의가 뭐 그렇게 어렵겠는가.

문재인이 대통령 후보이던 시절, 둘이서 소주 한 잔 마실 일이 있었다. 그때 그는 자신은 친노를 '친 노동자'라고 생각한다고 얘기했다. 그의 진심이라고 생각한다. 그날, 그가 경

**웃기는 것은 나의 무기,
움베르토 에코**

제를 총괄해달라고 부탁했을 때, 나는 여러 이유를 들어서 어렵다고 얘기했다. 친한 걸로 치면 나보다 문재인과 친했던 사람은 그리 많지 않을 것이다. 그렇다고 나에게 친문이라는 사람은 없다. 나는 그렇게 그룹으로 움직이지 않고, 그렇게 몰려다니면서 훌리건처럼 보이는 것도 좋아하지 않는다.

일종의 '소수자'로 살아가면서 나는 에코가 그랬던 것처럼 최대한 유머러스하게 살아가려고 했고, 명랑함을 잃지 않으려고 했다. 저자로서 살아가는 내내 노력했고, 분노와 증오로 살지 않았다. 분노가 순간적으로 만드는 힘은 강렬하다. 그것이 집단의 이름이 되면 커다란 힘을 만든다. 그러나 분노가 만드는 힘은 오래가지 못한다. 분노는 또 다른 분노에 의해 무너진다. 오래가는 것은 유머와 낭만, 그리고 여유 같은 것이다. 문재인 집권기에 청년의 분노가 집권자인 진보 50대에게 향했다. 흔히 586이라고 부른다. 만약 우리가 20대에 유머에 대해 좀 더 진지하게 생각하고, 그게 같이 살아가기 위한 중요한 덕목이라고 배웠다면 현실은 달랐을 것이다. 그러나 우리가 20대였을 때 많은 사람이 죽었다. 그들을 애도하며 진지해야 했고, 슬퍼해야 제대로 된 것이라고 생각했다. 탁현민이 만들어내는 여러 행사는 군사 정권 문화를 가졌던 사람들에 비하면 간결하고 세련되지만 '대통령의 엄숙함'에 너무 초점이 맞춰져 있다. 유머라고는 찾아볼 수 없다.

엄숙한 걸로 따지면 보수 쪽 대선 후보들도 만만치 않다. 연신 고개를 흔들어서 '도리도리'라는 별명이 붙은 윤석열은 검사 출신답게 겁나게 엄숙한 표정을 짓는다. 집에서 국민의례를 하면서 애국가를 4절까지 부른다고 자랑스럽게 사진을 기자들에게 돌린 최재형도 엄숙함으로는 둘째가라면 서럽다. 진보든 보수든, 한국의 50대나 60대나, 마이크만 잡고 카메라가 움직이면 지옥의 신 '하데스Hades'도 울고 갈 정도로 '초절정 진지' 모드로 변한다. 이건 한두 명이 진지하고 아닌 차원이 아니다. 그 그룹이 집단적으로 지나치게 엄숙하고 다른 의견에 대한 관용성이 매우 약한 상태라는 증거다.

21세기가 온 지도 20년이 흘렀다. 뉴질랜드의 30대 총리 저신다 아던Jacinda Kate Laurell Ardern, 1980~이 코로나로 녹다운된 집에서 아이들을 보면서 가사 노동을 하는 SNS 라이브live는 지도자에 대한 새로운 모습을 보여주었다. 그렇다고 노동당 출신인 아던이 늘 부드럽고 자상한 모습만 보여주는 건 아니다. 상대당 대표이자 부총리인 75세 윈스턴 피터스Winston Peters가 트위터에 이렇게 말했다.

— 당신은 나와 링에서 붙으면 10초면 끝난다.

그러자 저신다 아던이 즉각 응수했다.

— 내가 당신과 링에 붙으면 노인학대로 기소 당한다.

싸움닭은 엄청 싸움닭이지만, 그래도 싸우는 모습이 전

84

부는 아닌 30대 정치인이 수많은 위기에도 불구하고 팬데믹 국면에서 뉴질랜드를 이끌고 있다. 이런 모습을 보며 우리는 지나치게 경직되어 있고, 경건한 냉전 시대의 리더십에 오래 갇혀 있다는 생각이 들었다. 좌파는 자본주의와 싸우는 것이지, 사람과 싸우는 것이 아니다. 그런데 사람과 싸우다 보니 사람이 영웅이 되고, 신성시되고, 결국 왜 싸움을 시작했는지 잊은 것 같다. 웃음이 이런 것들을 조금 완화시켜줄 수 있다고 생각한다.

영화 〈넘버 3〉(1997년)에서 정의와 부패 사이를 오가는 검사 최민식이 말했다.

- 솔직히 죄가 무슨 죄가 있어. 그 죄를 저지르는 X 같은 새끼들이 나쁜 거지.

손뼉을 칠 정도로 속 시원한 말이다. 하지만 우리는 너무 오랫동안 죄는 거들떠보지도 않고 사람만 미워하고 살아왔는지도 모른다. 미워하고 또 미워했다. 그러다 보니 이기는 것에 열광하고, 미운 사람들을 쫓아내는 것에 모든 정열을 바치는 것이 삶이 되어버렸다. 그러나 죄가 미울 뿐 사람이 미운 것은 아니라는 말은 변하지 않는다. 성스러움과 근엄함은 분노와 미움으로 통치되는 사회가 당도하는 자연스러운 결론이다. 지상파의 코미디 프로그램이 모두 사라져버린 시대, 그들은 너무 웃겨서 사라진 것인가, 덜 웃겨서 사라진 것인가?

빨간색 모닝과 빨간색 아반떼, 조금 더 상냥하게

　　빨간색을 참 좋아한다. 이유는 없다. 그냥 좋다. 그렇지만 빨간색을 좋아한다는 얘기를 하지 못하고 살았다. 눈치가 보여서 그랬다. 빨간색, 역사적으로는 매우 강렬한 의미를 가진 색깔이다.

　　1789년 프랑스 대혁명 이후로 세 가지 색깔이 상징으로 쓰였다. 파란색은 자유, 하얀색은 평등, 그리고 붉은색은 박애를 상징했다. 이 세 가지 색깔로 이루어진 삼색기가 프랑스 국기가 되었다. 이후 나폴레옹 3세가 집권하면서 프랑스에는 엄청난 위기가 찾아왔다. 1871년 프랑스는 프로이센에 전쟁을 선포했지만, 오히려 프로이센에게 역공을 당했다. 프랑스 정부는 굴욕적인 강화조약을 맺었는데, 이에 반발한 파리 시민들이 봉기했다. 이 사건을 '파리 코뮌'이라고 부른다. 이때 사용된 상징 색깔이 붉은색이었다고 한다. 1만 명 이상의 시민이 사망했다. 이후로 러시아 혁명에서 붉은색이 사용되면서 '레드'는 공산주의를 상징하게 된다. 오랫동안 붉은색은 러시아를 중심으로 한 소비에트 연합, 즉 소련을 상징하는 색깔이 되었다. 자본주의와 사회주의의 체제 경쟁은 전쟁이 없더라도 마치 전쟁이 있는 것처럼 정보전이 계속되었다는 점에서 콜드 워cold war, 냉전이라고 불렸다. 냉전 기간 동안 소련은 적으로 설정되었고, 국가 내부에서 적의 사상에 동조하는 것은 '위협'으로 간주되었다.

　　　1950년부터 미국은 위스콘신 주 출신의 공화당 상원의원 J. R. 매카시에 의해 사회주의자 색출 작업이 전국적으로 일어났다. 1950~1954년 미국을 휩쓴 반공산주의 선풍 '매카시즘McCarthyism'의 기원이다. 이래저래 자본주의에 비판적인 영화를 만들었던 무성영화 시대의 찰리 채플린이 결국 미국을 떠난다. 그렇다고 매카시 열풍처럼 국가에 적대적인 사회주의자가 많았던 것은 아니고, 행정 실적을 위해 조작된 경우가 많았다. 조지 클루니가 제작한 영화 〈굿 나잇 앤 굿럭〉(2005년)은 CBS의 간판 시사방송이 매카시 열풍이 얼마나 무고한 사람들을 정치적으로 몰아세웠는지를 잘 보여준다. 국회의원은 물론이고 군 간부들까지 사회주의자로 몰렸지만, 결국 국회 청문회를 통해서 매카시가 별다른 근거 없이 사람들을 몰아붙였다는 여론이 형성되었다. 그렇게 정치 생명이 끝난 이 야심찬 상원의원은 48세의 나이에 간암으로 사망했다. 매카시는 사라졌지만, 냉전 기간 내내 미국에서 '레드 콤플렉스'가 계속되었다.

리들리 스콧을 유명하게 만든 영화 〈에일리언〉(1979년)이 대표적인 레드 콤플렉스에 관한 영화다. 전통적으로 드라큘라 같은 흡혈귀 영화가 귀족들 위주로 착취가 진행되는 자본주의를 비판한 영화라면, 좀비 영화는 그 출발을 알린 조지 로메로 감독 이래 내내 체제 비판적이었다. 반면에 〈에일리언〉은 불온사상에 의해서 적의 동조자가 되는 것이 얼마나 순식간에 일어나는 일인지, 그리고 그 변화가 얼마나 두려운 것인지라는 레드 콤플렉스를 전제로 한다. 〈에일리언〉 1편의 클라이맥스는 에일리언이 가득한 행성에 핵미사일을 날려서 본진을 소탕시키는 장면이다. 〈에일리언〉 시리즈의 원작에 해당하는 〈더 싱〉이 등장한 것은 1951년인데, 원작에는 더 싱, 하여간 '그거'에 감염된 동료 군인을 '빨갱이'라고 부르면서 사살하는 좀 더 노골적인 장면이 나온다. 외계인이 무슨 죄가 있겠는가? 있지도 않은 외계인에 대한 레드 콤플렉스는 3년 뒤 스티븐 스필버그의 기념비적인 영화 〈E. T.〉가 나오면서 일거에 역전된다. 불온사상의 원천인 에일리언이 'The Extra Terrestrial(지구외 존재)'라는 정확한 명칭을 통해 비로소 빨갱이라는 오명을 벗는다. 아직도 전 세계 수많은 어린이들을 설레게 하는 손가락 장면과 자전거 장면은 『자본론』 용어인 '소외'를 어근으로 하는 에일리언을 우리의 친구로 만들어주었다. 드라마 〈별에서 온 그대〉는 〈E. T.〉가 없었으면 만들어지기 어려웠을 것이다.

시간이 지났고, 냉전도 끝났다. 미국에서 레드 콤플렉

**빨간색 모닝과 빨간색 아반떼,
조금 더 상냥하게**

스는 거의 사라졌고, 사회주의자 버니 샌더스가 청년들의 지지를 등에 업고 민주당 대선 경선에 참여한다. 하지만 그건 어디까지나 미국 얘기고, 한국에서는 오랫동안 레드 콤플렉스가 북한의 존재와 함께 강력하게 작용했다. 극우파 집회에서는 "문재인 빨갱이"라는 구호가 공공연히 등장한다. 문재인이 진보인 것은 맞지만, 좌파와는 상당히 거리가 있고, 빨갱이는 더더군다나 아니다. 그래도 여전히 많은 사람들은 '좌파=빨갱이=친북', 그렇게 같은 뜻으로 생각한다. 전부 욕하는 얘기다.

나는 평생 등 뒤에서 좌파 혹은 빨갱이 소리를 들으면서 살았다. 누가 뭐라고 하면 "저, 빨갱이 맞아요", 아예 대놓고 한마디 해줬다. 그러면 가끔 "쟤가 무슨 빨갱이냐"고 옹호해주는 사람들도 있었지만, 성질이 더러운 나는 "아니, 빨갱이 맞는데요", 꼭 그렇게 한마디 토를 달고는 했다. 상황이 그러다 보니 원래 빨간색을 좋아했지만 빨간색 옷을 입는 것조차 상상하지 못했다. 정말로 입어보고 싶었는데, 괜히 피곤한 일은 피하고 싶어서 차마 입지를 못했다.

오래된 일이지만, 박사 과정을 이수하는 동안 내 지도교수는 후기 구조주의자로 유명한 앙드레 니꼴라이였다. 동구권이 붕괴하면서 그는 명예교수 심사에서 건강상의 이유로 탈락했고, 그 바람에 나는 박사 이후 새로운 논문 지도교수를 찾아야 하는 난관에 부딪혔다. 지도교수 없이 1년을 박사 논문 주제를 찾아 방황하던 시절이 있었다. 니꼴라이는 늙은 교수였는데, 진짜 세상 모든 것을 뒤틀어볼 정도로 반항적인 인생을 살았던 사람이다. 그의 권유로 나는 넉넉한 시간을 두고 경제학, 철학, 심리학, 세 개의 통합 박사 학위를 준비했는데, 그의 급작스러운 은퇴로 계획이 틀어지고 말았다. 화폐론과 생태경제학, 두 주제로 새로운 지도교수를 1년 만에 찾았는데, 마지막에 결국 생태경제학으로 주제를 잡은 것은 그게 좀 더 학위가 빠를 것 같다는 아주 얄팍한 계산 때문이었다. 어차피 통합 박사를 할 것도 아닌데 조금이라도 빨리 유학을 끝내고 싶었다. 그만큼 니꼴라이의 은퇴는 나에게 깊은 상념을 안겨주었다. 석사 시절부터 수업을 들으면서 정말 많은 영향을 받았다. 코르시카 출신의 65세, 키 작고 뚱뚱한 할아버지, 하지만 그는 손목에 금팔찌를 차고 있었고, 빨간색 폭스바겐 골프를 타고 있었다. 그 영향 때문일까. '차는 빨간색이지'라는 취향이 생겨났다. 나이를 먹어 은퇴할 나이가 되면 사람들 눈치 보지 않고 소박하지만 빨간색 차를 타는 것, 내 취향은 그렇게 만들어졌다.

물론 그 작은 선호를 실제로 내 인생에서 만나기까지는 20년 이상이 필요했다. 처음 산 차는 중고 회색 차였다. 고르고 말고 여지가 없었다. 그게 제일 쌌고, 실용적인 왜건이었다. 폐차할 때까지 탔다. 모두 만족스러웠지만 표정 없는 회색이 너무 싫었다. 그다음 차는 단종되어서 꽤 싸게 나온 차를 샀다. 흰색과 옥색만 남아서 역시 선택의 여지가 없었다. 도시의 표정 없는 얼굴의 상징인 무채색을 타고 다니는 게 진짜 자존심이 상했다. 개성 만점까지는 아니더라도 그렇게까지 익명으로 숨을 필요는 없지 않은가? 회색과 흰색, 어쩌면 나의 색깔을 숨기

90

고 살아온 시기와 내가 탄 자동차의 색깔이 일치하게 되었다.

한국에서 붉은색을 레드 콤플렉스에서 해방시켜준 사람은 공교롭게도 박근혜였다. 2011년 말은 명박 시대였는데, 집권 후반기에 그의 인기는 바닥을 기었다. 그와 정적 관계였던 박근혜가 비상대책위원장이 되고, 김종인과 이준석 같은 사람들과 함께 당을 새롭게 바꾸었다. 나중에는 망했지만, 당시 그들의 집권에 대한 열망만큼은 대단했다. 그들은 정말 모든 것을 바꿀 기세로 움직였다. 그 시절에 바꾼 당명이 새누리당이다. 카피라이터인 조동원이 홍보본부장으로 맹활약을 펼쳤다. '침대는 가구가 아닙니다. 침대는 과학입니다' '우리 강산 푸르게 푸르게, 유한킴벌리' 같은 아주 유명한 카피를 만든 그 사람이다. 그의 주도로 당명도 정치색을 싹 뺀 새누리당으로 바꾸었고, 당의 색깔도 빨간색으로 바뀌었다. 브라보! 당명도 바꾸고, 당의 상징 색깔도 바꾼 그들은 2012년 총선에서 사람들의 예상을 깨고 국회 과반수를 지켜냈다. 그 기세를 몰아서 그 해 대선에서 박근혜는 대통령이 되었다. 더 이상 붉은색, 특히 붉은색 점퍼는 빨갱이의 상징이 아니라 보수의 상징이 되었다.

그해 대선 막판, 김어준이 기획한 〈나꼼수 콘서트〉에 가서 기타를 치고 노래도 불렀다. 그 해에 나는 부담스러워서 마음대로 입지 못했던 빨간색 파카를 드디어 샀다. 아무 생각 없이 무대 뒤에서 준비하고 있는데, 《딴지일보》의 스태프들이 "정말로 그 옷을 입고 나갈 거냐"고 물었다. 사람들이 시선이 나에게 향했다. 빨간색은 '박근혜쪽 색깔'이라는 거다. 세상이 변했다는 생각이 들었다. 아주 나중에 민주당 행사에서 비슷한 얘기를 몇 번 더 들었다. 한국의 보수들에게 붉은색은 이제 승리의 상징이 되었다. 홍준표는 중요한 일이 있으면 빨간색 넥타이를 맨다.

별거는 아닐지 몰라도 내 삶도 그 이후 미미하게나마 바뀌었다. 빨간색 티셔츠를 좀 더 편안하게 입게 되었다. 만년필도 빨간색 잉크를 사용했다. 빨간색 운동화도 신어봤는데, 이미 나이를 먹어서인지 슈트에 빨간색 운동화는 너무 이상했다. 바로 포기.

아내 차를 모닝으로 샀는데, 이것도 빨간색을 골랐다. 2016년, 육아를 시작하면서 내 차를 처분했다. 한동안 아내의 빨간색 모닝을 빌려 탔다. 빨간색 차는 여자들이 탄다는 편견이 있어서인지, 빨간색 모닝을 타고 도로에 나가면 양보하는 차가 하나도 없다. 그래도 괜찮다. 벤츠 형님, 아우디 형님, 그랜저 아저씨, 그렇게 좋은 차를 타고 다니는 분들에게 존경심을 갖기로 마음을 먹으면서 양보하면서 사는 인생의 미덕을 배웠다. 나 역시 아닌 척해도 결국은 앞만 보면서 달려온 인생 아닌가 하는 생각이 들었다. 이래저래 나 자신을 돌아보는 기회가 됐다. 그때의 새로운 마음이 『매운 인생 달달하게 달달하게』라는 산문집이 되었다.

몇 년 후, 아내의 회사가 더 먼 곳으로 이사를 가면서 더 이상 아내 차를 얻어 타기가 어려워졌다. 결국 다른 차를 샀다. 이번에는 정말로 큰맘 먹고 빨간색, 수동 기어 조합으로 차를

**빨간색 모닝과 빨간색 아반떼,
조금 더 상냥하게**

샀다. 깊게 고민할 것 없이 그 조건에 맞는 차는 아반떼 스포츠밖에 없었다. 수동 기어가 자동 기어보다 연비도 좋고 온실가스도 덜 배출하기 때문에 늘 수동 기어를 탔다. 무엇보다 차 값이 조금 더 싸다. 수동도 흔히 보는 차는 아닌데, 거기에 빨간색이 조합되고 나니 어쩌다 내 차를 본 사람들은 한마디씩 던진다. 이제는 외제차도 싼 게 많은데 '현기차' 돈 벌어줄 일 있느냐, 보기 흉하다 등등 얘기를 했다. 외제차 타는 게 정 그러면 그랜저나 산타페 정도는 타라고 했다. 외제차에는 수동 기어가 달린 게 도요타 86밖에 없는데, 그건 겁나게 비싸다. 좋은 차를 턱 하고 사기에는 내 통장은 아직도 달랑달랑하다. 게다가 나는 뒤늦게 태어난 두 아이를 키워야 한다. 엄청나게 먹어댄다.

환경을 생각하면 차를 안 타거나 덜 타는 게 맞는데, 나도 그렇게까지 열심히 살지는 못했다. 사람들이 자동 기어로 넘어갈 때, 그래도 연비가 조금이라도 나은 수동 기어를 썼고, 같은 값이면 조금이라도 작은 차를 타려고 했다. 사고 싶은 디젤차가 있긴 했지만, 차마 디젤로 움직이는 차는 눈치 보여서 못 샀다. 『아픈 아이들의 세대』라는 책에서 피엠 텐[15], 당시로서는 생소했던 미세먼지 문제를 거론하는 책으로 저자

15

Particle Matter 10, 대기 먼지 입자 중 크기가 10마이크로미터 이하인 미세 분진으로 산란 효과와 구름 응결핵 역할을 한다. 인체에 흡입되어 폐에 영향을 줄 우려가 높아 대기 환경 기준 항목으로 관리하고 있다.

로서 데뷔했다. 차를 아예 안 탈 순 없어서 디젤차를 타지 않고, 가능하면 조금이라도 연비가 좋은 수동 차를 운전하는 것이 내가 실천할 수 있는 아주 작은 일관성이다.

빨간색 아반떼, 사실 꼭 빨갱이라서 빨간색을 고른 것은 아니지만, 주차장에서 차를 찾을 때는 진짜 편했다. 아주 드물지만, 비슷한 다른 빨간 차가 있을 때에는 순간 당황한다. 어, 여기 아니었나? 동네 수영장에 가면 똑같이 생긴 빨간 아반떼가 한 대 더 있다. 자유 수영 시간이면 가끔 헷갈린다. 아마 그 사람도 헷갈렸을 것이다. 수동차를 타면 다른 건 불편하지 않은데, 대리 운전은 힘들다. 몇 번 불러봤는데, 수동차를 운전할 줄 아는 사람이 거의 없다. 운전할 줄 안다는 분도 몇 년 만에 처음이라는 경우가 대부분이다. 이제 3단 올리시고요…… 클러치를 밟고 변속하는 시점을 알려줘야 하는 경우가 많다. 술을 좋아하지만, 수동차를 타고 다니면 미리 약속된 경우가 아니면 술을 마시지 않게 된다. 술 마실 약속이 있으면 처음부터 차를 타고 나가지 않는다.

얼마 전 아내가 10년 된 모닝을 바꾸면서 전기차를 샀다. 전기차 보조금도 그사이에 계속 줄었고, 팬데믹으로 인해 자동차 반도체 수급 불안이 생겨서 차를 사는 일도 보통 일이 아니다. 아파트 분양 받는 것처럼 보조금 받는 데도 순서가 있는데, 그렇게 하고도 차가 공장에서 제때 만들어져야 살 수 있다. 너무 늦어지면 모두 취소, 다시 시작. 처음 생각했던 비용보다 높아져서 결국 내가 타던 빨간 아반떼를 팔아서 보탰다.

**빨간색 모닝과 빨간색 아반떼,
조금 더 상냥하게**

차는 한 번 사면 거의 폐차할 때까지 탔는데, 중고차로 판 건 처음이었다. 그렇게 빨간색 아반떼 시절은 끝나고, 나는 다시 빨간색 모닝으로 돌아왔다. 아내는 그냥 아반떼를 계속 탈 것을 권유했지만 정기예금 깨면 기분이 좋지 않을 것 같았다. 그냥 내가 모닝 타면 간단한 일이다. 오래된 습관처럼 수동이 아닌 차를 운전하는 것은 어색하지만, 그렇다고 수동 기어로 자동 기어에 비해 연비가 약간 개선되는 게 전기차나 경차에 비할 바는 아니다.

돌아보면 검은색 위주의 승용차에서 흰색이 늘어났고, 세차를 덜 해도 티가 나지 않는 회색도 늘어났다. 1980~1990년대 검은색이 2000년대로 넘어오면서 흰색과 회색 혹은 메탈로 바뀌었지만, 여전히 사람들은 무채색을 선호한다. 도시의 표정을 바꾸기 위해 택시 디자인은 다양하게 시도되었지만, 개인은 여전히 개성이 덜 한 무채색 차를 선호한다. 빨간색처럼 유채색 차는 중고 시장에서 가격이 깎인다. 하고 싶은 대로 살아온 인생에 대한 약간의 디스카운트(할인)라고 생각한다. 이제 한국에서 빨간색 차를 탄다고 해서 빨갱이라고 부르는 사람은 없다. 이념은 약해졌고, 대신 빨간색은 여성의 차라는 젠더 감성 정도가 남은 것 같다.

나도 이제 50대 중반이고, 운전할 수 있는 날도 그리 남지 않았다. 이제 내가 무슨 눈치를 더 보겠나? 어쩌면 빨간색 아반떼 스포츠는 내가 가졌던 차 중 가장 고급 차라는 기억으로 남을 것 같다. 한국의 보수가 빨간색을 만끽하면서도 빨갱이 소리 듣지 않는 시대를 열어주기는 했다.

억지로 중립적이며, 객관적인 척하면서 남은 삶을 보내고 싶지는 않다. 30대에는 수박이라는 얘기를 종종 들었다. 수박은 겉은 녹색인데, 속은 빨간 과일이다. 이제는 그냥 겉도 빨갛고, 속도 빨간 삶을 살고 싶다. 좌파라고 내놓고 얘기하는 게, 빨간색 모닝을 타는 것보다 어려운 일은 아니다. 지금은 그렇다. 물론 한 자리 하고 싶다는 약간의 욕망을 내려놓기는 해야 하는데, 그것도 어려운 일이 아니다. 이제 다시 빨간색 모닝을 타면서, 거리에서 수없이 많은 차들에게 차선을 양보하고, 더 빨리 가고 싶어 하는 차들을 앞으로 보내준다.

수없이 많은 사람들이 성공의 신화를 꿈꾸며 욕망 속으로 자신을 밀어 넣는다. 벤츠를 타야 인생이 성공한 것이 아니고, 성공한 상징을 어깨에 두르고 있어야 존경받는 것이 아니다. 한때 일본자동차공업협회가 일본 자동차의 목표로 '사람에 상냥한 차, 자연에 '상냥한 차'라는 캐치프레이즈를 내건 적이 있었다. 그 전에는 튼튼한 차를 개발하는 게 목표였는데, 사람에 상냥하다는 것은 사고 시 사람 대신 차가 파손되면서 사람이 받을 충격을 차가 흡수하는 것을 의미한다. 무조건 튼튼한 차가 목표였을 때는 차는 멀쩡한데 사람이 크게 다치는 일이 많았다. 자연에 상냥한 차가 무엇을 의미하는지는 더 분명하다. 현대 그룹에 들어갔던 초창기에 이런 보고서를 보면서 느끼는 게 있었다. 일본이 세계 최고의 자동차를 목표로 하며 상냥한 자동차를 고심하는 건 나름 철학적 고민도 하고 있다

**빨간색 모닝과 빨간색 아반떼,
조금 더 상냥하게**

는 의미인 듯했다. 나도 조금은 더 상냥하게 살아야겠다고 생각했었다.

내가 상냥한 인생을 살았을까? 빨간색 모닝을 타고 약속 장소로 나가면서 충분히 상냥한 삶을 살지는 못했다는 생각이 들었다. 가끔 모닝을 타고 아는 사람과 같이 고속도로에 가는 일이 있다. 다른 차를 탈 때는 그런 일이 없는데, 모닝을 타고 가면 동승자가 혹시라도 내가 돈을 쓸까 봐 편의점 같은 데서 부리나케 먼저 돈을 내려고 한다. 그 정도 돈을 못 낼 처지도 아니고, 사람들과 같이 있으면 필요한 돈을 먼저 내는 삶을 살려고 했는데, 모닝을 타면 왠지 차주를 도와줘야 한다는 느낌을 주는 것 같다. 하긴, 지금까지 수많은 사람들의 보이는 도움과 보이지 않는 도움을 받으면서 살아왔다. 이제는 좀 더 베푸는 일이 상냥함 같지만, 그렇게까지 넉넉한 삶을 살지는 못했다. 그래도 사람에게, 그리고 자연에게 좀 더 상냥하게 사는 것은 할 수 있지 않을까 싶다.

빨간색에 대한 편견이 사라지면서 나는 좀 더 편안하게 빨간색의 자유를 누리게 되었다. 물론 레드 콤플렉스나 레드 포비아가 한국에서 완전히 사라지지는 않았다. 보수들은 조금만 자기들 기분에 안 맞으면 당장 "빨갱이다"를 외치며 여전히 딱지놀이를 한다. 역시 한국은 모든 것이 섞이는 용광로 같은 곳이다. 붉은색을 상징으로 쓰는 보수 정당과 "빨갱이 잡아라"고 외쳐대는 인터넷 게시판의 목소리가 같이 섞여서 한국의 21세기를 만들어가고 있다.

어쨌든 빨강은 이제 금기에서 풀려나왔다. 사람들이 쉽게 빨간색을 고르지 못하는 것은 이념적 이유가 아니라 빨간색 승용차는 중고 시장에서 무채색에 비해 가격이 깎이기 때문이다. 그야말로 수요와 공급에 의한 가격 결정의 문제일 뿐이다. 각자의 취향에 의해 사회적 선호도가 결정된다. 빨간색 모닝을 타면서 내가 배운 것은 한 가지다. 더 상냥하게 살아야겠다는 것. '조폭 차'로 불리는 검정색 그랜저를 비롯해서 벤츠 같은 고가의 차량은 거리에서 상냥하지 않다. 택시보다 차선 변경도 마음대로 하고, 고속도로에서 '칼치기'도 대개 그런 고성능 차들이 한다. 21세기를 살아가야 하는 인생은 정반대가 되어야 한다. 앞으로 세상은 상냥한 사람들에 대한 선호도가 높아질 것이다. 우리도 선진국이 되면서 거칠었던 시대에서 점점 부드럽고 소프트한 시대로 넘어가고 있다. 개성이 확실한 사람들이 타인과 편하게 살아가는 가장 쉬운 방법은 상냥한 인생을 살아가는 것이다. 매번 빨간색 모닝에 시동을 걸면서 '오늘도 무사히'라는 기도에서 '오늘도 상냥하게'라고 나에게 외친다. 상냥함! 다른 건 몰라도 덕분에 나의 수명이 10년은 늘어났을 것 같다. 인격 수양은 못하더라도 상냥해지기 위한 노력은 할 수 있다. 성경에서 예수님이 말했다. "늦게 가는 자가 먼저 되고, 먼저 가는 자가 나중 된다." 그 얘기가 뭐겠는가? 속도도 좀 늦추고, 주위를 살피면서 상냥하게 가는 경차의 미덕이 아니겠는가? 개성과 상냥함, 두 가지가 만나는 것이 우리가 가야 할 방향이다. 돈만으로는 안 되는 일이다.

**빨간색 모닝과 빨간색 아반떼,
조금 더 상냥하게**

이제는
덜 고통스러운
삶

가끔 내 앞에 있었던 사람들을 생각해본다. 박현채가 있었고, 정운영이 있었다. 경제학자로서 대중에게 글로 다가갔던 사람들이다. 훌륭한 사람들이라고 생각하는데, 정작 그분들의 삶은 크게 꽃 피어보지 못했던 것 같다. 시대가 어려워서였을까. 두 사람 모두 삶이 고통스러웠다. 두 사람 다 말년에 대학교수가 되었다. 교수가 되면서 스트레스를 많이 받았는지, 아니면 그 전의 고통스러운 삶이 너무 힘들었는지, 두 양반 모두 임용된 뒤 그렇게 오래 살지는 못했다. 박현채, 1989년 조선대학교 임용, 1995년 뇌졸중으로 사망. 정운영, 1999년 경기대학교 임용, 2005년 신장 질환으로 사망.

박현채는 빨치산 소년병 출신이다. 그는 지리산에서 살아남았고, 공부를 해야겠다고 생각해서 서울대학교 경제학과에 진학한다. 『한국 경제의 전개과정』이라고 하는, 한때 대학교에 들어가면 누구나 한 번씩은 보았던 책의 저자이기도 하다. 김대중과의 관계가 유명했는데, '대중 경제'로 불리는 경제에 대한 김대중의 기본 밑그림을 박현채가 만들었다. '뉴 DJ'[16]로 넘어가면서 이론적으로는 결별했다는 게 정설이다. 김대중이 집권하기 전인 1995년 69세의 나이로 사망한다. 중간에 인혁당 사건[17]으로 옥고도 치렀다. '재야 경제학자'라는 말은 박현채와 함께 생겨났다. 인생 자체가 드라마틱하다.

박현채 이전의 좌파 경제학자들은 박현채 시절보다 더 '본격' 좌파였고, 공개적으로 마르크스 계열 경제학자였다. 대표적인 사람이 한때 연희 상전을 대표하던 백남운이었다. 그는 일본의 역사 왜곡에 맞서 한국이라고 해서 경제사 보편의 법칙을 따르지 않고 특별하게 식민지가 될 역사 발전이 있다는 것은 이상하다고 얘기했다. 한국에도 구석기 시대가 있었음을 증명하는 빗살무늬토기가 발견되었을 때 제일 먼저 쫓아간 사람 중 한 명이 백남운이었다. 결국 일제가 그에게 사소한 트집을 잡아 2년간 투옥되고 만다. 일제 강점기에 활동했던 전

16

제15대 대선 승리를 위해 중도개혁 정치, 실사구시 정책으로 방향을 전환한 것.

17

인민혁명당 사건, 유신정권 시절 정치권력에 종속된 수사기관과 사법부의 불법이 낳은 대표적인 사법살인 사건. 1차 인혁당 사건(1964년)과 2차 인혁당 사건(1974년)으로 구분된다.

이제는 덜 고통스러운 삶

설의 경제학자들은 대부분 건국 초기에 월북한다. 한때 화려했던 좌파 경제학자들의 시대는 이렇게 막을 내리고, 그 명맥은 강단 내에서 더 이상 이어지지 않는다. 몇 명이 겨우겨우 살아남았지만, 군사 정권 시대를 거치면서 대부분 입을 다물고 살아갔다. 혁명 직전 러시아에 강단 사회주의가 있었다. 레닌은 그들이 실천은 하지 않고 입만 달고 산다고 욕했다. 우리에게는 그런 강단 사회주의자 시대도 없었다.

강단에서 외롭게 좌파 경제학의 명맥을 이어가던 사람은 김수행이다. 이명박이 친구에게 넘겨주겠다고 없앤 외환은행 출신인데, 한신대학교를 거쳐 서울대학교 교수를 오래 했다. 나는 그가 대중적으로 유명해지기 전에 시민을 대상으로 공개 강의를 할 때 강의 수발을 드는 서울민중연합의 반상근 간사였다. 경상도 사투리가 심해서 강의 녹취를 풀 때 애를 먹었다. 그는 서울대학교 안에서 고립되어 있었고, 그의 사망과 함께 서울대에도 더 이상 좌파 경제학자가 남지 않게 되었다. 어쨌든 그의 강의를 돕고 1년 뒤, 나도 프랑스로 유학을 갔다.

좌파 경제학자 가운데 대중적으로 가장 유명했던 사람으로는 정운영을 거론하지 않을 수 없다. 지금은 법률가의 시대라서 TV 토론의 주요 역할을 변호사들이 한다. 그야말로 법조인 전성시대다. 전성기 때에 비하면 영향력을 많이 잃었지만, 한국 사회에 토론 방송의 새 지평을 연 것이 MBC 〈100분 토론〉이다. 〈100분 토론〉이 생겼을 때 첫 진행자가 정운영이었다.

학부 3학년 때 읽었던 논문 가운데 특히 기억에 남는 논문이 정운영과 강남훈의 마르크스 가치론에 대한 논문이었다. 그때 경제학을 공부하고 싶다는 생각이 처음 들었다. 결국 박사 논문을 가치론으로 하지는 못했지만, 공부를 하고 싶다는 마음을 처음 갖게 만든 글들이었다. 정운영은 벨기에 루뱅 대학교에서 공부했는데, 프랑스어권 대학 중에서는 굉장히 좋은 대학으로 꼽히는 곳이다. 내가 프랑스로 유학을 가게 된 데에는 정운영의 영향이 크다.

정운영은 글을 아주 잘 썼다. 아마 해방 후의 경제학자 중에서는 글만 놓고 보면 그가 제일이지 않을까 싶다. 총리를 지냈지만, 별 인기가 없었던 정운찬도 글은 정말 재밌게 쓰는 편이다. 그가 야구에 대해 쓴 책을 보았는데, 자기 공부 잘한 얘기가 많아서 약간 재수가 없기는 했지만, 야구 얘기만큼은 재밌었다. 그때는 그가 정말로 KBO 총재를 할지 몰랐다. KBO 총재를 하고도 인기가 없는 정운찬이 무슨 글을 쓰냐고 하겠지만, 글만 놓고 보면 경제학자 같지 않게 나름 매끄러운 구조를 갖춘 글을 쓴다. 물론 누구도 정운영에게 비할 수 없다. 그는 원래 시인이 되고 싶어 했다. 그런데 시인이 되지 못하고 경제학자가 되었다. 문학청년의 호흡이 남아서인지 정운영의 글은 아주 촉촉하다. 『광대의 경제학』(1990년) 『경제학을 위한 변명』(1991년) 『심장은 왼쪽에 있음을 기억하라』(2005년) 등 주로 《한겨레》에 썼던 글을 중심으로 아홉 권의 책을 냈다. 우수에 젖은 문학청년의 삶을 생각하면, 정운영은 그 모습에 가

이제는 덜 고통스러운 삶

장 가깝게 살았다. 그의 글이 《한겨레》에 실리는 날이면 한국 은행 총재는 물론이고 요즘으로 치면 기획재정부 장관에 해당 하는 경제 관련 부처의 장관들이 모두 긴장하며 신문을 읽었 다고 한다.

　한겨레신문사가 공덕동으로 이사하기 전, 양평동 시절 에 정운영은 《한겨레》가 배출한 최고 스타였다. 아마 좌우를 놓고 보아도 그보다 글을 잘 쓰고, 사람의 마음을 움직였던 이 는 없었던 것 같다. 양평동 시절, 한겨레 본사 옆이 내가 나온 관악고등학교였다. 지금은 목동아파트 단지 속 학교처럼 되었 지만, 예전에는 구로공단 한쪽 구석에 알루미늄 공장 한가운 데 있던 학교였다. 《한겨레》는 그곳에서 출발했고, 정운영은 그곳에 주로 있었다. 길이 몇 번 엇갈렸다. 그 시절에 휴대전화 는 당연히 없었고, 삐삐도 나오기 전이었다. 조금 자리 잡히면 찾아뵙는다고 했는데, 그렇게 갑작스럽게 그가 죽음을 맞을 줄 몰랐다. 삼성병원에 차려진 그의 빈소에서야 그를 만났다.

　그는 장서가로도 유명했는데, 책을 보관하기 위해 넓은 전셋집에 사는 걸로 알고 있었다. 그는 책을 한신대학교의 윤 소영에게 남기고 떠났다. 그 시절에는 윤소영도 그 책들을 관 리하기 어려운 상황이어서 결국 서울대학교에 기증했다. 윤소 영, 나의 마지막 20대에 뜨거운 시절을 같이 보냈던 사람이다. 과천연구소라는 조그만 연구소를 운영했는데, 일주일에 한 번 씩 모여서 같이 스터디를 했었다. 내가 평생 본 연구소 이름 중 가장 유쾌하고 쾌활한 연구소였다. '과대망상 천방지축', 그걸

　좌파라는 멸종 위기종　**1장**

줄여서 과천연구소라고 했다. 한 시대를 온몸으로 안고 살아가던 철학자였다.

빨치산 소년병 출신인 박현채나 시인이 되기를 꿈꿨던 정운영은 그래도 말년에 나름대로는 편안한 삶을 산 경우다. 위로 올라가면 정말 진짜로 슬픈 역사가 나온다. 농림부 장관으로 토지 개혁을 추진한 조봉암은 이승만에게 사형당했다. 그가 만약 '진보당'이 아니라 좌파 계열의 당명을 썼다면 어땠을까, 가끔 생각해보지만 6.25의 아픔을 생각하면 무리다. 그는 북으로 간 박헌영과 결별하면서 남한의 좌파를 대표하게 되었다. 그렇지만 그는 진보라고 표현할 수밖에 없었다.

어떻게 보면, 내가 좌파라고 말해도 감옥 가지 않고, 심지어는 목숨을 위협받지 않고 얘기할 수 있는 1세대인지 모른다. 지금은 '좌파'라고 하면 사람들이 무시하거나 웃는다. 별 영향력도 없고 특별한 의미도 갖기 어렵다. 그렇지만 한국 자본주의가 작동하는 한 자본주의 자체에 대한 질문은 중요한 1번 질문이다. 21세기에 들어와서는 더더욱 그렇다. 자본주의의 전복을 꿈꾸든, 자본주의의 변화를 꿈꾸든, 대안에 대한 질문은 초창기의 무지막지했던 자본주의가 지금의 모습이라도 만들기 위해 반드시 필요한 요소다.

그럼 너는 성공하고 싶지 않아? 글쎄, 하느님이 우리를 세상에 내려 보낼 때 성공을 사명 삼아서 보낸 것 같지는 않다. 우리는 행복하기 위해 태어났고, 보람 있는 삶, 떳떳한 삶을 위해 태어났다. 성공은 삶의 작은 요소일 뿐이다. 한국에서 좌파

이제는 덜 고통스러운 삶

로 살아가면서 가장 행복한 것은 "나는 성공하기 위해 살아오지 않았다"라는 말을 자랑스럽고 당당하게 할 수 있다는 점이다. 큰 성공은 없을지라도 세상을 위해 작은 노력이라도 했다는 보람을 가질 수 있다. 자본주의 역사는 그렇게 공적인 것, 그리고 공동체에 관한 다른 대안을 꿈꾸는 사람들이 지켜왔다. 21세기도 마찬가지다. 많은 것이 바뀌어도 변하지 않는 것이 있다면, 자본주의란 끊임없이 길들이고 대안을 모색하면서 방향을 전환하지 않으면 금방 지독하게 무서운 괴물이 된다는 점이다.

그 일을 왜 내가 해야 해? 그렇기는 하다. 나와 아내는 응원하는 프로야구 팀이 다르다. 두 아들은 그 사이에서 한 팀을 선택해야 하는, 사실 아무도 압력을 주지 않았지만 처음으로 무언가를 선택해야 하는 곤혹스러운 상황에 놓였다. 시간이 지나면서 큰 애는 내가 주로 보는 팀, 둘째는 아내 팀으로 선택을 끝냈다. 몇 년 사이에 이 녀석들이 입에 달고 살았던 말이 "이기는 편이 우리 편"이다. "이기는 편 우리 편"을 선택하는 것에 뭐라고 할 마음은 없다. 아주 냉소적이면서도 중립적으로, 그 중간을 선택하는 것에도 나는 아무 반감이 없다. 하지만 이기는 편에만 서는 것에 문제가 있다면 '재미가 없다'는 점이다. 맨날 이기는 쪽을 응원하는 일은 기분은 좋지만, 큰 재미는 없다.

2021년, 한국에서 좌파로 사는 것은 돈은 손해를 보지만, 그에 대한 보상으로 재미가 주어진다는 의미다. 박민규의 소설 『삼미슈퍼스타즈의 마지막 팬클럽』이 짜릿한 재미를 안겨주는 것과 같다. 좌파라고 무슨 정당에 가입하거나, 시민운동을 열심히 해야 하는 것도 아니다. 자기 생활을 재미있게 살고, 그런 생각을 갖는 것만으로도 충분하다. 좌파는 직업이 아니다. 직업으로 진보를 하는 사람들은 많지만, 한국에서 좌파는 직업이 되지 않는다. 선거 때 누구를 찍어야 할지 골 아픈 경우를 제외하면 취미 생활에 가깝다. 예전에 목숨을 걸고 했던 일들이 취미 생활이라고? 현실에서는 그렇다.

내 앞의 박현채나 정운영 같은 사람들은 화려함은 아주 적고 매우 고통스러운 삶을 살았다. 그러나 시간이 변했고, 나는 그렇게까지 고통스럽게 살지는 않았다. 아주 높은 자리에 갈 수 있는 몇 번의 순간을 거절하는 선택을 했지만, 그건 내 선택이었다. 아마 공개적으로 '좌파'라고 밝힌 이후에는 그런 제안도 없어질 것이다. 원래도 할 마음이 없었고, 내 것도 아닌 영광을 아주 약간 포기한 것 외에는 고통 받거나 스트레스 받을 일은 없다. 대신 내 삶은 스릴 넘치고 다이내믹했다. 현장이든 현장이 아니든, 계속해서 싸우거나 누군가를 돕는 일을 했다. 한때 시민단체에서 나란히 섰던 홍종학은 경실련 활동 이후로 국회의원도 되고 장관도 되었다. 때론 의견이 같았고, 때로는 의견이 달랐다. 그렇지만 나는 그의 인생이 부러웠던 적이 한 번도 없다.

나에게 삶의 수많은 선택지 중 하나였던 것처럼 다음 세대에게 좌파는 더욱 가벼운 일이 될 것이다. 이제는 인권에 대

이제는 덜 고통스러운 삶

한 상황이 전반적으로 개선되어서 취업 과정에서 대놓고 정치적 선호를 물어보지는 않는다. "당신, 좌파야?", 이렇게 물어보는 일은 점점 줄어들 테다. 직장 민주주의가 어느 정도 자리 잡으면 승진이나 개인적 진로에서 한 개인이 어떤 사상을 갖느냐로 받게 될 부담은 더욱 줄어들 것이다.

　우리나라는 기독교 신자가 많아서 기독교 교인이 되어야 출세하기 좋다던 시절이 있었다. 기독교 비중이 높지만, 한국에서 가장 많은 종교는 사실 '종교 없음'이다. 종교가 없는 사람이 56퍼센트 정도 된다. 개신교는 19.7퍼센트, 불교는 15.5퍼센트다. 가톨릭은 7.9퍼센트 정도 되는데, 아마 한국에서 스스로 좌파라고 생각하고 사는 사람들의 비율이 가톨릭과 엇비슷할 것 같다. 사람들과 다른 종교를 믿으면 약간 불편하지만, 그것 때문에 생활을 못 할 정도는 아니다. 채식주의자의 비율은 정말로 낮다. 건강상의 이유로 채식을 하지만, 최근에는 점점 많은 사람들이 지구 환경을 위해 채식을 시작한다. 건국 이후 군사 정권을 거치면서 좌파라는 입장이 매우 위험하고 불편한 적이 있었지만, 지금은 그렇지 않다. 채식주의자보다 좌파 생활이 더 힘드냐? 그렇지 않다.

　한국에서의 좌파 생활을 가볍게 표현하면, 교회가 아닌 성당에 다니는 사람들이 느끼는 이질감 혹은 채식주의자로서 한국에 살아가면서 겪는 불편함에 비유할 수 있다. 이건 분명히 한국이 '진보'했다는 징표다. 지금은 빨간색 옷을 입거나 붉은색 자동차를 탄다고 해서 빨갱이라고 생각하는 사람은 없다. 붉은색 차를 타고 붉은색 옷이나 신발을 편하게 착용하지만, 누군가의 신경이 쓰이지 않는 대신 이념의 시대에 붉은 색이 갖고 있던 찬란함은 사라졌다. 취미로서의 좌파 생활, 좌파 멸종의 시대에 내 삶은 그야말로 취미로서의 삶에 다름 아니다. 책의 전성기가 지났고, 온라인 시대가 왔다. 그리고 전면적인 AI인공 지능, artificial intelligence 시대를 목전에 두고 있다. AI 시대에는 좌파가 의미 없을까? 한국 자본주의에서 좌파는 아직도 미래 가치다. 돈 놓고 돈 먹기, 자본주의의 본질은 아직 변하지 않았다. 누군가는 자본주의에 대해 '이건 아니다' 버티고 버티면서 지금의 자본주의로 변화해 온 것이다. 1916년, 20세기 초 미국에서 벌어진 루드로 학살Ludlow Massacre은 내가 기억하는 잔혹한 자본주의의 원형이다. 탄광촌에서 진행된 노조 결성 시도에 대해 록펠러의 탄광 회사는 기관총까지 동원해 탄압 작전을 벌였다. 결국 주방위군까지 동원되었다. 이 슬픈 사건 이후로 록펠러 재단이 생겨나고, 한때 세계 최대의 독점기업이었던 스탠더드 오일 컴퍼니의 돈이 사회 활동으로 들어가게 된다. 이제 사람들은 록펠러 재단의 미담만 기억하지만, 그 미담의 출발점에는 20세기 초반 자본주의에서 횡행하던 비극적 사건이 존재한다.

AI 시대가 일반화되는 과정에서 우리는 아직 제도화되지 않은 불투명한 영역에서 수많은 불공정과 황당한 일들을 겪을 것이다. 자본이 알아서 미리 슬픈 일이 생기지 않게 하는 것, 그딴 건 없다. 그 사회가 어떤 사회인지에 따라서 어떤 AI

이제는 덜 고통스러운 삶

로 진화할지가 결정될 것이다.

이갈리테리언, 21세기 좌파의 본질은 평등주의자다. 모든 사람은 동등한 권리를 갖고 태어나고, 평등하게 살아갈 수 있다고 믿는 것, 그게 좌파다. AI가 사람을 어떻게 대할 것인가 혹은 어떤 존재로 인지할 것인가? 자본의 법칙대로 AI가 스스로 세상을 인식한다면, 인간 내에 더 고귀한 계급이 있고, 덜 고귀한 계급이 있고, 태어날 필요가 없는데 태어난 계급이 있다고 판단할 것이다. 그렇게 미래가 전개되면 세상은 개판이 된다.

한국에서 좌파는 이제 멸종 직전이다. 좌파의 집권 혹은 주류화, 이런 건 꿈도 꾸지 않는다. '좌파 정권'은 보수의 구호 속에만 존재한다. 전 세계 선진국들을 돌아보시라. 우리처럼 좌파가 아예 명맥도 유지하기 힘든 나라가 어디 있는가? 가장 낮은 수준의 좌파 활동인 취미로서의 좌파 생활이 필요한 순간이다.

2장

중학교 2학년, 여기가 최전선 이다

초등학교
3학년,
이미 늦었다고?

박사 논문은 1995년에 제출했고, 심사는 1996년 여름에 받았다. 이미 논문도 낸 상태라서 달리 할 것도 없고, 안 보던 논문들과 책들을 그때 읽었다. 우리나라에서는 별로 사용하지 않는 분류인데, 어버니즘^{urbanism}**18**, 도시화의 문제 정도로 분류할 수 있는 것들에 관심을 가졌고, 젠더경제학이라는 것도 그때 처음 알았다. 그 과정에서 페도필^{pedophile}, 어린이를 성욕 만족의 대상으로 삼는 유아 간음에 관한 경제적 대책도 처음 보았다. 파리 시청 자료를 봤는데, 보통의 유아 간음은 친부와 친척의 비율이 3분의2가량 된다. 보통 그렇다. 어디 이상한 사람

18

도시생활에 특징적인 생활양식을 구성하는 여러 특성의 복합체. 도시성(都市性) 또는 도시주의(都市主義)로 번역된다.

들이 와서 유아 간음이 벌어진다고 단정하는 것은 조사가 부족하거나 아니면 은폐라는 생각을 했다. 무엇보다 페도필 범죄의 상당수가 친부의 실업이라는 경제적 사유 때문에 발생한다는 사실에 충격을 받았었다. 경제적으로 어려운 시기가 오면 보통은 친부에 의한 페도필 범죄가 늘어난다. 우리나라의 비슷한 통계를 찾아보려고 했는데, 당시에는 그런 통계 자체가 거의 없었다. 그 시절에 파리의 1인당 지역 소득이 막 2만 달러가 넘어가려던 시기였는데, 우리나라도 크게 다르지 않을 거라고 봤다.

내 인생을 걸고 장기적으로 어버니즘을 연구하려고 집도 서울에서 부천으로 옮겼다. 도시 빈민도 공부하고 내친김에 도시공학도 보았다. 그렇지만 그 기간은 IMF 경제 위기와 직장 생활의 번민 등이 겹쳐 내 인생에서 가장 힘든 시기가 됐다. 도시 빈민 문제는 손도 대지 못했고, 그냥 하루하루 사는 것도 버거웠다. 회사는 용인으로 옮겼고, 출퇴근이 너무 힘들어서 에너지관리공단으로 이직했다. 분명 방배동에 있는 줄 알았는데 막상 이직이 결정되고 출근하려고 하니 사무실이 분당에 있었다. 어랍쇼? 나도 참 어지간히 대책 없는 인간이라는 생각이 들었다. 그나마도 몇 달 있으면 용인으로 이사를 간단다. IMF 이후, 정부는 공기업 등 정부 기관들의 시내 사옥을 매각하도록 조치했다. 그 중간 무렵, 광화문에 있는 총리실 파견 근무도 하게 되었다. 부천에서 출발해서 광화문, 가끔은 용인을 오가는 황당한 시간을 보냈다. 에너지관리공단에서 나는 여전히 팀장이었고, 일의 분량이 줄기는 했어도 팀 업무도 같이 봐야 했다. 게다가 1년에 두 달 정도는 해외 출장이었다. 결국 부천 생활을 정리하고 송파구 문정동으로 이사를 갔다.

　나의 도시 연구는 대실패였다. 그래도 나에게 아무것도 남지 않은 건 아니었다. 도시의 가난을 살펴보다가 10대들에 대해 깊게 사유해볼 기회를 가졌다. 도시 빈민의 자녀들에게 우리 사회는 어떤 길을 마련해줄 것인가? 그런 생각에 10대 연구를 내 인생의 과제 같은 것으로 삼게 되었다. 첫 책은 『아픈 아이들의 세대』였다. 유아와 초등학생에 관한 시선으로 환경 문제를 보려고 했다. 10대 연구를 조금씩 하다 보니 자연스럽게 그들이 20대가 되었을 때 펼쳐진 새로운 변화가 눈에 들어왔다. 그게 『88만원 세대』였다. 10대 연구를 최근에 한 것은 아니다. 나에게 아픈 상처만 남겼던 부천 시절, 부천에서 용인으로 외곽순환도로를 크게 돌아 출퇴근하던 때, 운전하면서 가난한 10대에 대한 생각을 많이 했었다.

　한국에서 '중2병'이라는 말을 쓰기 시작한 것은 10년이 조금 넘은 것 같다. 이번 생은 망했다고 '이생망'이라는 표현을 처음 쓴 것도 중학생들이다. 세대 연구에서 20대에 관한 신조어는 많이 있지만, 거의 유일하게 10대에 관한 신조어가 '이생망'이다. 중학생들이 무슨 고민이 그렇게 많다고 이번 생은 망했다는 말을 자연스럽게 할까? 중2 때문에 북한이 남한에 쳐들어오지 못한다는 말까지 나왔다.

　어른들은 그냥 사춘기가 좀 일찍 오는 거라고 웃어넘

초등학교 3학년,
이미 늦었다고?

겼다. 주로 중학생 자녀를 둔 부모를 시작으로 중학교 2학년이 되면 정말 어려워진다는 얘기가 퍼졌다. 뭔가 문제가 있음을 사회 일각에서 알기 시작했는데, 그게 뭔지 구조적으로 분석하려는 시도는 없었다. 사춘기가 과연 존재하는지에 대해서는 좀 다른 의견이 있다. 성장에 따른 변화를 성적 변화에 따른 변화로 지나치게 환원해서 분석하는 것이라는 얘기를 읽은 적이 있다. 중2병은 사춘기가 일찍 온 결과라는, 환경호르몬이든 어쨌든 무엇인지 모르는 이유로 청소년의 성적 조숙증이 빨라져서 중2에 반항기가 온 거라는 설명과 같다. 설명된 것 같기도 하고, 안 된 것 같기도 하고! 청소년과 아동에 대해 설명하기 어려우면 전부 호르몬으로 대체하는 일종의 호르몬 환원주의가 우리에게 있다. 이제는 초등학교 2학년을 넘어 다섯 살까지 내려갔다. '미운 다섯 살'은 아예 공식 용어가 되었고, '패죽이고 싶은 다섯 살'이라는 용어도 보았다.

외국에서는 이 문제를 어떻게 볼까? 경제협력개발기구 OECD 같은 곳에서 아동과 청소년에 대한 행복지수를 국제 비교하는데, 한국은 대체적으로 꼴찌권이다. 자살률이 가장 높다는 수치에서 볼 수 있듯이 한국 사람들은 아동이나 어른이나 주관적 행복감이 늘 바닥이다. 한국의 아동과 청소년들이 자기 삶을 불행하게 여긴다고 해도 어른들은 눈 하나 깜짝하지 않는다. "우리도 불행해", 그렇게 생각한다. 아동과 청소년에 대한 행복지수에서 특이한 점은 수학 교육에 관한 통계 하나가 잘 보여준다. 대부분의 국가에서 수학 사교육은 수학을 못하는 아동에게서 높게 나온다. 그런데 한국과 일본만이 수학을 잘하는 아동에게 사교육이 집중된다. '주마가편走馬加鞭', 달리는 말에게 채찍질을 한다는 건데, 우리는 그걸 초등학생, 아니 영유아부터 시작한다. 영유아 사교육비용이 급증했다. 2015년 통계로도 이미 3조 2289억 원이다. 당시 영화 산업의 두 배가 넘는 규모다. 초등학생들의 스트레스가 하도 사회적 문제로 대두되니까 대만에서는 영어 사교육을 법으로 금지시켰다. 우리나라도 그렇게 하자는 얘기가 있었는데, 사회주의 국가냐며 아예 말도 꺼내지 못하는 분위기다. 사회주의 국가와 경쟁하는 대만이 사회주의 국가란 말인가? 정부가 내린 유일한 조치는 '영어 유치원'이라는 말을 사용하지 못하게 한 건데, 그게 현실을 바꾸지는 못했다. '불행한 한국인' 현상이 중학교 2학년을 거쳐 점점 밑으로 내려가고 있다는 것이 내가 본 현실이다. 대학입시를 중심으로 시작한 사교육이 수월성 교육이라는 개념 아래 점점 밑으로 내려가고, 초등학교 영어 교육을 타고 점점 더 밑으로 내려갔다. 경쟁의 심화다. 불행한 고등학생이 불행한 중학생으로 내려갔다가, 이제는 불행한 어린이로 내려갔다. '중2병'에서 '미운 다섯 살'까지, 불행히도 이게 한국 민주주의의 역사다. 최장집이 『민주화 이후의 민주주의』를 출간한 것이 2005년인데, 그 이후 불행한 한국인의 나이가 점점 밑으로 내려갔다. 민주주의의 문제인가? 아니, 한국 자본주의의 문제다. 사교육 문제를 풀자고 하면 이제는 사교육 종사자들에게서 악 소리가 나온다. 뭔 이런 개떡 같은 자본주의

초등학교 3학년,
이미 늦었다고?

가 다 있냐? 좌파가 목소리를 내지 못하는 동안 한국 자본주의는 정말로 살벌하게 이상한 시스템을 만들었다. 모두가 불행한 게임인데 김영삼 시절의 대법원 판결 이후로 정말로 끝이 없도록 질주하는 중이다.

　『88만원 세대』를 준비하면서 여자 학생들의 화장품 패턴을 분석한 적이 있다. '마케팅과 청소년'이라는 질문으로 그런 분석을 했었다. 학생들은 보통 기초화장을 중학교 1학년 때 시작하고, 고3이 되면 색조 화장을 했었다. 요즘은 훨씬 빨라졌다. 어린이집에서부터 립스틱을 바르고 색조 화장을 시작한다. 이게 좀 이상하지 않나? 런던 정치경제대학교의 캐서린 하킴Catherine Hakim이 『매력 자본』이라는 책을 쓴 건 2013년이다. 나도 그즈음 유사한 연구를 했는데, 화장품 분석과 명품 분석을 좀 하다가 책으로 만들 정도로 계속하지는 못하고 내려놓았다. 한국이 조금 더 선도적이지만, 어쨌든 세계적으로 '매력 자본' 붐이 불었다. 공부 못하면 큰일 난다. 예쁘지 않아도 큰일 난다. 『매력 자본』의 결론은 우리가 생각하는 것과는 좀 다르다. 매력 있는 남자들이 승진하면 능력 있다고 하는데, 매력 있는 여성들이 승진하면 매력 때문이라고 한다는 거다. 그러거나 말거나, 매력이 개인이 살아가는 중요한 자본 중 하나라니, 화장의 미덕을 이해하지 못하면 세상 물정 모르는 사람으로 여겨진다. 화장을 넘어 성형 산업 자체가 한국의 대표 산업이 되었다. 조정래의 중국 이야기라고 할 수 있는 소설 『정글만리』는 강남의 성형 전문 의사가 중국에서 겪는 사건으로부터 시작된다. 화장품, 성형, 어느새 우리나라의 특징이 되었다.

한국에서 커피 중독은 언제 시작될까? 초등학교 6학년 정도, 학원 뺑뺑이를 돌다가 지쳐서 학원 자판기 커피를 마시면서 커피 중독이 시작되는 걸로 알고 있다. 뭔가 글로벌 스탠더드와 다르기는 하다. '세계의 공장' 역할을 위한 예비 전사로 고등학생들이 전쟁을 치른다. 그 전쟁 준비는 이제 중학교를 거쳐 어느덧 영유아 단계까지 내려왔다.

나는 결혼도 조금 늦게 했지만, 결혼하고 9년 만에 큰애가 태어났다. 아내나 나나 어린 시절에 즐겁게 놀아야 인생이 행복하다는 소신을 갖고 있다. 영어 유치원 안 보내고, 학습지 안 시키는 사람을 찾던 〈SBS 스페셜〉에서 이 얘기를 '사교육 딜레마'라는 제목의 다큐멘터리를 만들었다. 방송국에서 시켜서 나름 유명한 입시 컨설턴트를 만났는데, 아이를 너무 좁은 곳에 가둔 채 안일하게 키운다고 엄청 혼났다. 샤론 코치라는 분인데, 나만 몰랐지, 대치동에서는 엄청 유명한 인사란다. 혼나는 장면이 '짤방'으로 엄청 돌아다녔다. 어머니한테도 애들 영어 유치원 안 보낸다고 엄청 혼났다. "나는 너를 그렇게 키우지 않았다, 돈이 없는 거냐, 성의가 없는 거냐?", 하여간 어머니는 나만 보면 뭐라고 하신다.

그런 큰애가 초등학교 3학년이 되었다. 공부? 받아쓰기 40점을 받아온 적이 있다. 학교 담임선생님이 엄청나게 훌륭하신 분이다. 코로나 이후, 둘째도 초등학교 2학년 내내 학교를 가다 말다 그랬다. 같은 받아쓰기를 몇 번이고 계속해서 결

**초등학교 3학년,
이미 늦었다고?**

국 반 애들이 모두 100점을 받을 때까지 매주 같은 시험을 봤다. 얼마 전, 곱셈 시험은 72점을 받았다. 은근 고민되기 시작한다.

큰애는 그림을 좋아한다. 장모님이 유명하지는 않아도 화가이시다. 아버지도 한때는 서예 작가이셨다. 아이가 시간만 나면 그림을 그리니까 그림을 전공해도 좋다고 생각했다. 그래서 좀 알아봤다. 그림으로 대학을 가려면 서울예술고등학교 같은 예술계 특목고를 가야 하고, 그렇게 하려면 예체능 중학교인 예원학교를 가야 한단다. 그러면 뭘 해야 하나요? 영재 교육 같은 데를 보내거나 따로 학원을 보내야 하는데, 초등학교 3학년 때에는 이미 시작해야 한단다. 그런 데를 가기 위해서는 이미 전문 교육을 시작했어야 하는데, 지금은 이미 늦었단다. 학원을 알아봐야 한단다. 화가들과 상의를 했더니, 그저 웃는다. 입시학원 돈이 보통 돈이 아니다. 돈도 돈이지만, 집 근처에는 없어서 데리고 가고 데리고 오는 걸 할 수 없다. 바로 포기! 누군가 그래도 그게 싼 거라고 알려준다. 좋은 대학에 가려면 특목고에 가야 하고, 그렇게 하려면 역시 영재 교육을 시켜야 하는데, 그런 돈보다는 차라리 미술이 싸다는 거다. 정말? 그리고 뭘 하려든지, 초등학교 3학년은 이미 늦었다고 한다.

큰애가 다섯 살 때 집에 온 광고 전단지 문구가 생각났다. "다섯 살이면 이미 늦었습니다." 학습지 광고였다. 화가 준비를 하는 데 초등학교 3학년은 너무 늦었다는 얘기를 들으면서, 이게 뭔가 싶었다. 프랑스 제일의 국립미술대학인 에콜 데 보자르$^{École des Beaux-Arts}$도 이렇게까지 어렵지는 않다. 영화 〈빌리 엘리어트〉(2001년)에는 탄광촌의 한 소년이 영국의 왕립발레학교에 입학하는 과정이 실감나게 묘사된다.

- 춤출 때 어떤 느낌이 드니?
- 음, 전기 같아요.

왕에게 위임받은 매우 특별한 사람들만 정말로 재능 있는 아이들을 알아볼 수 있는 것일까? 자본주의는 영국에서 생겨났는데, 한국에서 아주 스트레스 받는 방식으로 진화했다. 아니, 퇴화라고 하는 게 맞을까? 대통령을 네 명이나 배출한 프랑스의 고등교육 기관 중 하나인 에나^{ENA}, 국립행정학교는 대통령의 공약에 의해 결국 문을 닫았다. 매우 특별한 고등교육이 갖고 있는 특권을 줄이는 게 자본주의가 진화해서 가는 방향인데, 우리는 점점 어렸을 때부터 분리하는 방향으로 가는 중이다. 그리고 교육이 분리되는 나이가 비정상적으로 빨라진다. 초등학교 3학년이면 너무 늦었다는 얘기, 이런 얘기를 서로 이상하지 않게 부모들이 나누는 나라, 많이 이상하다. 아인슈타인도 이렇게 살지 않았다.

**초등학교 3학년,
이미 늦었다고?**

여혐과 남혐이
시작되는 나이,
16세의 '이생망'

먹고사느라고 정신없어서 10대에 관한 연구를 내려놓은 지 오래다. 다시 이 주제를 들여다본 것은 주변의 엄마들이 아이의 게임 중독을 호소하는 경우가 하도 많아서 그랬다. 뒤늦게 남자 애들 둘을 키우다 보니, 나도 주변에 아줌마들이 늘어났고, 주로 나누는 얘기가 스테인리스 프라이팬이나 냄비를 산 얘기 아니면 애들 얘기다. 중학생 아이, 특히 남자 아이를 둔 엄마들의 가장 큰 고민이 이제 책은 던져놓고 게임만 붙잡고 있는 자녀에 관한 것이다.

내가 직접 만난 사례는 아니지만, 어느 발레 선생님이 기억에 남는다. 우리 집 식구는 나를 제외하고는 모두 동사무소에서 그 발레 선생님에게 발레를 배웠다. 아내는 출산 후에 건강을 되찾기 위해, 아이들은 어린이집 옆이 동사무소라서 시간을 때우기 위해서. 미국 발레단에서 활동하다가 발목 부상 때문에 접고 한국에 돌아온 경우다. 선생님의 아이는 어린 시절을 프랑스에서 보냈고, 책을 아주 열심히 읽었다. 그런데 중학교 2학년이 되자 책을 딱 끊고 게임만 한다는 거다. 부상에서 회복한 엄마는 발레로 자리를 잡기 위해 끊임없이 움직이느라 아들만 붙잡고 있을 수 없다.

이렇게 저렇게 사례를 모아봤는데, 엄마가 고학력이고 직장에 다니는 경우, 그 유명한 학원 뺑뺑이를 돌리지 않는 경우, 그리고 특목고가 아니라 일반적인 국공립에 진학시키려고 생각하는 경우 아이들이 대부분 게임 중독 아니면 동영상 중독이었다. 첼로에 관심이 생겨서 악기를 열심히 배운 학생 등 아주 소수의 사례가 있긴 했다. 요리사가 되기로 마음을 먹고 요리 관련 고등학교에 진학하면서 게임을 확 줄인 중학생도 보았다.

나에게도 남의 일이 아니라서 좀 자세히 보기로 마음먹었다. 우리 집 어린이들은 넉넉하지 않으면서도 모진 아빠를 만나서 엄청난 사교육을 받을 일은 없다. 자기가 죽어라 특목고에 가야겠다고 부모에게 사생결단으로 단식 투쟁 같은 걸 하기 전에는 따로 특목고 갈 일도 없다. 아내는 출산 후 너무 힘들게 재취업을 해서인지 육십 세까지는 어떤 형태든 계속 일하겠다고 입버릇처럼 말한다. 워킹 맘으로 살아가면서, 아내도 아이들을 오랫동안 붙잡고 이것저것 가르쳐주기는 쉽지 않다. 중2병으로 가는 구조가 있다면 우리 집 애들도 십중팔구, 같은 길을 걸어갈 것이다. 남의 일이 아니다.

**여혐과 남혐이 시작되는 나이,
16세의 '이생망'**

내가 살필 수 있는 사례들의 공통점을 찾아보니 책을 완전히 내려놓고 게임에 몰입하게 된 중학생들은 거의 예외 없이 과학고나 자사고自私高 혹은 외고 같은 특목고 트랙에 들어가지 않은 학생들이었다. 게임의 종류만 다르지, 여자 학생들의 경우도 크게 다르지 않은 것 같다. 그렇다고 특목고에 들어가기 위해 학원을 다니는 학생들이 게임을 덜 좋아하거나 그런 것 같지는 않다. 다만 학교와 학원을 늦게까지 다니느라 마음껏 게임을 할 시간이 없을 뿐.

중학교 2학년, 16세, 딱 이팔청춘 나이다. 우리는 미성년자라고 중학생을 애들 취급하지만, 이몽룡과 춘향이가 목숨을 걸고 사랑을 했던 나이가 딱 이 나이다. 공교롭게도 로미오와 줄리엣이 뜨겁게 사랑하고, 가문의 모순을 가슴에 안고 기꺼이 독약을 들이키는 나이도 이 시기다. 이 느낌을 살리기 위해 영화 〈로미오와 줄리엣〉(1968년)에서 세기의 연인이 된 올리비아 핫세Olivia Hussey가 줄리엣을 연기했던 나이가 17세였다. 2차 성징도 이미 지난 나이고, 사회적으로는 콘돔 사용에 대한 교육도 받았어야 할 나이다.

이 나이 즈음에 실업계와 인문계로 교육 트랙이 완전히 분리되는 나라가 있다. 독일이 그렇다. 그렇게 이른 나이에 진로를 결정하는 것이 좋은지 나쁜지는 여전히 논란거리다. 한국은 진로 교육과는 다르게 평준화 이후 수월성 교육이 대거 도입되면서 대학 진학에 유리한 - 혹은 유리하다고 생각하는 - 특목고를 비롯한 일부 학교에 갈 몇 명을 제외하면 많은 학생들이 방치되다시피 한 일반고로 나뉜다.

대체로 중학교 2학년 나이에 특목고를 갈 학생과 그렇지 않을 학생이 어느 정도는 나뉜다. 특목고 트랙에 들어간 학생들과 그렇지 않은 학생들이 같은 반에 있는데, 이 시기는 극도로 민감한 시기다. 아이는 선생님이 자신을 특목고 갈 학생으로 보지 않고, 엄마도 자신을 그렇게 보지 않음을 느낀다. 아니 절감한다. 집이 가난해서 그런 건가, 자신이 공부를 못해서 이렇게 된 건가, 그런 고민을 던지지 않았을 리 없을 것이다. 남녀 관계만이 아니라 이것저것 알 거 모를 거 다 알 나이다.

사회 시스템으로 인해 아직은 투표권도 없고, 경제권도 없는 절반의 시민, 아니 비非시민으로 간주하지만, 그건 행정 편의상의 분류일 뿐이다. 운전을 못하지만, 그건 차를 사고 유지비를 독자적으로 처리할 수 없을 거라는 생각 때문이지 운전을 기능적으로 못할 나이는 아니다. 고등학교를 졸업하자마자 경비행기로 세계 일주에 나선 벨기에의 자라 러더포드Zara Rutherford가 처음 비행기 조종대를 잡은 것은 14세의 나이다. 비행도 하는데, 자동차 운전이 문제겠는가? 그냥 억압하고 있을 뿐이다. 말馬이나 자동차가 기능적으로 다를 게 없는데, 운전면허는 만 18세가 되어야 취득할 수 있게 했을 뿐이다. 승용차보다 위험한 오토바이는 만 16세다. 그냥 관습의 영향일 뿐 개인의 물리적 성숙도와는 아무 상관없는 일이다.

이번 생은 망했어! 특목고와 상관없는 삶을 사는 중학생들이 느끼는 절망감을 나도 전에는 살피지 못했다. 그냥 그

**여혐과 남혐이 시작되는 나이,
16세의 '이생망'**

런 게 있나 보다 했다. 막상 이 문제를 들여다보면서 느낀 건 절망의 재생산 구조가 여기에서부터 시작될 수 있다는 점이다. 가난한 학생들에게 독서 지도를 강화하는 영국 정책을 본 적이 있다. 많은 나라에서 점차적으로 늘어나는 경제적 격차를 돌파하는 방법 중 하나로 독서를 생각한다.

우리나라에서 성인들은 평균적으로 연간 책을 7.3권 본다. 책을 읽는 사람들로만 통계를 내면 13.2권이다. 한 달에 한 권 약간 넘게 읽는다.(2019년 국민독서 실태조사)

한국에서 책을 가장 많이 읽는 집단은 초등학교 4학년이다. 이때부터 독서량이 점차 줄어들기 시작한다. 고1이 되면 8.8권을 읽으니까, 성인 7.3권과 거의 비슷하다. 독서로만 보면 고등학생과 평균적인 성인과 차이가 나지 않는다. 좀 이상한 비유겠지만, 고등학생이 되면 성인으로서 거의 완성형이 된다. 책 읽는 분량으로는 성인과 다를 게 거의 없다. 중학교 1학년이 되면 초등학교 6학년 때에 비해 절반 정도로 급감하고, 중학교 2학년은 미세하지만 오히려 중3보다 독서량이 적다. 그냥 이 수치만 보면, 자연스럽게 연령이 높아지면서 생기는 독서 감소와는 질적으로 다른 무슨 사건이 중학교 1학년과 2학년 사이에 벌어진다고 생각할 수 있다. 무슨 일이 벌어지는 걸까? 절망하지 않은 학생과 절망한 학생들 사이의 분리가 벌어지고 있을 것이다. 한국에서 중2병은 실체가 없는 것이 아니라 특목고 트랙으로 들어가지 않은 학생들에게서 집단적으로 생겨나는 현실 자각에 따른 구조적 증상이라고 얘기할 수 있다.

내가 살펴본 중학교 2~3학년 남학생들은 게임을 좋아하는 특징만 있는 게 아니라 여성에 대한 증오 혹은 피해의식도 강했다. 특목고 트랙에서 벗어난 상실감과 게임 같은 인터넷에서 받는 위로, 그리고 여혐은 거의 같이 움직이는 속성으로 보인다. 특목고를 안 갈 거니까 더 열심히 공부해야 한다고 생각하는 학생, 그 정도로 생각할 수 있는 사람은 나중에 국회의원은 족히 할 것이고, 그게 아니더라도 어느 정도 건실한 기업의 최고경영자CEO는 될 것이다. 매우 드물다. 처음에는 그렇게 마음을 먹었다가 나중에 고등학교에 들어가서 엄청나게 짜증내는 딸을 본 적이 있다. 중학생 엄마들이 해준 얘기들은 대체로 이런 현상과 일치한다. 그렇다면 여학생들은? 페미니즘이라고 부르기는 쉽지 않지만, 남학생들의 여혐과 유사한 남혐이 "장난 아니다"는 것이 많은 엄마들이 해준 얘기다.

중학생들의 게임 중독도 결과이고, 독서하지 않는 학생으로 변하는 것도 결과이고, 남학생은 여성을 혐오하고, 여학생은 남성을 경멸하는 것도 결과다. 특목고와 그렇지 않은 곳으로 결국 분리되는데, 이들이 같은 반에서 한 시기를 보내는 것이 원인이다. 시스템이 의도했든 의도하지 않았든, 한국이 중학교 교육에 관심이 부족하다는 것은 환경이다.

코로나로 인한 팬데믹 상황에서 교육 기관 중 우선적으로 문을 열었던 것은 고3 수업과 입시학원이다. 한국에서 대학 입시는 무슨 일이 있어도 정지할 수 없다. 그다음 우선적으로 열었던 것은 보육 기관이다. 어린이집, 유치원, 그리고 초등학교는 '긴급 돌봄'이라는 이름으로 확진자가 나온 짧은 기간을 제외하면 내내 열었다. 나중에 태권도장을 비롯해서 검도, 유도, 특공무술 등 동네 체육관도 모두 열었다. 한국의 교육은 복잡하게 표현되어 있지만, 대학에 입학하기 위한 입시 기능과 돌봄 기능, 이 두 개가 기본 축이라는 사실이 팬데믹에서 적나라하게 드러났다. 팬데믹 2년차가 되어서야 중학교의 등교 수업이 사회적으로 논의되었다. 그래도 여전히 관심은 대입과 돌봄에 비해서는 후순위다.

　중학교에서 잘살거나 공부 잘하는 학생들과 분리되기 시작하는 아픔을 혼자서 겪고 있는 학생들에게 우리는 좀 더 세밀한 대안 프로그램이 필요하다. 반드시 중학교 때 엄청나게 공부해야 하는 게 아닌데도 특목고 진학을 위해 사교육으로 달려간 학생들에게만 관심 갖는 세상. 그런 상황에서 게임에 관심 갖지 않는 것도 이상하다.

　많은 게임 커뮤니티들은 남초 커뮤니다. 게임과 함께, 아니 게임에 몰입하게 만든 구조와 함께 한국의 남학생들은 자연스럽게 마초로 재탄생한다. 그리고 여성을 혐오하게 된다. 유럽에서 동구권의 붕괴 이후로 많은 20대들이 외국인을 혐오하면서 인종주의자로 변화한다. 외국인 혹은 외국인 2세 때문에 자신들의 경제적 운명이 어렵게 되었다는 인식이 생겨나고, 그 결과 사회가 변하고 정치도 변했다. 한국의 남자 중학생들에겐 당시 동구에서 몰려들었던 외국인 난민 대신 여성으로 혐오하고 미워할 대상이 바뀌었을 뿐이다.

그 과정에서 진보 성향의 어머니와 극심한 갈등을 겪는 남학생들을 종종 보았다. 아들과의 갈등으로 우는 엄마도 본 적이 있다. '어떻게 하다가 이렇게까지 사이가 멀어졌을까' 고통스러워했다. 지켜보는 나도 고통스러웠다. 아버지와는 진즉에 대화가 없었고, 어머니와도 중학교 어느 무렵부턴가 대화가 끊어진 학생들을 몇 명 보았다. 나는 그들에게 '이래라저래라' 아무 말도 하지 않았다. 그냥 말없이 고기만 굽거나, 먹고 싶다는 회만 사주면서 가끔씩 나오는 대화를 들었다.

그런 중학생들이 고등학교를 거쳐서 마침내 대학에 들어가면 '완성형 여혐'이 된다. 유럽이나 미국의 마초와는 조금 다르고, '미소지니misogyny'라는 여혐과도 조금 양상이 다르다. 일반적으로 '마초'라고 부를 때는 여성의 능력이나 가능성을 무시하고 남자가 우월하다고 생각하는 경우다. 가부장제에 의한 미소지니는 여성을 열등하다고 무시하고 낮게 보는 것이다. 한국의 여혐은 반대다. 우리는 입시 구조와 취업 구조가 연결되면서 열등감과 결합된 전형적인 증오에 가깝다. 그런데 기원이나 유래가 무슨 의미가 있겠나!

한국 자본주의의 특징은 '속도'다. 경제는 구조적으로 불안하지만 속도만큼은 아직도 개발도상국 시대에 비해 전혀 늦춰지지 않았다. 여성의 경제 참여 속도 역시 유럽에 비하면 빛의 속도로 증가하고 있다. 여성의 취업이 늘어나면 사회적 제도와 문화가 거기에 맞춰 서서히 변한다. 커피를 마시며 육아를 하는 스웨덴의 '라테 파파'가 처음부터 등장한 것은 아

여혐과 남혐이 시작되는 나이,
16세의 '이생망'

니다. 스웨덴 남자들은 본래 가정적이라고 생각하는 사람들도 봤다. 스웨덴 축구 선수들의 키와 덩치를 기억해보자. 어마무시하게 크다. 유럽에 아직까지 지워지지 않는 트라우마를 남긴 바이킹이 바로 그들이다. 머리에 뿔 달린 바이킹 모자를 쓰고 열광적으로 응원하는 아저씨들, 그들이 지금 커피를 들고 유모차를 미는 라테 파파가 되었다. 우리는 그렇게 전환하는 속도보다 문제가 드러나고 고착화되는 속도가 더 빠르다.

10년 전쯤으로 기억난다. 꽤 유명한 대안학교에서 강연을 한 적이 있었다. 불평등에 대한 얘기를 하고 질문을 받는데, 거의 마지막으로 어떤 남학생이 손을 들고 여학생들이 너무 특권을 받는다고 얘기했다. 그게 내가 10대 남학생에게 '젠더'에 대한 질문을 처음 받은 순간이었다. 대안학교 특성상 시민과 관련된 교육을 많이 받았을 것 같은데, 그런 질문을 해서 뜻밖이었다는 기억이 오래갔다. 그 후로는 서울의 아주 유명한 자사고 혹은 강남의 어느 고등학교에서 비슷한 패턴으로 남학생들이 여학생들에 비해 자신들이 손해를 본다는 얘기를 종종 접했다.

기원을 따지자면 군 가산점이 헌법재판소 판결로 폐지된 2001년까지 올라갈 수 있지만, 중학교 교육이 황폐화되고 특목고가 특권학교로 자리 잡은 것은 그보다 조금 뒤다. 한국의 엘리트들이 수월성 교육을 낮춰서 국제중학교 도입을 논의하던 시점부터 공교육이 회복되기 어려울 정도로 무너지지 않았을까, 그런 가설을 세워본다.

완성형 여혐, 대학생이 되었을 때에는

박원순의 죽음은 좋든 싫든 한 시대의 페이지가 넘어가는 사건이다. 그가 죽기 2주일 전 일요일, 뜬금없이 전화가 왔다. 에너지 정책 문제로 보자고 해서 약속 전화를 기다리던 중에 그의 죽음을 접했다. 시민단체 시절에는 친하게 지낸 편이지만, 서울시장이 된 후로는 맨날 욕을 해서 그는 나에게 늘 화가 나 있었다. 뒤쪽에는 광화문 광장 재구조화 사업을 반대했고, 살아서 동상을 만들려고 하지 말라고 했다. 한 번은 시민단체 원로들이 모인 술자리에 갔었다. 그날 밤 늦게 박원순이 왔는데, 정말로 나에게는 등 돌리고 인사 한 번 안 하고 갔었다. 돌아보면 박원순과는 좋았던 때와 안 좋았던 때가 교차했던 것 같다. 그의 자살로 한 시대가 마감하고 또 다른 시대가 오게 되었다.

그렇게 박원순이 떠나고 오세훈이 다시 서울시장으로

130

돌아왔다. 20대 표가 대거 오세훈에게 향했고, 오세훈은 압승을 거두었다. 그가 얻은 표를 기계적으로 환산하면 서울에서 민주당 국회의원 가운데 재선될 사람은 한 명도 없다. 현재 서울특별시의회 시의원은 국민의힘 7명, 민생당 1명, 정의당 1명, 그리고 민주당 101명이다. 그 101명 중 재선될 사람이 현재로서는 거의 없다. 서울 25개 구의 구의원은 369명이고, 민주당 구의원은 219명이다. 구나 동이 아니라 각 투표장별로 봐도 구의원 중 당선될 사람도 없다.

서울의 20대는 대거 오세훈에게 투표했고, 20대 남자 '이대남' 현상이 언론의 대대적 주목을 받는다. 서울이 확실히 유행에 민감하기는 하다. 부동산 가격 폭등에서 조국 사태까지, 20대가 민감하게 반응할 이유는 충분하지만, 그렇게 일반적인 투표에서의 변동성으로 설명하기에는 그 폭이 너무 컸다. 시의원 중심으로 하면 110명 정원 중 지난 지방선거에서 101명이 당선되었는데, 이들이 전부 재선에 실패할 정도로 큰 변화다. 혁명이 난다고 해도 사람들의 성향이 이렇게 크게 변하지는 않을 것이다. 그 변화의 진앙지에 청년들이 있고, 20대 남성표가 있다.

오세훈이 서울시장에 당선되고 두 달이 지난 후 36세의 이준석이 한국 보수의 본진인 국민의힘 당대표가 된다. 30대 당대표, 그야말로 일대 사건이 벌어졌다. 오세훈 때는 청년이 키워드였는데, 이준석이 당대표가 되는 과정에서 20대 남성들은 돌풍을 만들었다.

여기까지가 하나의 흐름이다. 외형적으로는 2016년 촛불집회에서 하나로 모였던 힘들이 흩어지는 것으로 볼 수 있다. 내면적으로는 청년들이 민주당에 등을 돌리는 하나의 흐름이 처음으로 투표 현상으로 드러난 것이고, 젠더 문제가 통계적으로 유의미할 정도로 선거에 반영된 순간이다. 여성과 남성의 표가 이 정도로 드러난 적은 없었다.

야구나 배구를 보다 보면 '흐름의 경기'라는 표현을 쓴다. 민주주의도 비슷하다. 할아버지들만 모여 있는 복덕방 같은 분위기였던 국민의힘에 청년들이 들끓기 시작한다. 이 흐름에 스냅 샷 사진 같은 한 장면을 고르자면 여성가족부 폐지를 하태경과 유승민 같은 국민의힘 대선 후보들이 공약으로 내걸고, 당대표가 된 이준석이 진지하게 고민하겠다고 한 순간일 것이다. 이 문제로 MBC 〈100분 토론〉에 나갔는데, 심지어 알고 지내던 20대 운동권 남성들까지 나에게 막 뭐라고 했다.

팬데믹에 관한 책이 나온 지 얼마 되지 않는 시기였는데, 온라인 서점 인터파크에서 저자 인터뷰를 해서 동영상을 걸어놓았던 시기였다. 〈100분 토론〉 다음날, 인터파크 담당자에게서 책 인터뷰 동영상에 책과는 상관없는 '여혐 악플'이 너무 많이 달린다고 어떻게 하면 좋겠느냐며 연락이 왔다. 잠시 생각해봤다. "송구하지만, 늘 욕을 먹고 살아갑니다. 그냥 두시죠." 앞으로 내가 살아갈 사회의 모습을 미리 본 것으로 생각하고 넘어갔다.

몇 년 전부터 젠더와 관련된 얘기를 하면 악플이 어마무

완성형 여혐,
대학생이 되었을 때에는

시하게 달리고 있다. 육아 에세이를 내고 나서 공교롭게도《조선일보》와 인터뷰를 한 적이 있다. 아이를 키우는 이야기, 특히 아빠들의 육아 참여에 관한 이야기였는데, 네이버 대문으로 가면서 엄청나게 댓글이 많았다. 보통《조선일보》와 인터뷰하고 나면 왜《조선일보》랑 인터뷰 했느냐, 변질했다, 배신이다, 그런 악플이 많다. 아빠들의 육아에는 여혐 악플과 마초 악플이 주로 달렸다. 가사참여율에 관한 OECD 통계가 그렇게까지 흥분할 일인가 싶었는데, 실제로는 그랬다.

20대 남성들의 마초화와 보수화는 이제 한국 사회에서 새로운 이슈가 아니다. 1990년대 초중반, 사회당 대통령이었던 미테랑 집권 후반기에 68세대의 부패와 동구권 붕괴로 밀려들어온 난민에 대한 불안감, 그리고 경제위기와 함께 높아진 실업률이 결합되면서 프랑스는 물론 유럽 전역에서 청년 극우가 등장했다. 그렇게 인종주의racism으로 재탄생한 청년들이 새로운 유행을 만들면서 극우파 정당이 약진했다. 이제 프랑스 좌파는 대통령 결선투표에도 나가지 못한다. 그 정도가 아니다. 지금은 유럽의회 제1당이 극우파 정당이다. 영국이 유럽연합EU, European Union에서 탈퇴를 결정하는 과정은 매우 혼란스럽고 불투명한데, 전체적인 분위기를 이끈 사건이 시리아 난민 유입에 대한 반감이다. 당시 40대였던 캐머런David Cameron 총리는 브렉시트Brexit, Britain+exit에 대해 부정적이었지만, 당내 분위기에 밀려 결국 이 문제를 국민투표에 올릴 수밖에 없었다. 영국 노동당을 13년 만에 누르고 44세의 나이에 혜성과 같이 등장한 캐머런은 브렉시트가 국민투표에서 통과되자 총리직에서 사임하고, 사실상 정계 은퇴를 하게 되었다.

자본주의가 일정 정도 성숙한 이후에 저소득 노동자와 청년을 중심으로 인종주의가 강화되면서 극우파가 핵심 세력으로 대두하는 것은 더 이상 궁금한 일이 아니다. 보통은 같은 노동 시장에서 외국인 노동자와 경쟁해야 하는 저소득층 청년들이 극우파의 새로운 세력이 되는데, 한국은 외국인 노동자 대신 여성이 그 대상에 놓이게 되었다고 해석하면 어려운 해석도 아니다. 외국인을 여성으로 바꾸면 전체적인 담론 구조가 같다.

두 번에 걸친 오바마Barack Obama의 대통령 임기가 끝나고 아무도 생각하지 못했던 트럼프Donald Trump가 당선되었다. '샤이 트럼프shy Trump'란 평소에 트럼프를 지지한다고 공개적으로 얘기하지 않다가 조용히 투표한 사람들을 말한다. 가난한 백인 남성 노동자들이 주목받았다. 흑인이나 히스패닉 등 외국계 미국인들에 비해 '역차별'이 존재한다는 호소가 생겼다. WASP라고 부르는, 백인, 앵글로-색슨, 그리고 프로테스탄트로 상징되는 미국 주류 사회에 균열이 생겼다. 당연한 얘기이지만, 가난한 백인이 갖게 된 불만이 트럼프와 함께 폭발했다. 이제 사회 주류로서 기득권이 되어버린 민주당 엘리트를 향한 증오도 같이 폭발했다. 빌 클린턴Bill Clinton의 아내였던 힐러리 클린턴Hillary Rodham Clinton이 여성으로서 갖는 소수자로서의 특징보다는 민주당 주류의 화려한 삶이 더 부각되었다. 그 대선에서 트럼프가 이겼다. 인종을 여성으로 바꾸고, 민주당 주류를 586으로 바꾸면 지금 이준석을 지지하는 청년 남성들이 던지는 얘기와 크게 다르지 않다. 68혁명의 주역이었던 68세대의 자녀들이 어른이 되면서 극우파가 대통령에 도전할 정도로 커진 것과 맥락을 같이한다.

　　노동 시장을 비롯해서 경제적으로 불안정한 계층이 극 우파를 정치적으로 지지하는 것은 제2차 세계대전의 아픔 속 에서 독일의 히틀러나 이탈리아의 무솔리니의 정치적 기반을 분석하면서 익숙해진 일이다. 다만 젠더 문제를 계기로 남성 들, 특히 청년 남성들이 보수화되는 사례는 보기 어렵다. 그러 나 불가능한 일도 아니라고 생각한다. 한국 자본주의의 놀라 운 속도와 그 변화무쌍함이 만들어낸 특수성일 것이다.

　　오세훈의 서울시장 당선부터 이준석의 국민의힘 당대 표 당선까지를 즈음해 언론에서 이 현상을 어떻게 볼 것인지 를 묻는 연락이 많이 왔었다. 나는 앞으로도 오래 진행될 새로 운 흐름의 시작일 뿐이라고 대답했다. 20대 남성, 아니 정확히 는 '20대 여혐'이라고 부르는 게 맞을 것 같은 이 현상은 최소 한 지난 10년 전부터 한국에서 계속해서 커져온 일련의 흐름 이 가시권으로 들어온 것에 불과하고, 해소되기는 어려울 것 같다고 답했다. '젠더 갈등'이라는 단어로도 잘 표현되지 않는 다. 갈등이 존재하려면 경제적 실체가 있어야 하는데, 이 문제 가 출발하는 중학교 2~3학년에게는 경제적 활동은 없고, 대 학입시까지 가는 과정에서 경쟁만이 존재한다. 중학교는 의무

교육이다. 남학생이 여학생 때문에 생기는 경제적 피해가 있을 수 있는데, 그것은 그들이 중학교를 졸업하고, 아주 나중에 사회생활을 시작할 때 생기는 일이다. 아직 발생하지도 않은 문제를 개연성 때문에 '갈등'이라고 부르기는 어렵다.

지금 20대 남성의 '여혐'은 그들이 중학생 혹은 고등학생이던 때 시작됐다. 흔히 경제적 분석에서 하는 것처럼 임금 구조나 경제적 갈등만으로는 설명하기 어렵고, 문화와 취향이 형성되는 구조적 문제에 가깝다. 어쨌든 좋다. 가부장적 마초가 문화 현상이었던 것처럼 여혐 마초도 문화 현상이다. 아직 경제생활을 시작하기 전에도 여성 때문에 언젠가 자신의 소득이나 이득에 피해가 올 수 있다고 판단하는 것은 가능한 일이다.

한 개인이 살아온 삶을 생각해보면 대학생 여혐은 이미 '완성형' 여혐이다. 중학교, 고등학교를 거쳐 5~6년의 전사前史를 거쳐서 여성에 대한 자신의 생각과 문화적 취향이 이미 완성된 사람들이다. 이런 개인의 전사를 생각해보면, 20대 여혐은 그때부터 정당에서 무슨 정책을 잘하거나, 메시지 관리를 세심하게 한다고 해서 해결될 일이 아니다. 그때부터 새롭게 취향이 생기는 게 아니라 이미 성인으로서 완성된 취향이기 때문이다. 정부는 바뀔 수 있고, 생각도 바뀔 수 있지만 취향은 쉽게 바뀌지 않는다. 그러면 어떻게 할 것인가? 이건 정치보다 더 큰 문제고, 정권 교체보다 더 깊은 변화를 만들어낼 수도 있다.

완성형 여혐,
대학생이 되었을 때에는

윤리ethic라는 단어가 있다. 교회 다니는 사람과 절에 다니는 사람의 윤리가 다르고, 종교가 없는 사람들의 윤리는 또 다르다. 개개인의 윤리가 모두 같을 수 없고, 같을 필요도 없다. 그렇다면 우리가 어떻게 하나의 공동체 안에서 같이 살 수 있는가? 윤리를 작게 만든 것이 에티켓ethiquette이다. 꼭 법으로 지키도록 강제하는 것이 아니지만 작은 윤리를 서로 지키면 공동체 안에서 다른 윤리를 가진 사람들과도 충돌하지 않고, 서로 불편하지 않게 살아갈 수 있다. 시대가 바뀌고 물리적인 여건이 바뀌고, 사람들의 생각이 바뀌면서 이 에티켓도 바뀐다. 대선 후보로 나선 윤석열이 다리를 많이 벌린 '쩍벌' 스타일로 앉아서 많은 사람들에게 지탄을 받았다. 지하철 등 대중교통에서 옆 사람에게 피해를 주지 않기 위해 2000년대 중후반을 지나면서 새로운 에티켓으로 자리 잡았다. 아마 윤석열은 대중교통을 이용한 적이 별로 없는 것 같고, 그래서 이런 작은 문화적 변화를 몰랐을 것이다. 주로 엘리트 남성이 이런 에티켓을 몰라서 지적을 당한다. 여성에게만 강요된 에티켓도 많다. 화장실에서 용무를 보면서 변기 물을 내리는 것을 에티켓으로 배우는데, 남자들은 이런 걸 배운 적이 없다. 이 얘기를 했더니 설마 하는 남자들이 있다. 그냥 변기에서 물 내려가는 소리가 나는 상품도 아직 팔리는데, 상품명이 '에티켓 벨'이다. 일본에서 먼저 개발된 것으로 알고 있다. 효과가 있을지는 모르겠지만, 애플리케이션application도 개발되어 있다. 화장실 물 내려가는 소리를 내는 게 에티켓이라는 걸 처음 들었을 때 많이 당황스러웠다.

　　20대 여혐, 변하지 않고, 굳이 변할 필요도 없다. 유럽에는 더 황당한 강성 인종주의자들도 시민권을 행사하고 정상적인 시민으로 살아간다. 속으로야 히틀러를 찬양하든, 더 강한 근본주의적 상상을 하든 무슨 상관이 있겠는가? 공동체 안에서 같이 살아가기 위한 조건은 민주주의 사회에서는 최소한의 에티켓을 공유하는 것으로 충분하다. 여혐도 마찬가지다. 그 자체로 하나의 취향이고, 세상을 보는 시선이다. 그 자체로는 문제될 것이 별로 없다고 생각한다. 로맨스와 판타지의 차이라고 할 수 있다. 로맨스는 현실이지만, 판타지는 현실이 아니다. 심리사회학에서 '변태 커플'이라는 주제가 있다. 그들은 어떻게 만났고, 누가 처음 얘기를 시작했을까? 서로 마음이 맞고 취향이 맞는 사람들끼리의 삶을 누가 뭐라고 하겠나?

　　인종주의형 극우파와 마초형 극우파, 사회를 보수적으로 만드는 것은 크게 다르지 않다. 그렇지만 사회가 어느 쪽으로 갈 것인가, 그건 정치적 영역에서 만들어내는 좀 더 복합적인 균형의 문제다. 그렇지만 두 가지 범주 사이에 조금 차이가 있기는 하다.

　　몇 년 전, 일베(일간베스트)에서 만나서 서로 사랑하게 된 '일베 부부'에 대한 연구를 시도했었다. 극우파 연구의 일환으로, 일베에서 만나서 연애하다가 사랑하게 된 사례 연구가 목표였다. 그런데 도대체 사례를 구하기가 너무 어려웠다. 알고 지내던 신문사의 사회부 기자들에게 부탁했다. 그랬더니

완성형 여혐,
대학생이 되었을 때에는

뜻밖의 대답이 왔다.

> – 선생님, 혹시라도 그런 사례 찾으시면 저한테도
> 꼭 좀 연락주시기 바랍니다.

　남자 친구가 일베라는 사실을 알게 되어 연애가 깨진 사례는 많지만, 그 안에서 결혼한 사례를 찾기는 아주 어려웠다. 유럽의 극우파들은 자기들끼리 서로 연애하고, 그렇게 극우파 가정을 만든다. 충분히 가능한 일이고, 나도 그런 친구들을 본 적이 있다. 자기 민족의 우수성을 생각하는 사람들끼리 더 좋은 민족적 혈통을 보존하는 것은 그 사람들의 이데올로기다. 보통 마초는 여성이 약하다고 생각하고, 많은 경우 여성을 보호 대상으로 생각한다. 전형적인 마초식 가부장주의인데, 결혼하고 출산하는 데 아무 문제가 되지 않는다. 자기들끼리는 정말 잘 산다.

　프랑스 대사관 직원에게 이런 얘기를 했더니, 사회학 일각에서 정치적 성향에 따른 출산율 차이가 정치 지형에 미치는 영향에 대한 연구를 한다고 얘기했다. 프랑스는 극우파가 출산율이 더 높은 경향이 있고, 좀 더 자유분방하고 개인주의적인 좌파의 출산율이 좀 더 낮다는 것이다. 그런 출산율의 차이가 점점 극우파에게 유리한 인구 분포를 만든다는 게 기본 가정이다. 유럽의 경우는 부모의 이념을 자녀가 이어받는 경우가 많다는 게 일반적인 상식이다. 3대째 노동자인 경우, 노동자 의식을 갖는다고 흔히들 얘기한다. 하지만 우리나라에서는 울산 같은 공업단지의 많은 노동자들은 자기 자식을 절대로 노동자를 안 만들겠다고 과외를 시켜서 죽어라고 좋은 대학을 보내려고 한다. 그리고 아직 우리나라의 자본주의 역사가 짧아서 3대 노동자가 등장하지 않아서 그런 거라고 설명할 수도 있다. 한국에서는 재벌가 정도 되거나 압구정 현대아파트 같은 데 사는 부자가 아니면 부모의 이념적 성향이 그대로 자녀의 이념적 성향으로 내려가는 경우가 잘 없다. 대신 연령에 따른 효과가 매우 강한 편이다. 마찬가지로 지금 50대, 586의 진보적 성향을 자녀들이 이어받을 거라는 보장도 없다. 오히려 정반대로 갈 확률이 높다. 특히 아들의 경우는 진보적 아버지의 정치적 성향과는 당분간은 반대로 가게 될 것이다.

극우파는 가문을 형성하는데, 여혐 남성의 경우는 가정을 형성하기가 쉽지 않다. 연애는 서로 잘 모르는 상태에서 시작하니까 어느 정도는 가능하지만, 여혐 남성하고 결혼할 수 있다고 말하는 20대 여성을 만나지 못했다. 가부장제 시절에는 사회의 기본 구조였으니까 여성들이 감수했지만, 지금은 다르다. 연애도 하고 결혼도 하기 위해 자신의 생각을 바꾸는 남성도 있겠지만, 상당수는 그렇게 하지 않을 것이다. 여혐도 일종의 이념이고, 나름대로는 세계관이다. 그렇게 간단히 바뀌지 않는다.

극우파가 늘어나는 동안에 프랑스는 출산율이 떨어졌던 국가 중 유일하게 합계출산율 2위를 회복했다. 영국이나 스

**완성형 여혐,
대학생이 되었을 때에는**

웨덴 등 다른 국가들도 프랑스 수준은 아니지만, 어느 정도는 출산율을 회복했다. 우리나라는 10대부터 시작한 남성들의 여혐이 20대를 거쳐 하나의 시대 이념처럼 자리 잡는 동안 출산율은 계속해서 내려가기만 했다.

　이 문제는 20대에 대한 물질적 지원만으로는 해결되기 어렵다. 공교육 내에서 방치되고 외로운 중학교 2학년들에게 지금과는 다른 프로그램이 제시되어야 장기적으로 문제가 풀린다. 쉽지 않다. 여성가족부는 좀 거칠지만 나름대로 젠더에 대한 에티켓을 탑재하려는 시도를 했는데, 별로 성공적이지 않았던 것 같다. 오히려 남성의 의견은 에티켓을 만드는 여가부 자체를 없애는 쪽으로 모아졌다. 이번에는 여성가족부가 어떻게 없어지지 않고 버틴다고 할지라도, 점점 강한 여혐의 중학생들이 고등학교를 거쳐 20대 여혐으로 대량 쏟아지는 시기가 되면 여가부는 더 이상 버티기 어려울 것이다.

　한국은 본래 이념 지형이 오른쪽으로 한두 칸 옮겨져 있는 사회다. 국민의힘은 유럽 우파에 비하면 좀 더 극우파에 가깝다. 극우파가 아직 별도의 당으로 분화되어 있지 않은 상황이니 조금 더 오른쪽으로 간 게 당연하다. 민주당은 프랑스의 사회당 혹은 영국의 노동당 같은 사민주의 정당에 비하면 한참 오른쪽이고, 국제 기준으로는 중도 우파 정도 된다. 원래도 오른쪽에 있던 사회가 여혐을 타고 오른쪽으로 향하는 20대 아니, 몇 년 후에 20대가 될 중학생 충격을 만나면 어떻게 될까?

　세대 갈등 정도가 아니라 세대 전쟁이 기다리고 있고,

젠더 갈등이 아니라 젠더 전쟁이 폭발할 수 있다. 물론 그 전에 부모와의 갈등이 먼저 폭발할 것이다. 계급 갈등과 계급 전쟁? 당분간 한국에서 그딴 건 잘 드러나지 않을 것이다.

**완성형 여혐,
대학생이 되었을 때에는**

'자산 =
자본 + 부채',
자산 전쟁의 시대

— 하위 50퍼센트 인구는 기껏해야 전체 자산의 5퍼
센트만을 보유하고 있다. 더욱 심각한 사실은 하
위계층이 보유한 이 미미한 자산조차 1980년대와
1990년대를 거치면서 한층 축소되었다는 점이다.
이러한 경향은 미국이나 독일 그리고 유럽 다른
국가들뿐 아니라 인도, 러시아나 중국에서도 찾아
볼 수 있다.

토마 피케티, 『사회주의 시급하다』

1.

2002년에 시작된 영화 '본 시리즈'는 맷 데이먼이 나온

〈본 아이덴티티〉에서 시작해서 나중에는 〈어벤져스〉의 호크아이가 주인공으로 나온 〈본 레거시〉(2012년)로 이어진다. CIA가 살인병기로 훈련시킨 맷 데이먼이 자신의 기억을 되찾고, 자신의 연인을 살해한 CIA 내부의 점점 높은 고위급을 찾아가는 구조다. CIA는 자신들을 죽이러 오는 맷 데이먼을 처리하기 위해 유럽 도처에 숨어 있는 킬러들을 동원한다. 비인간적인 훈련과 작전으로 인성을 잃었던 맷 데이먼이 자신을 죽이려는 킬러와 대화하고 감정적으로 교감하는 장면이 이 시리즈가 휴머니즘을 찾아가는 방식이다.

　　나는 개인적으로는 3편에 해당하는 〈본 얼티메이텀〉(2007년)에 나오는 운동복 입고 삼선 아디다스 운동화를 신고 나오는 킬러가 인상적이었다. 그 이후, 나는 구두를 그만 신고 슈트를 입어야 할 때 아디다스 운동화를 신기 시작했다. 사람들에겐 사는 게 온통 불편한 것투성이인데, 발이라도 편하고 싶어졌다고 말했다. 사실 '파즈'라는 이름의 킬러에게 너무 마음이 가서 그랬다. 맷 데이먼은 대결 중에 파즈를 죽이지 않는다. 마지막 옥상 장면에서 파즈는 "왜 그때 나를 죽이지 않았느냐"고 물어본다. 결국 파즈는 도망치는 맷 데이먼에게 총구를 살짝 내리고, 그를 살려 보내준다. 이유는 없지만, 나는 이 킬러의 눈빛과 그의 운동복, 그리고 짝퉁일지도 모르는 낡은 아디다스 운동화가 기억에 길게 남았다. 그리고 이 시리즈에서 CIA의 비밀 킬러들을 '애셋asset'이라고 부른다는 사실을 알았다.

**'자산 = 자본 + 부채',
자산 전쟁의 시대**

애셋, '자산'을 얘기하는 단어다. 스파이 영화에서는 자신이 움직일 수 있는 요원이나 정보원을 애셋이라 부르고, 기자들은 자신이 만나는 취재원들을 애셋이라고 부른다. 매우 자본주의적이다.

애셋, 자산이라는 용어의 정확한 의미는 무엇일까? 자산을 처음 배운 건 중학교 상업 시간에 단식 부기를 처음 접하면서 '자산=자본+부채'라는 공식을 통해서였다. 나중에 대학에 들어가서 복식 부기도 배우고, 회사에서 사용하는 좀 더 체계적이고 복잡한 원가회계도 배웠다. 그렇지만 자본과 부채를 더하는 것이 자산이라는 것 이상으로 자세하게 자산에 대해 배운 적은 없는 것 같다. 박사 과정에서 '자산 특이성' 같은 매우 복합적이고 제도적인 용어도 배우기는 했는데, 사실 자산이 정확히 뭐다, 이렇게 배운 적은 없다. 많은 경우, 자본에 부채를 더하면 자산이 된다, "외워", 이렇게 배웠다.

간단한 방식이기는 한데, 이런 회계 장부에서 튀어나온 단어 하나가 사람들을 좌절하게 했다. 부채도 자산이야? 물론 그렇다. 그 정도가 아니라 개인은 물론 국가의 자산 형성에서도 많은 경우 부채가 결정적인 역할을 한다. 오죽하면 '채무 경제'라는 말이 발전경제학에서 경제 발전 초기 단계를 설명할 때 결정적인 용어가 되었겠느냐. 멀리 갈 것도 없다. 우리나라 경제 발전 초기에 세계은행을 비롯해서 다양한 곳에서 차관 형식으로 원조 자금이 들어왔다. 서울시청 앞에 플라자 호텔이 있는데, JP가 기업인들을 만나서 이 차관을 나누어주는 작업을 했던 방을 'JP 룸'으로 불렀다고 한다. 그때 정부에게 빚을 진 회사들은 자산이 갑자기 늘어났다. 그들이 결국 재벌이 되었고, 그 과정에서 군인들 혹은 JP에게 밉보였던 회사들은 재벌이 되지 못했거나, 지방 기업으로 남았다.

자기가 원래 갖고 있는 것을 '자본'이라고 부른다. 물론 이건 회사 같은 법인에 해당하는 일이다. 개인은 원래 가진 게 아무것도 없고, 팔 거라곤 튼튼한 몸밖에 없다. 그래서 먹고살기 위해 몸을 사용할 수 있는 노동력을 파는 것이고, 그게 노동자에 대한 정의다. 그렇지만 자본주의 역사가 길어지다 보니 노동자도 자신의 노동으로 벌어들인 돈으로 재산을 늘리기 시작한다. 혹은 돈을 빌려서 집을 사기도 한다. 이렇게 생겨난 재산의 총합을 자산이라고 부른다. 부채가 늘어도 자산은 늘어난다. 알기 쉽게 노래를 아주 잘 부르는 가수를 생각해보자. 그는 원래 사람들이 가진 자본에 아주 개인적으로 그만의 목청 혹은 노래 잘 부르는 재능을 자본으로 보유하고 있다. 그렇게 번 돈으로 아파트를 샀다. 이제 그가 가진 자본이 늘어난 것이다. 새로 산 아파트는 그의 자본이다. 그런데 그가 번 돈이 아니라 은행에서 돈을 빌려서 또 다른 아파트를 샀다. 이렇게 아파트를 사기 위해 그가 빌린 돈은 그가 갚아야 하는 부채이지만, 아파트 자체는 그의 자산이다. 자기 돈으로 순수하게 자기 재산이 된 아파트와 은행 빚으로 산 아파트는 자산이라는 눈에서는 같다. 자본과 부채를 더하면 자산이라는 말은 이런 의미다.

공부를 열심히 하는 것은 자본을 늘리는 행위다. 도움이

'자산 = 자본 + 부채',
자산 전쟁의 시대

될지 안 될지는 몰라도, 좋은 점수를 받고 좋은 대학에 가는 것은 인간의 자본을 늘리는 방법 중 하나라고 생각했다. 이런 얘기를 대놓고 했던 개리 베커Gary Stanley Becker는 1992년 노벨경제학상을 받았다. '인적 자본'이라는 말은 한국에서 이렇게 해석되었다. 물론 개리 베커가 명확하게 얘기하지 않은 것도 있다. 학원이나 과외에 아무리 많은 돈을 써도 교육에 대한 공적 투자라고 보아서 상속세나 증여세를 부과하지는 않는다. 자녀에게 돈을 주고 자녀가 그 돈을 학원에 내면 원칙적으로는 증여세 대상이다. 그렇지만 부모가 직접 그 돈을 학원에 내면 증여로 처리하지는 않는다. 만약 부모가 학원비를 모아서 나중에 자녀에게 주면 일정 금액부터는 증여세가 나온다. 대학 등록금도 마찬가지다. 부모가 등록금을 내주든 혹은 부모님 회사에서 등록금을 내주든, 여기에 대해 세금을 물리지는 않는다. 하지만 자녀가 알아서 대학을 다녔든 혹은 아예 대학을 가지 않았든, 그 등록금을 모아서 자녀에게 주려고 하면 20대부터의 증여 가능 총액을 고민해야 한다. 성년이 되면 비과세 증여 한도는 10년간 5천만 원이다.

자녀에게 학원비와 대학 등록금을 내주어서 개인의 인적 자본을 늘리는 게 나을까, 아니면 그 돈을 자녀에게 직접 줘서 현금 자산을 늘리는 게 나을까? 현실이야 어떻든 한국은 오랫동안 자산보다는 자본을 중요하게 여기는 사회였다. 공장을 차려서 물건을 만드는 것이 돈만 굴리는 은행보다는 존경받아야 한다고 생각했다. 많은 사람들이 『탈무드』를 인용하면서 고기 잡는 법을 알려주는 게 고기를 주는 섯보다 좋다고 얘기했다. 고기를 주는 것은 자산을 주는 것이고, 고기 잡는 법을 알려주는 것은 자본을 주는 것이다. 어차피 좋은 대학을 나와도 변변히 취직하기 어렵다면 자산과 자본의 딜레마, 차라리 과외비와 대학등록금을 모아서 자산을 모아주는 편이 낫지 않을까?

사회 한구석에서 자본이냐 자산이냐, 이런 은밀한 논쟁이 진행되는 동안 아무것도 물려받을 게 없는 사람들은 그냥 '헬조선'이라고 한국을 부르기 시작했다. 자산이든 자본이든, 부모에게 뭐라도 물려받을 게 없는 청년들이 처음에는 이런 논의에 비관하다가, 문재인 정권을 지나면서 집단적으로 자산에 눈을 뜨기 시작했다. 자본? 자본이 없으면 은행에서 빌리면 된다. 부채도 자산이다, 이 얘기를 가장 적극적으로 이해하기 시작한 것이 지금의 20대 아닐까?

2.

2011년 9월부터 뉴욕의 월가에서 대규모 시위가 벌어졌고, 11월 30일 경찰에 의해 해산될 때까지 두 달 넘는 시간 동안 월가 시위가 이어졌다. 2008년 글로벌 금융위기 때 정부가 푼 돈이 결국 은행과 대기업만 배부르게 했다는 대규모 항의 시위였다. 위기로부터 빨리 벗어나기 위해 중앙은행이 직

**'자산 = 자본 + 부채',
자산 전쟁의 시대**

접 나서서 돈을 풀었고, 이걸 '양적 완화'라고 불렀다. 이때 상위 1퍼센트의 부자들만 이익을 보았고, 나머지 사람들은 별 혜택이 없거나 더 힘들어졌다는 의미에서 '1:99'라는 용어가 사용되었다. 나인티 나인, 화끈한 용어이기는 하다. 그렇지만 너무 많은 사람들이 99라는 숫자와 함께 '우리'로 함께 묶인다는 부작용이 있다. 정부의 금융 정책으로 혜택을 보거나 충분한 정보를 갖고 있는 상위층에 대한 경각심 효과는 확실하지만, 자본주의의 많은 문제를 하나로 보여주기에는 불충분한 수치다.

문재인 정부와 함께 부각된 새로운 용어는 '10:90'이다. '금수저'로 상징되는 세습 자본주의에 관한 얘기다. 중산층 가운데 상층부는 자녀에 집을 물려준다. 그냥 다 중산층이라고 부르지만, 사실 자녀에게 집을 남겨줄 수 있는 사람들과 자신의 노후 자금과 자녀의 결혼 자금 사이에서 하나를 골라야 하는 보통의 중산층에게는 아파트 한 채라도 사줄 수 있는 사람과 그렇지 않은 사람 사이에 분명 차이가 있다. 자본가와 노동자, 이런 구분은 명확하다. 지방의 유지 혹은 토호와 지역 거주민 사이에도 재산은 물론 권력의 격차가 명확히 드러난다. 그렇지만 중산층은 소득을 중심으로 계급이 아니라 유사한 소득집단을 합쳐놓은 개념이라서 편의상 사용하지만, 늘 모호한 개념이다. '세습 자본주의'라는 말이 세계적으로 유행하게 되었고, 한국에서도 자산의 세습에 대한 얘기가 10여 년 전부터 전면화되었다. 자본주의가 가장 안정적인 상태를 보일 때에는 부모에게 따로 자산을 물려받지 않아도 한 세상 살아가는 데 별 문제가 없거나 혹은 사람들이 그렇다고 느낄 때다. 선진국의 신화라면 막연하고 단순한 신화가 아니라 그 나라의 시민권 혹은 영주권만 있어도 살아가는 데 문제없는 사회라는 것 아닌가? '아메리칸 드림'의 실체는 홀홀단신 미국으로 가기만 하면 고생은 하더라도 결국 어떻게든 자리를 잡게 된다는 로망이 실체다. 지난 10년 동안 한국 사회는 이런 '아메리칸 드림'과는 정반대의 사회가 되었고, 무엇보다도 이 시기를 살아가는 청년들이 이 사회를 그렇게 느낀다는 점이 중요하다. '건전한 신체에 건전한 마음이sound mind in sound body', 이건 몸 말고는 아무것도 없는 개인적 자본 위주의 사유다. '그딴 거 다 필요 없고 건물이나 한 채 있으면 딱 좋겠네', 그게 '코리안 드림'이 되었다. 성공한 사업가든, 배우든 가수든, 미래를 생각하면 건물부터 사는 게 유행이 되었다.

　　자산 중의 자산, 한국 최고의 자산은 건물이다. 건물주에 관한 수많은 얘기가 있지만, 어느 고등학교 선생님이 학교에서 유행했던 얘기라고 들려준 게 가장 기억에 남는다. 공부는 전혀 하지 않고 게임만 하는 학생을 불러서 면담을 하면서 장래희망을 물었다.

　－　건물주요.

선생님은 당황한 마음을 누르면서도 물어봤다.

**'자산 = 자본 + 부채',
자산 전쟁의 시대**

- 애야, 진짜로 건물주가 되기 위해서라도 뭔가 좀 노력을 해야 하지 않겠니?

돌아온 학생의 대답이 선생님은 물론, 그 얘기를 전해 들은 많은 사람들을 당황하게 했다.

- 선생님, 저는 건물주가 되기 위해 몸과 마음의 준비가 되어 있어요. 문제는 아빠예요. 아빠가 맨날 술만 마시고, 건물주가 되기 위한 아무런 노력을 안 해요. 저는 그런 아버지에게 뭐라고 한 적이 한 번도 없어요. 게임으로 마음을 좀 달래는 거예요.

한국의 10대들은 이제 건물은 자신이 돈 벌어서 사는 게 아니라 부모가 물려주는 거라는 사실을 알고 있다. 고등학생의 희망 직업 1위가 교사이고, 2위가 건물주라고 한다. 돌이켜보면 이게 한국 청년들 사이에서 벌어지는 '자산 전쟁'의 서곡이었던 것 같다. 어른들은 그냥 혀만 찼고, 10대들이 꿈이 없다고 한탄했다. 꿈이 공무원이나 교사라는 사실도 못마땅했고, 건물 갖는 게 희망이라는 사실도 아름다운 일은 아니라고 생각했다. 당시 유명한 연예인의 딸들이 나오는 예능방송이 있었다. 집 안에서 전혀 대화가 없는 아빠와 딸이 새롭게 서로를 발견하고 이해하면서 인간적인 면모를 회복하는 휴먼 예능이었다. 반응도 좋았다. 그런데 이 딸들이 드라마에 출연하는 순간 난리가 났다. "너는 뭔데 무임승차하려는 거냐?" 세습 자본주의가 강화되면서 건물이나 아파트 등 자산을 물려주는 거야 자본주의 사회에서 어쩔 수 없지만, 아버지의 인기까지 물려주게 되는 순간에 청년들이 뒤집어졌다. 이 힘은 커지고 커져서 최순실의 딸 정유라가 했던 "돈도 능력이야"라는 말에서 확 뒤집어졌다. 촛불이 일어났고, 박근혜 정부는 이걸로 훅 갔다. '조국 사태'로 이어진 이 흐름은 전형적인 '10:90', 세습 자본주의 문제의 연장선에 있다. 이 문제에 대한 청년들의 에너지는 누르고 눌러 압축시키고 압축시킨 고밀도 에너지라서 출구가 하나 보이면 정권 하나 정도 넘기는 것은 일도 아니다.

코로나가 2년 차를 맞으면서 5차 재난 지원금이 대대적으로 편성되었다. 언제나 그렇듯이 모두에게 줄 것인가, 아니면 가난한 사람들에게 집중적으로 줄 것인가가 사회적 논쟁이 되었다. 정부, 정치권, 그리고 언론까지 한참을 논쟁하다가 결국 하위 88퍼센트에게 주는 걸로 결론이 났다. 88퍼센트, 참 애매한 숫자이지만 실체가 전혀 없는 것은 아니다. 원칙적으로 88퍼센트로 해놓고 중간에 애매한 사람들을 추가적으로 구제하면 대충 90퍼센트 안팎이 된다. 행정적으로는 88퍼센트 혹은 90퍼센트와 그렇지 않은 소득 상위군에서 구분할 수 있다는 판단이 내려진 것이다. 물론 80이든 88이든 90이든, 경제학적인 명확한 근거는 없다. 부자와 부자 아닌 사람, 정서적으로 우리는 이미 그렇게 생각한다는 것 아니겠는가?

'50:50 사회'는 내가 생각하는 문재인 정부에서의 청년들의 삶을 가장 잘 보여주는 개념이다. 청년들이 빚을 내서라도 집을 사겠다는 '영끌'부터 시작해서 빚을 내서라도 주식 투자하는 '영투' '빚투', 그리고 암호화폐 투자 붐까지, 최근에 일어나는 일련의 사건을 설명하는 데 이 틀이 유용하다. 이 개념은 토마 피케티^{Thomas Piketty}라는 경제학자의 최근 글을 읽다가 생각했다. 지난 몇 년간의 경제 흐름을 보면서 좌파이기는 했지만 스스로 사회주의자라고 얘기한 적이 없는 피케티가 "나는 이제부터 사회주의자다", 하고 선언한다. 그 선언의 배경이 궁금했다.

토마 피케티는 『21세기 자본론』으로 유명해진 인물이다. 21세기에는 임금 격차가 아니라 자산 격차 때문에 문제가 발생한다는 얘기로 요약할 수 있다. 부모가 자식에게 자산을 물려주는 현상에 따른 세습 자본주의에 대한 질문도 여기에서 나왔다. 자본이 문제가 아니라 자산이 문제라는 얘기를 좀 고상하게 표현하면 '21세기 자본론'이 된다. 제목과는 달리, 자본이 아니라 이제는 개인들이 가진 자산이 문제라는 것이다. 그 얘기를 피케티만 한 건 아니지만, 가장 설득력 있게 말한 건 피케티다. IMF 같은 곳에서 피케티가 통계 해석을 잘못한 거라고 몇 번 논쟁이 있었는데, 자산 격차가 중요하다는 말은 흔들리지 않았다. 《조선일보》나 《동아일보》가 아니라고 한 게 아니라 IMF가 아니라고 한 사람, 노벨경제학상 수상 유무와 상관없이 지금 살아 있는 경제학자 가운데 영향력이 가장 큰 사람이 피케티다. 세계은행 총재? IMF 총재? 누군지 아무도 기억하지 못한다. 몇 년 전까지만 해도 세계은행 총재가 한국계 미국인이었는데, 이름은 물론 그 사실을 기억하는 중고등학생을 한 명도 못 봤다.

일본 홋카이도 대학에서 열린 국제 컨퍼런스에 초청받은 적이 있다. 그때 '노란우산 운동' 등 새로운 형태의 민주주의 운동을 주도한 대만과 홍콩의 청년들을 보았다. 그러나 그때 가장 기억에 남는 것은 밤마다 호텔방에서 봤던 피케티의 강연을 틀어준 TV 방송이었다. 홋카이도 지역 방송이었던 것 같은데, 밤마다 조그만 방에서 영어로 진행되는 피케티 강연을 일본어 자막을 달아 그대로 틀어주었다. 피케티의 인기가 하늘을 찌르던 시절, 그 인기를 눈이 펑펑 내리던 밤, 홋카이도의 작은 호텔 방에서 실감하고 있었다.

최근에 한국에 출간된 토마 피게티의 기고문 모음집 『사회주의 시급하다』에 추천사를 달 기회가 있었다. 책의 앞에 조금은 정리된 형태로, 최근에 그가 왜 사회주의에 대한 얘기를 시작했는지가 나온다. 피케티의 다른 책이나 기고에도 간간이 보이는 내용이다. 많은 국가에서 복지의 증가로 소득에 따른 불평등은 조금씩 개선되는 경향을 보이는데, 자산의 불균형은 전혀 개선되지 않는다는 것이 그의 지적이다. 프랑스, 독일 등 선진국은 물론이고 중국이나 러시아 같은 곳에서도 이런 자산 격차가 발견된다고 한다. 한국의 사례도 검토한 것은 아니지만, 어쨌든 많은 곳에서 하위 50퍼센트가 자산의 5퍼센트만을 소유한다는 사실이 관찰된다.

**'자산 = 자본 + 부채',
자산 전쟁의 시대**

하위 50퍼센트가 단지 5퍼센트만의 자산을? 상징적인 수치이지만, 상위 50퍼센트와 하위 50퍼센트 사이에 벌어지는 격렬한 최근 한국의 변화는 경제 불안감과 함께 자산 상위 50퍼센트에 들어가기 위한 청년들의 '자산 투쟁'이라는 용어로 설명할 수 있다. 딱 중간, 50퍼센트를 경계로 위쪽으로 갈 것인가, 아래쪽으로 갈 것인가, 부동산을 비롯한 경제의 불안감 속에서 '벼락거지'라는 말이 나온다. 자신이 중산층의 자녀라고 생각했는데, 50퍼센트 아래쪽에 놓이면 자산 상 '거지'라고 불러도 아니라고 하기 어려운 사회가 되었다. 부모가 따로 상속해주지 않으면 자식도 여전히 중산층에 머물 거라고 보장하기 어렵다.

부모보다 가난해진 세대, 한국에서는 몰락하는 시대에 관한 정서적이거나 목가적인 은유의 부드러운 시로 등장한 게 아니라 부동산, 주식, 그리고 암호화폐에 이르는 자산 전쟁, 아니 '자산 투쟁'의 형태로 나타나게 되었다. 이게 21세기 한국 자본주의다. 여기에는 도덕이나 윤리가 개입할 공간이 없다. 유일하게 할 수 있는 얘기는 "과도한 부채는 위험하다"는 말 정도인데, 이래 망하나, 저렇게 망하나, 궁지에 몰린 청년들에게 먹히기 어렵다. "주식은 여유 자금으로 하세요." TV나 라디오에 나오는 증권 전문가들이 입에 달고 다니는 말이다. 자신은 책임지기 어렵다, 그 말을 이렇게 돌려서 표현하는 것이다. 증권이나 암호화폐에 투자할 여유 자금이 있으면 사람들이 이렇게 자산 획득에 열을 올릴까? 그런 여유 자금이 없으니까,

그걸 만들려고 자산 투쟁에 뛰어드는 것 아닌가?

이게 문재인 정부가 잘못한 거냐고 물으면 사건은 좀 더 구조적으로 장시간에 걸쳐서, 최소한 10년 이상에 걸쳐서 형성된 거라고 말할 수 있다. 더 멀리 올라가면 내수 시장을 등한시한 전두환, 아니 박정희까지 올라가서 "우리만 잘못한 것이 아니다"라고 좀 더 근원적으로 말할 수 있다. 그러나 하나마나한 얘기다. 아니, 안 하는 것만도 못한 얘기다. 사람들은 해결책이나 대안을 원할 뿐 문제 해석을 원하지 않는다. 쉽고 간편하기는 한데, 모두가 "이게 해법이다"라고 외치는 사회에서 해법은 나오지 않는다. "외치는 자의 외침이 진리가 되리라", 우리는 그 시대를 소피스트의 시대라고 부른다. 웅변술과 대화술로 무장한 소피스트들의 시대를 끝낸 것은 "너 자신을 알라"고 외쳤던 소크라테스다. 좌파가 사라진 한국, "나를 따르라"는 사람들은 가득한데, 차분하게 질문하는 사람들이 사라졌다.

소크라테스가 등장한 것은 기원전 5세기 전이다. 고전이란 정말로 영원한 고전인가? 토론 배틀로 당 대변인을 선출하고, 지도자가 되기 위한 중요한 기술이 논쟁이라고 생각하는 이준석에게서 문득 소피스트의 시대가 떠올랐다. 미디어의 시대, 이제 우리는 다시 소피스트의 시대로 돌아온 것인가? 50대 50 사회, 위의 반을 보고 얘기할 것인가, 아래 쪽 반을 보고 얘기할 것인가?

**'자산 = 자본 + 부채',
자산 전쟁의 시대**

3.

청년들의 자산 전쟁에 대해 해결책이 있는가? 쉬운 해결책이 없으니까 피케티가 '사회주의'라는 이름의 오래된 개념을 다시 끌어들인 것 아니겠는가? 자본주의의 성격을 바꿀 정도로 큰 변화가 없다면 현실을 개선하기 어렵다는 얘기다. 한국 상황은 아니다. 어떻게 해야 하는가?

이 전쟁은 세대 전쟁이기도 하고, 동료들끼리의 전쟁이기도 하고, 위아래는 물론 좌우도 따로 없는 자산들 사이의 전방위 전쟁이기도 하다. 아파트에 좌우가 어디 있겠는가? 이 전쟁이 슬픈 것이 결국에는 또래 집단 사이의 정보 교류와 비교, 그리고 그 사이에서 벌어지는 '위로 가기 위한 개인 전투'의 양상을 갖는다는 점이다. IMF 직후에 중산층 사이에서 "이번이 상류층으로 가기 위한 마지막 기회"라는 말이 퍼졌었다. 구조조정으로 온 국민이 실업자가 되었거나 실업 위기에 있는 동안 IMF로 가격이 폭락한 아파트들을 사 모은 사람들의 운명은 확실히 바뀌었다. IMF 한가운데인 1998년, 강산에의 〈거꾸로 강을 거슬러 오르는 저 힘찬 연어들처럼〉이라는 노래가 나왔다. 많은 사람들은 이 노래에서 경제적 실패에 위로를 받았지만, 새로 기회를 잡아 집을 쓸어 담은 사람들도 강남의 룸살롱에서 이 노래를 불렀다. IMF 경제 위기라는 거센 물줄기 속에서도 그걸 뚫고 나가서 계곡을 올라가는 자신들을 연어라고 부르는 상징이 있었다. 아담 스미스는 『국부론』에서 기업가가 원하는 것이 사회 일반의 이익과 다를 수 있다고 얘기한 적이 있다. 경제가 좀 잔인한 면이 있다. 진정한 새로운 기회는 모두가 좋을 때 발생하는 것이 아니라 모두가 어려울 때 발생한다. 비록 일부이지만, 새로 산 아파트나 새로 구매한 건물에 대해 얘기하는 사람들을 보다가 집에 와서 "우리 모두 힘을 합쳐서 IMF 경제위기를 극복합시다"는 얘기를 텔레비전에서 보고 있자면 기분이 참 묘했다.

1980년대 후반, 일본에서도 유사한 상황이 벌어졌다. 그때는 일본 경기가 사상 최고였는데, 그때에도 자산 열풍이 불었다. 엔화가 하늘 높이 올라가자, 일본인들은 전 세계를 상대로 자산을 취득하기 시작했다. 일본의 대표 기업인 소니가 할리우드로 진출해서 이것저것 마구 사들였다. 대기업만 그렇게 한 게 아니었다. 당시 일본 농민들도 미국 정부가 발행한 채권을 사들였다. 세계가 경악했다. 요즘에야 글로벌 투자가 보편화되어서 미국 국채는 위험이 적은 자산이라서 금융 포트폴리오를 구성할 때 기본 종목이 되었지만, 당시는 1980년대 후반, 아직 세계화 전이었다. 일본 농민들이 영농 자금으로 미국 국채를 사들이는 모습을 이해하기 쉽지 않았다.

"일본 농민들의 미국 채권 투자에 대해 서술하시오", 이런 유형의 문제가 파리에서 대학원 다니던 시절에 시험 문제로 두 번은 나왔던 것 같다. 물론 나는 프랑스 친구들보다는 일본 사정에 조금 밝으니까 점수가 괜찮게 나왔다. 그 이후에 터져 나온 1990년대의 일본 버블 공황과 연결시켜서 설명하면

**'자산 = 자본 + 부채',
자산 전쟁의 시대**

매우 높은 점수를 받을 수 있었다.

　나는 집을 사거나, 주식 투자를 하거나, 심지어 암호화폐에 투자하는 것 그 자체를 나쁘게 보지 않는다. 2007년 이명박 정부가 출범할 때 주식 지표로 사용한 코스피 지수가 1897이었는데, 박근혜 정부 탄핵 이전인 2016년 중반까지도 코스피는 1900대의 박스 권에 갇혀 있었다. 10년간 주가가 거의 올라가지 않았었는데, 전형적인 제로섬 게임 같은 때였다. 누군가 벌면 누군가 잃는다. 박근혜 탄핵을 즈음하여 코스피가 다시 올라가서 문재인 정권 때에는 코스피가 3300까지 갔다. 부동산은 물론 주식 시장 등 자산 시장이 문재인 정권에서 투자하기 좋은 여건이 된 것은 사실이다. 문제는 이게 50 대 50 사회에서 상위 50퍼센트로 갈 것이냐, 하위 50퍼센트로 갈 것이냐, 그 분기점에서 벌어진 청년들의 생존 투쟁이라는 점이다. 그냥 가만히 있으면 안 돼? 가만히 있는 당신, 자산시장이 당신을 '벼락 거지'로 만들 것이다!

　주식으로 돈을 많이 번 유명한 경제학자는 19세기 초반 국제 무역에서 비교우위론Comparative Advantage Theory을 만든 데이비드 리카르도David Ricardo와 20세기 초중반 거시경제학을 만든 존 메이너드 케인스John Maynard Keynes 정도다. 리카르도는 경제학을 공부하기 전에도 주식 거래를 업으로 삼았는데, 그의 아버지가 물려준 고객 리스트가 영업에 상당한 도움을 주었다고 한다. 케인스는? 풍문일지도 모르지만, 러시아 발레리나 출신인 아내가 얘기하는 대로 투자했다고 한다. 주식에는 변수가 너무 많아서 경제학 같이 넓고 성긴 그물로는 맞출 수 있는 게 별로 없다. 많은 경제학과 교수들은 IMF 때 한 번, 2008년 글로벌 금융위기 때 한 번, 그렇게 폭삭 망한 경험을 갖고 있다.

자기가 있는 자리에서 조금이라도 많은 자산을 통해 자신의 운명을 개선하기 위해 많은 청년들이 노력한다. 자산 시장은 기본적으로는 제로섬 게임과 비슷하다. 전체적으로 크게 상승하는 특별한 기간을 제외하면 기대확률이나 평균수익률 같은 무시무시한 개념을 피해나가기 어렵다. 어차피 그중에서 돈 버는 사람의 숫자는 정해져 있고, 전체가 올릴 수 있는 총수익도 미리 알 수 있다는 말이 이런 무서운 용어가 가진 뜻이다. 이런 방식으로는 피케티가 말한 하위 50퍼센트의 자산은 개선되지 않는다. 일부가 밑에서 위로 올라가지만, 투자에 실패한 사람들은 다시 밑으로 내려온다. 아주 오래 전인 1986년 수전 스트레인지Susan Strange라는 영국 경제학자가 '카지노 자본주의'라는 표현을 쓴 적이 있다. 우리나라만 이런 건 아니다. 외국도 선진국이 되면서 한두 번쯤 이런 폭풍 장세를 경험했고, '카지노 가는 길'이라고 평가했다.

진보와 보수라는 두 축에서 보면, 이 게임은 무조건 보수에게 유리하다. 원래부터 보수들은 자산 시장의 견고함을 믿었고, 자신들을 믿고 투자하라고 했다. 소규모라도 기업에 투자하면 이제 세상을 기업주의 시각으로 보게 된다. 단타 매매, 특히 매일 거래하는 데이 트레이드는 물론이고 가치 투자라고 불리는 중장기 투자 역시 기업에 이익이 나야 결국 주식

'자산 = 자본 + 부채',
자산 전쟁의 시대

가치가 오른다. 전경련(전국경제인연합회)이 한창 힘 좋을 때 가장 열심히 했던 일이 청소년 경제 교육이었다. 주식 투자 시뮬레이션 등 주식 교육이 주요 내용이었다. 어려서부터 주식에 익숙해지면 기업의 시각을 가질 거라는 우파적 신념이 존재한다.

그렇다면 진보는? 이 엄청난 열풍의 자산 투쟁은 국가가 결국은 개인을 구제하지 않을 거라는 청년들의 강한 신념이 만들어낸 돌풍이다. 이 일이 진보 집권기에 벌어졌다는 것은 슬픈 일이다. 이전 정부부터 쌓여온 문제에 의한 구조적 문제라고 얘기해도 소용없다. 부동산 정책의 실패가 자산 전쟁을 격발시킨 뇌관이 되었기 때문이다.

사회나 경제적 구조로 문제를 복잡하게 설명할 수 있지만, 현실적으로 집 사기는 글렀다고 생각한 청년들이 주식 시장으로 들어오고, 한편으로는 암호화폐를 사게 된 것 아닌가? 50:50, 자산 시장을 놓고 청년들이 서로 치열하게 경쟁하는 경제는 정상적이지 않다. 한국의 흐름은 건국 이래로 나이가 어릴수록 좌파에 우호적이고 진보를 지지하는 세대였다. 50:50 사회로 전환되고, 치열한 자산 투쟁이 벌어지는 기간 동안 이 흐름이 전환되었다. 그렇다고 나이가 어릴수록 특별히 보수적인가? 그렇지도 않고, 그럴 이유도 없다. 그러나 경제 현실은 그들이 집단적으로 진보에 등을 돌리게 만들었다.

50 대 50이라는 경쟁 구조가 몇 년 지나고 나니까 한국에서 '공정'이라는 단어가 훨씬 자연스럽게 나오기 시작했다.

한때 '유신 세대'라고 불렸던 지금의 60대가 한국을 지배했던 시절에 그들은 서로 결탁하고 서로 도왔다. 그래서 부패한 사회라고 그랬다. 지금의 운동권 50대는 마치 10여 년 전에 유신 세대가 그랬던 것처럼 '586'이라고 불리고, 역시 '그들만의 리그'라고 비판받기 시작했다.

시간이 지날수록 좋아지는 것이 진보의 의미다. 내가 대학생이던 시절, 한국에 더 많은 대학생이 있으면 한국이 훨씬 빨리 좋아질 거라고 말하는 사람들이 많았다. 대학생=운동권, 그런 특수한 공식이 작동하던 기이한 시대였다. 이제 시간이 지났고, 그때의 대학생들은 이제 사회적으로 지탄받는 세력이 되었다. 진보? 우리는 어디로 진보하는가? 아직도 한국 사회는 진보하는가?

20대가 집단적으로 진보에 등을 돌렸다. 더 밑으로 내려가면 훨씬 보수적인 선택을 할 가능성이 높은 10대 남학생들이 기다리고 있다. 길을 잃은 것인가, 아니면 잘못된 길을 왔는가? 역사적으로 어떤 정치 집단도 스스로 반성하고 성찰해서 내부적인 변화를 이룬 적이 거의 없다. 87년의 동지들은 나이를 먹고, 늙어가고, 고립되고, 결국 패배할 것이다. 시간의 흐름은 그렇게 간다. 박정희의 영광이 영원하지 못했듯이, 87년의 영광 역시 영원할 수 없다.

큰애가 초등학교 3학년이 되면서 TV 뉴스를 보기 시작했다. 한국 사회에서 집이 얼마나 비싼 것인지를 조금씩 알기 시작했다.

'자산 = 자본 + 부채', 자산 전쟁의 시대

- 나중에 내가 집 없으면, 아빠가 좀 재워주면 안 돼?

어느 날 큰애가 아주 걱정스러운 얼굴로 이렇게 말했다. 이 아이는 코로나 한가운데에서 학교에서 준 받아쓰기 시험에 60점을 받았다. 나는 한 번도 안 받아본 점수라서 뭐라고 얘기해야 할지, 아주 당황스러웠다. 고민을 좀 하다가, 그냥 웃기로 했다. 아이도 자기가 100점을 받아오는 스타일은 아님을 어렴풋이 알게 된 것 같다. 자기 반에는 훨씬 시험을 잘 본 친구들이 많다. 아이도 자신의 미래를 조금씩 걱정하기 시작한다.

- 응, 아빠 집에서는 계속 살아도 돼.

그제야 큰애의 표정이 풀렸다. 둘째는 형이 있어서인지, 세상 물정에 대해 좀 더 빠르고, 좀 더 머리가 돌아가는 스타일이다. 이 아이는 어린이집 시절부터 진즉 결혼은 안 하기로 마음먹었다.

- 좀 편하게 살려고요.

아이의 할머니, 할아버지는 초등학교에 갓 들어간 둘째가 결혼할 생각이 없다고 말하면 너무 걱정스러워하신다. 그러면 둘째는 자기는 편하게 살 거라고 아주 단호하게 덧붙인다. 다른 집에도 물어보니 아주 부잣집 아니면 대체로 많은 초등학생들의 삶에 임하는 자세가 이렇다고 한다. 집에 대한 공포는 20대만의 문제가 아니라 10대를 거쳐, 어느덧 초등학생까지 이어졌다. 초등학생들은 처음으로 자아 인식을 하면서 집에 대한 인식을 한다. 그리고 빠른 속도로 집을 사는 일을 포기한다.

사람들은 진보에게 묻는다. 이제 어디로 갈 것인가? 나도 진보에게 물어야 하나? 물어봐야 소용없음을 나는 너무 일찍 알았는지도 모른다. 나는 어쩌면 좋지? 나의 두 아들을 위해 앞으로 집 두 채를 더 사야 하는 것인가? 그럴 돈도 없고, 그럴 능력도 안 된다. 그럼 지금이라도 적금을 깨서 주식을? 에라이!

내가 던졌을 이 질문을 아마 수많은 중산층 2세들이 매일매일 던지고, 그들 중 일부는 다시 되돌아오기 쉽지 않음을 알면서도 카지노 자본주의로 몸을 던진다. 지금 만들어야 할 것은 높은 기대수익률이 아니라 시스템에 대한 믿음이지만, 청년들의 눈에는 배부르고 등 따시게 사는 사람들처럼 보이는 50대 진보 집권층에게 일단 믿음이 안 간다.

한국의 진보가 유달리 무능한 것인가? 그건 아니다. 진보라는 이름으로 집권한 나라가 한국 밖에 없다. 좌파는 맞든 틀리든, 좌파의 집권 프로그램이 있다. 스웨덴에서 프랑스까지, 다양한 방식의 임대 주택으로 대략 25퍼센트 정도의 국민은 임대주택에서 태어나고 임대주택에서 동거하거나 결혼하고, 그곳에서 삶의 마지막을 맞을 수 있는 프로그램을 갖고 있

**'자산 = 자본 + 부채',
자산 전쟁의 시대**

다. 미국은 보수와 '리버럴'이 돌아가면서 집권한다. 그들 나름의 방식이 있다. 물론 잘 안 되지만, 한국처럼 황당한 일이 벌어지지는 않는다. 부동산에 진보란 무엇인가? 그딴 거 없다. 군사정권이 만든 분양 제도를 잘 고쳐서 쓰겠다고 하는 좌파는 전 세계에 없다. 한국에만 존재하는 제도다. 미국은 부동산 세율이 평균 1퍼센트 가까이 되지만, 그래도 툭하면 부동산 버블이 생겨난다. 2008년 글로벌 금융위기가 저소득층의 부동산 대출이 터지면서 발생한 것이다. 부동산 세금은 기본적인 시장 관리 방안이지, 이걸로 특수 구조로 생겨난 버블을 잡을 수 있다고 하는 나라는 없다. 한국의 진보가 이상해서 이렇게 주장하는 것이 아니라, 부동산 등 많은 분야에서 원래의 진보 정책 혹은 경제적 집권 방안이라는 게 없다. 우리나라를 벗어나면 보통은 좌파들이 집권하는 것이지, 진보가 집권하는 것이 아니라서 그렇다.

그냥 나에게 솔직하게 물어본다. 진보가 다시 집권하고, 아니 이해찬이 말한 것처럼 20년 집권하면 나는 우리 아들의 미래는 걱정하지 않고 살아도 좋을까? 그럼 늙은 아비인 나도 자식들 교육비나 미래에 대한 걱정은 잠시 거두고, 자동차도 좀 더 좋은 놈으로 바꾸고, 단자가 망가져서 아직 고치지 못한 카메라도 신형으로 교체해도 되는 것인가? 그런 마음이 들지는 않는다. 여전히 나는 허리띠를 조르면서 살고, 혼자서 밥 먹을 때에는 점점 싼 식당을 찾아가고 있다.

좌파에게 본질은 언제나 자본주의다. 맞든 틀리든, 최초

165   **중학교 2학년, 여기가 최전선이다   2장**

의 자본주의보다 더 나은 상황을 만들거나 대안을 제시하려는 것이 좌파다. 물론 매번 맞는다는 보장은 없다. 우파적인 관점에서 자본주의를 원래대로 회귀시키려는 사람들과 맞서는 것이 좌파의 일이다. 진보는? 전두환과 노태우 혹은 최순실과 박근혜 같은 절대 악이 존재한다는 전제 아래에서만 시대정신을 갖는다. 그 거대 악이 사라졌거나 혹은 대기업 구조에 은폐되면 진보는 더 이상 직관으로 나아갈 데를 잃는다.

한국 진보의 태생이 그렇다 보니 자본주의에는 관심 없고 맨날 사법개혁을 한다고 그런다. 오죽하면 변호사와 검사, 판사들끼리 맨날 치고받다가 결국에는 그 안에서 검사가 유력 대선 후보 1위가 되었겠느냐? 오래된 얘기라서 별로 쓰고 싶지 않은 말이지만, 마르크스는 『경제학 비판』이라는 책 서문에서 토대와 상부구조를 얘기했다. 법률과 정치를 딱 짚어서 이게 '상부구조'라고 말했다. 한국의 진보에게 이제 개혁이란 상부구조에 집중된 것이며, 이 밑에 있는 토대 혹은 하부구조에 대한 관심은 사라졌다. 사람들의 일상적 삶과 관련된 것을 묶어서 '민생'이라고 부른다. 자본주의 문제는 어느덧 한국 진보에게는 "그건 민생이지요"라는 좁은 단어에 갇혔다. 다른 중요한 게 많지만 "우리가 민생을 잊고 있지는 않습니다", 그런 의미다.

민생, 아니 자기들이 언제부터 중국 국민당 쑨원孫文의 계승자라고, 삼민주의三民主義의 민생을 들고 오는지 모르겠다. 사법개혁, 개헌, 인권 혹은 적폐 청산, 이렇게 한국의 진보들이

'자산 = 자본 + 부채', 자산 전쟁의 시대

하고 싶어 하는 일의 우선 순위에서 그나마 민생이라는 좁은 창문 안에 자본주의의 토대에 관한 얘기가 갇혀 있다. 위로부터 계통도를 그려보면, 상부구조 개혁을 제일 중요한 문제라고 생각하는 한국의 진보에게 부동산 문제는 민생 문제, 그중에서도 또 다른 하위분류인 부동산 문제, 거기에서 한 번 더 가지치기를 해서 집값 문제 혹은 청년 주거 문제, 이렇게 관심도가 한참 밑으로 내려간다.

한국의 진보, 청년들의 자산 투쟁 앞에서 길을 잃었다. 김대중은 대중보다 한 발만 먼저 가야지, 너무 앞서가도 문제고, 너무 뒤에 가도 문제라고 말했다. 나는 다시 자본주의, 그리고 한국 자본주의에 대한 질문으로 돌아가기로 하였다. 진보와 보수라는 아주 독특한 틀 속에 우리가 몇 십 년을 갇혀 있다가, 문득 우리가 출발한 곳이 어디인지를 잊어버리게 되었다.

나는 다시 저자로서 한국의 최전선으로 이동하기로 마음을 먹었다. 진보, 어디에서 와서 어디로 가야 하는지 잊어버렸다. 한때 좌파였던 그들은 자본주의에 대한 질문을 완전히 잊어버렸고, 경제 체계의 상부구조인 법과 언론만 얘기한다. 군사 정권 시절에는 진보가 무엇인지 너무 명확해 보였는데, 어느 순간부터 진보가 도대체 어디로 가야 하는 것인지, 아니 대체 무엇인지, 더 이상 집단적으로 질문하지 않는다. 자본주의에 대한 질문을 내려놓는 순간, 한국의 진보는 집권을 위해 임시적으로 모여 있는 이익 집단 그 이상도 그 이하도 아니다. 맨날 집권하면 뭐하나? 새로 해결하는 문제보다 새로 생기는 문제가 더 많다. 설마 국가가 가진 자리와 재산을 나누려고 집권하려고 했던 것은 아니지 않은가?

진보는 길을 잃었고, 좌파는 멸종 직전이다. 러시아 혁명을 이끈 레닌이 "무엇을 할 것인가", 그런 질문을 한 적이 있다. 아파트 가격 폭등 앞에서 우리는 무엇을 해야 할지 방향을 잃고 있다. 어디서부터 잘못된 것일까?

20세기 정신문명의 절반은 좌파가 만들었다. 우리는 그 절반의 전통을 '옛날 것'이라고 내던져버렸거나, 그들도 진보라고 우긴다. 많은 곳에서 청소년 필독도서를 정하는데, 그중 절반은 좌파 전통이나 좌파적 문제의식 속에서 나온 책이다. 많은 청소년 추천 도서 목록에서 좀처럼 빠지지 않는 책이 마르크스의 『자본론』이다. 레닌의 『무엇을 할 것인가』는 《뉴욕타임스》가 선정한 책 100권에 들어가 있다. 지금 레닌을 배우기 위해 읽으라는 것은 아니다. 그게 지나온 역사이고, 인류 문명의 중요한 전환점이었기 때문에 사회주의가 사실상 문을 닫은 지금도 읽는 것이다. 한국에서 레닌 책을 읽으라고 하면 난리가 날 것이다. 우리도 냉전 기간에 전쟁을 겪었지만, 소련을 상대로 길고 긴 전쟁을 치른 진짜 당사자는 미국이다. 미국이 소련이 예쁘거나 레닌을 존경해서 자기네 청소년에게 이 책을 읽게 하는 것일까? 세계 경영은 그렇게 하는 것이기 때문이다.

우리는 21세기에 좌파라는 것은 아예 존재하지 않는 것처럼 청소년들을 가르치고, 그런 건 마치 큰일 나는 것처럼 혐오하는 방식으로 문화를 형성시켰다. 어디서부터 잘못되고,

'자산 = 자본 + 부채',
자산 전쟁의 시대

어디서부터 이상해진 것일까? 평균치의 오류 같은 것이 발생했다. 대선에서의 득표와 대통령 지지율은 지역은 물론이고 성별, 연령별 차이를 모두 합산해서 나오는 수치다. 모두가 대선만 쳐다보지만, 카메라를 좁혀서 스케일을 바꾸면 전혀 다른 상황이 보인다.

이준석에 공감하던 20대는 벌써 몇 달 전 일이다. 이제는 홍준표에게 열광하는 청년을 찾아보는 것이 어려운 일이 아니다. 변화는 이미 최소한 수년 전에 시작되었고, 이제는 그것이 현실을 바꿀 정도로 물결이 거세졌다. 홍준표를 콜라처럼 시원하다고 부르는 청년을 언제 상상한 적이 있는가? 평균치의 평온함 속에서 전혀 보지도 못하고 상상도 못했던 새로운 흐름이 오는 중이다. 좀 그러다 말까? 그럴 것 같지 않다.

3장

고스트의 속삭임이 들릴 때

어느 좌파
청소년의
경우

    프랑스 대혁명 이후로 자본주의 사회에서 좌파는 어느 곳에서나 존재했다. 누군가 좌파를 만들어내는 것이 아니라 자본주의 그 자체가 자본주의에 대해 비판하거나 회의하는 사람들을 만들어낸다. 한국에서도 본격적으로 공장제 노동이 도입된 일제 강점기 이후로 내내 좌파들이 존재했다. 근로기준법을 외치고 떠난 전태일은 진보냐, 좌파냐? 당연히 좌파다. 전태일이 노동자의 해방을 위해 싸웠지, 진보의 집권 같은 것을 생각하면서 싸웠겠느냐? 좌파로부터 멀어져가는 것이 진보가 진보하는 방식이라고 믿는 사회, 그 속에서 좌파는 여전히 최전선이다. 좌파가 최전선에 가 있는 것이 아니라 사회의 최전선에서 좌파가 등장하는 것이다. 우리나라라고 특별히 다르겠는가?

    한국에도 청년들에게서 좌파가 생겨나지 않는 것은 아

니다. 그렇게 여기는 것이 더 이상하다. 한국만 매우 특별한 자본주의라서 진보 어린이로 태어나서, 진보 청소년이 되고, 그렇게 민주당을 지지하는 청년이 되어간다고 생각하는 것은 아주 이상하다. 글로벌 스탠더드가 있고, 세계 표준이라는 게 있다.

글을 쓰는 동안 프랑스 사회당과 공산당 홈페이지에 들어가 보았다. 예나 지금이나 프랑스의 홈페이지들은 아주 불친절하다. 그 흔한 홈페이지 내부 검색 장치가 없다. 대신 청년들의 사회당 등 좌파 정당 가입과 직업 활동과 관련된 논문이 좀 있다. 유럽 대부분의 국가가 그렇고, 미국도 고등학생이 되면 자신이 지지하는 정당을 선택하고, 비록 제한된 범위이지만 정당 활동을 시작한다. 파리 정치 대학 시앙스포 Sciences Po에서 나온 「정당 가입: 직업으로서의 청년 사회주의자의 경력」이라는 논문을 읽었다. 출마하기 위해 정당 활동을 시작하기도 하지만, 비선출직이라는 일종의 직업 경력으로 사회주의자 활동을 시작하기도 한다는 거다. 많은 나라의 좌파 청년들은 고등학교에 들어가면서 자연스럽게 정당이나 지역 단체를 통해 자신이 하고 싶은 얘기를 하고, 청년 조직에서 출마를 경험하고, 그들 또래 내에서 자연스럽게 지도자로 성장한다. 그들 중 일부는 당 혹은 정치인과 관련된 직업을 선택하면서 직업으로서의 자신의 삶을 걸어간다. 비록 프랑스 사회당이 이제는 대통령 배출과는 거리가 먼 상황이 되었지만, 그렇다고 정치적 조직으로서의 정당 조직이 모두 무너진 것은 아니다.

만약 자신이 좌파에게 끌리거나 그런 성향임을 발견한 고등학생이라면? 대부분의 국가에서는 자신이 원하는 정당을 선택하거나 혹은 관련 단체에서 활동한다. 자연스러운 성장 과정이다. 결국 그들 중에서 국회의원이 나오고 대통령이 나온다. 지나친 특권 학교로 결국 폐지 결정이 난 국립행정학교 에나ᴱᴺᴬ에서는 네 명의 대통령이 나왔다. 사회당의 올랑드도 그런 과정을 거쳤고, 사회당 정부에서 산업부 장관을 하다가 중도로 출마해서 40대 대통령이 된 마크롱도 비슷한 과정을 밟아왔다.

만약 한국에서 고등학생이 자신이 좌파 성향임을 알게 된다면? 경로는 중요하지 않다. 한국 자본주의에 문제가 있다고 생각할 수 있고, 경쟁을 지나치게 강조하는 한국의 구조가 아니라고 생각하는 이갈리테리언, 평등주의 성향이 강할 수도 있다. 겉으로만 환경을 얘기하는 어른들의 위선에 신물을 느껴 좀 더 근본주의적인 생태주의 좌파를 선택할 수도 있다. 대부분의 생태주의자들은 원전 기술에서 파생된 수소 기술을 활용한 수소차를 반대한다. 민주당의 환경주의자들은 수소를 환경 정책 중 가장 중요한 것으로 판단하고 국회에 수소차 충전소를 설치했다. 정상적인 생태주의자라면 원전과 여전히 관련되어 있는 회색 수소를 반대할 테고, 그런 고민을 하다 보면 자연스럽게 좌파를 선택하게 된다. 정부의 농업 정책을 보면서 좌파 청년이 될 수도 있다. 한국에서 가장 강력한 근본적 좌파를 가장 많이 배출한 곳은 노조가 아니라 가톨릭 농민회였다.

흔히 '카농'이라고 불렸던 곳, 사제였다가 한국 농민을 대표하는 정치인이 된 강기갑이 카농 출신이다. 이제는 그런 청소년 혹은 그런 청년들은 가톨릭 전통에서 나오지 않을까? 지금도 나온다. 다만 사회가 농업이라고 무시하고, 좌파라고 무시할 뿐이다.

한국에 등장한 좌파 청소년의 미래는 어떻게 될까? 이념적 선택 혹은 문화적 성향을 가져서 좌파가 된 청소년은 한국에서는 소수자가 된다. 자본주의라고 해서 모두가 자본주의를 찬양하고 행복해하는 사람들만 태어날까? 그렇지 않다. 그런데도 한국에서 좌파 청소년 혹은 좌파 청년은 철저히 소수자다. 21세기에도 여전히 그럴까? 물론 여전히 그렇고, 앞으로 더 그럴 것이다. 좌파들이 살아가기에 한국은 절벽과 같은 곳이다. 그럼에도 또래 집단에서 실속은 없어도 용감한 친구 혹은 나중에는 어떻게 바뀔지 몰라도 신념을 갖고 살아가는 원칙주의자라며 조금씩 감싸고 보호해주는 문화가 있었다. 그러나 이제는 아니다. 젠더 갈등이 세대 전쟁으로 변하는 흐름 속에서 좌파 청년들은 또래 집단에서도 따돌림 당할 가능성이 커졌다. 민주당 정권의 실패 이후 밑에서부터 혹은 아래에서부터 흐르는 보수화의 강력한 흐름은 이제 무시할 수 없을 정도로 강력하다.

여성을 혐오하면서 점점 보수적으로 변해가는 또래 청소년들 사이에서 가끔씩 등장하는 좌파는 진짜 소수자 중에서도 소수자의 상황에 놓일 것이다. 대학생이 되어도 이 상황은 바뀌지 않을 것이다. 일본의 강력한 극우파, 넷 우익이 등장할 때에도 상황은 유사했다. 그래도 이 정도는 아니었다. 일본의 20대에서 넷 우익은 그렇게 강력한 주류를 형성하지는 않았다. 일본 청년 중에는 일본 공산당 당원도 분명히 존재한다. '하루모니'라는 발음으로 한국 위안부 할머니들의 일본 방문을 준비하는 사람들을 만났던 적이 있었는데, 그들 중에는 젊은 공산당 남성 청년들도 있었다. 우리는 일본을 드문드문 접하니까 극우파의 흐름만 보지만, 일본에 꼭 그런 강성 흐름만 존재하는 것은 아니다.

『88만원 세대』가 일본어로 출간되었을 때, 일본에서 몇 차례 강연을 했다. 그때에도 일본의 운동권과 청년들을 만났다. 그들이 권유해서 일본 야스쿠니 신사에서 일본 극우파의 시각으로 틀어주는 홍보 영화를 본 적도 있었다. 내용은 뻔했지만, 배경 음악으로 힙합을 사용한 점이 특이했다. 일본 극우파들이 청년 세대와 만나기 위해 나름 노력한다는 것을 참고하라고 야스쿠니 신사 방문을 권유했던 것이었다. 그런 분위기 속에서 일본 청년들의 넷 우익이 등장했다. 한국의 극우파들은 그다지 노력하지 않지만, 일본 보수들은 자신들이 하고 싶은 일을 자연스럽게 이루고 있다.

2003년 즈음, 우리로 치면 일제 강점기 좌파 계열 카프 문학이라고 할 수 있는 『게공선蟹工船, かにこうせん』이 현대 일본어로 문체를 바꾸어서 재출간되었다. 북해에서 게를 잡고 게 통조림을 만드는 배에서 벌어지는 사건을 묘사한 소설은 주로

어느 좌파 청소년의 경우

편의점 등에서 일하는 일본의 알바 청년들 사이에서 폭발적인 인기를 얻는다. 나중에는 문고판 만화로도 출간되었다. 고바야시 다키지小林多喜二가 1929년 잡지 『센키戰旗』 5월호, 6월호에 발표한 소설은 발매금지 처분을 당하고, 작가는 4년 후 고문을 이기지 못하고 감옥에서 사망한다. 이 오래된 이야기가 다시 청년들에게 인기를 끌면서 일본 공산당 가입도 수만 명이 늘었다고 한다. 일본 공산당 기관지인 《적기赤旗》의 편집국장 등 그 일행을 서울에서 만나서 들었던 얘기다. 비록 3년 만에 집권은 끝났지만, 이런 흐름 속에서 2009년 일본 민주당이 자민당을 꺾고 집권에 성공한다.

흐름으로 보면 우리는 일본 자민당이 재집권했던 시절의 사회 흐름과 비슷하다. 복고풍의 아베가 다시 돌아왔고, 그후로 일본도 아주 강경한 정치로 돌아섰다. 일본의 좌파들은 한동안 집권하기 힘들 것이다. 그러나 우리처럼 젊은 좌파들이 완전히 고립되어 있거나, 소수자로 자신의 생각을 또래 집단에서 꺼내보지 못할 정도는 아니다.

고스트의
속삭임이
들릴 때

결혼을 꼭 해야 하는가? 그렇게 생각하지 않는다. 세상은 변했고, 누구도 결혼을 하라 마라, 강요할 권리는 없다. 각자 자기 인생을 사는 거다. 하지만 이런 변화가 경제적 불평등이나 국가에 대한 신뢰 부족으로 생겨나는 현상이라면 기성세대, 특히 국가를 움직이는 사람들은 미안하게 생각해야 한다.

『솔로 계급의 경제학』이라는 책은 교육감이 되기 전이었던 조희연의 부탁을 받아서 쓴 책이다. 이 책으로 청년들의 솔로 현상을 들여다보고 분석해볼 수 있었다. 뒤에 조희연은 교육감에 당선되어 떠났고, 나만 혼자 남아서 마무리하느라 죽는 줄 알았다. 그 시절에 조희연은 '급진radical' 민주주의와 관련된 해외 사례를 연구하고 있었다. 2000년대 초반이었지만, 좌파라는 말을 꺼내기 쉽지 않은 분위기였고, 조희연은 '급진'이라는 용어로 그 문제를 돌아나갔다.

책을 쓰면서 나에게 질문을 던져보았다. 내가 만약 지금의 여자 대학생이라면 결혼을 선택할 것인가, 비혼을 선택할 것인가? 여러 가지로 고민했는데, 별 의미 없는 생각일지도 모르지만, 나라면 아마도 결혼하지 않을 것 같다는 결론을 내렸다. 결혼할 이유가 없지는 않지만, 결혼으로 인해 생겨나는 불편함과 육아의 고통을 돈으로 환산하면 비용이 너무 높다.

같은 종류의 질문을 다시 한 번 나에게 던져본다. 지금 내가 20대라면 좌파가 될 것인가? 대답하기 쉽지 않다.

대학교 2학년 겨울방학 때 학교 도서관에서 『공산당 선언』을 읽었던 기억이 난다. 그전에 이미 책 곳곳에서 발췌된 여러 문장을 읽어봤기 때문에 큰 감흥은 없었다. 그리고 꾸역꾸역 『자본론』 1권을 읽었다. 물론 다 읽었다고 해서 누군가에게 책의 구조나 주된 내용을 설명할 정도는 아니었고, '그 시절에는 이런 얘기를 했군' 정도였다. 그래서 좌파가 되었느냐고? 잘 모르겠다. 그 겨울방학이 끝나갈 무렵, 나는 집에서 나왔다. 『공산당 선언』 때문은 아니었다. 어느 날, 아버지가 데모를 계속할 거라면 호적에서 이름을 파라고 말씀하셨다. 다음 날, 나는 집을 나와 학교 앞 독서실에서 살기 시작했다. 그때 아버지의 집에서 내 방이 없어졌다. 집에 아예 가지 않은 것은 아니지만 곧 유학을 떠났고, 그렇게 나는 조금씩 나의 삶을 살게 되었다. 돌이켜보면 당시 나는 군사 정권 시절을 살며 이미 많은 선택을 내렸고, 그 선택이 『자본론』을 읽게 한 것이었지 『자본론』을 읽었기 때문에 나를 둘러싼 상황이 변한 것은 아니다.

시대가 내 삶을 선택한 것일 뿐 내가 선택한 것은 아니었다. 크게 보면 다른 사람들처럼 그냥 살았던 것 같고, 흐르는 파도에 내 몸을 맡기듯이 살아왔다. 나는 선택하지 않았지만 더 좋고 편한 기회들도 있었기에 내가 내린 선택을 놓고 오히려 주변 사람들이 아쉬워했다. 미국이 아닌 프랑스로 유학을 선택했을 때, 사람들은 내가 너무 일찍 『자본론』을 읽어서 바보 같은 선택을 했다고 말했다. 이른바 운동권 학점이라 미국의 좋은 대학에 장학금을 받고 갈 처지는 아니었고, 영국은 유학생 학비가 너무 비쌌다. 그래서 대학 교육이 무상인 프랑스와 독일 사이에서 고민을 했는데, 이건 정운영의 책과 이진경이라는 가명으로 출간된 『사회구성체론과 사회과학방법론』, 일명 '사사방'이 영향을 좀 미쳤다. 당시 나는 프랑스어권 저자들의 책을 유독 많이 읽었다. 대학원생 이진경이 쓴 '사사방'은 한국의 사회과학 전성기에 나온 책이고 공전의 히트를 쳤다. 1977년 제1회 〈MBC 대학가요제〉에서 샌드페블즈가 〈나 어떡해〉로 대상을 받았다. 방송을 본 많은 대학생이 "뭐야, 이 정도는 나도 할 수 있어"라고 생각했다고 한다. '송골매'의 배철수 같은 사람들이 그랬다. 배철수, 노사연, 심수봉 같은 가수들이 그다음 해부터 〈MBC 대학가요제〉로 쏟아져 나왔다. 이진경의 '사사방'이 그런 역할을 했다. 이 정도는 나도 할 수 있을 것 같아서 공부하기로 마음먹고, 프랑스 유학을 결정했다. 남들에게는 자세히 드러내놓고 얘기하기가 민망하지만, 그 시절의 나는 진짜로 그랬다. 그때 했던 생각들을 지운 채 살 수가 없어서 결국

에너지관리공단 팀장 시절, 사직서를 내고 몇 년간에 걸친 습작을 다시 시작했다.

내가 지금의 대학생이라도 그 시절의 나처럼 『자본론』을 읽고, 민중단체에서 활동하고, 공부하기로 결심했을까? 글쎄……. 집안 내력으로 치면 나는 양가를 통틀어 처음으로 나온 좌파다. 친가를 중심으로 하면 처음으로 4년제 대학에 갔다. 집안 내력으로 치면 나에게 좌파 전통은 흐르지 않는다. 결국 시대의 조건이 영향을 미친 것인데, 지금도 같은 선택을 할지는 미지수다.

2016년 총선이 끝날 즈음 살면서 한 번도 느껴보지 못한 먹먹한 느낌을 받았다. 결혼하고 9년 만에 큰아이가 태어났고, 연이어 둘째도 태어났다. 둘째는 태어나면서 숨을 못 쉬었고, 바로 집중치료실로 들어갔다. 그 시절, 나는 민주당 총선 공약단 부단장을 맡고 있었는데, 야당 시절 당대표인 문재인을 몇 년째 돕고 있었다. 아이는 아프고, 아픈 아이 때문에 퇴사한 아내도 어두운 시절을 보내고 있었다. 그 총선에서 민주당은 원내 1당이 되었고, 국회의장이 민주당 몫이 되었다. 정치인 중에서는 가장 가깝게 지냈던 정세균이 국회의장이 되었다. 그때 가장 많은 고민을 했다. 정말 많이 했다. 모르는 척하고 정세균이 하자는 대로 국회에 따라 갔다면 아마 내 인생의 뒷부분은 고위 공직자나 기관장 같은, 이른바 커리어가 화려한 삶을 살았을 것이다. 훗날 내 삶을 돌아볼 때 국회에 따라 가지 않았던 그 선택이 가장 중요한 선택으로 남을 것 같다. 그때 나는 합리적인 선택을 내린 것일까?

　　건설교통부 장관에서 물러나게 된 변창흠이 처음 공직을 시작한 것은 박원순 서울시장 시절 SH공사 사장이 되면서부터다. 그 시절에 SH공사의 광주 버전인 광주도시공사 사장 제안이 있었다. 그때는 나도 고민했지만, 결국 하지 않기로 마음먹었다. 그때, 정말 고심했다. 월요일부터 토요일 오후까지, 아침저녁으로 마음이 바뀌었다. 나도 참! 그때를 마지막으로 비슷한 제안이 몇 번 더 있었지만 바로바로 '생각 없다'고 즉답했다. 라디오 진행을 해보라는 권유도 있었는데, 둘째가 폐렴으로 계속 입원했던 시기라서 언제 뛰어가야 할지 모르는 상황이었다. '경제 토크쇼' 같은 게 필요하다고 생각했지만, 고정된 약속을 할 수 없었다. 고정된 스케줄이 있는 약속은 잡을 수 없었다. 주변 사람들은 "물 들어올 때 노 저어야 한다"고 말했다. 그게 삶의 지혜라고 말하는 사람도 있었다.

　　그때마다 아내를 생각하게 된다. 결혼 전, 아내는 두 곳의 미국 대학에서 장학금을 받고 유학을 준비하고 있었다. 어디를 갈지만 선택하면 되었던 순간, 그는 박사 과정 입학허가서와 장학금을 포기하고 나와 결혼했다. 그 순간을 생각하면 이 정도는 하는 게 나의 도리였다. 나는 모두가 반대하는 선택을 했다. 그렇다고 아내가 고마워했을까? 실제로 육아와 가사는 아내가 더 많이 하지만, 아이 보는 생색은 혼자 다 낸다며 늘 아내에게 터진다. 아이 보는 게 그렇다. 둘이서 두 아이들을 보면 두 명이 떡실신하고, 세 명이서 보면 세 명이 떡실신한다.

고스트의 속삭임이 들릴 때

네 명이 보면 한 명이 잠시 커피 마실 여유를 가질 수 있다.

　　나의 일상은 주변의 친구들과는 아주 다르게 변했다. 뒤늦게 아이를 키우면서 이전과는 전혀 다른 삶의 틀에 들어가 있었다. 파도를 타는 것이 아니라 그냥 파도에 몸을 맡기는 것 같았다. 파도가 어디서 와서 어디로 갈지, 모른다. 아이들과 지내는 것은 시간을 좀 더 내거나, 아니면 별로 익숙하지 않은 가사 일을 새로 배우는 것과는 차원이 다르다. 인생관, 가치관, 심지어 문화적 선호도 변한다. 경제학자 조셉 슘페터^{J. Schumpeter}가 얘기한 '창조적 파괴'라기보다는 포스트모던 철학자 자크 데리다^{Jacques Derrida}가 얘기한 '해체'에 가깝다. 해체는 새로운 것을 창조하기 위해 기존의 것을 파괴함을 의미한다. 슘페터의 파괴는 원치 않았지만 외부에서 벌어지는 현상이고, 해체는 미래를 위해 익숙한 것을 스스로 파괴한다는 의미가 강하다. 아이를 돌보면서 벌어지는 변화, 창조적 파괴인가, 해체인가? 뭐, 별로 중요하지는 않다. 새로 생겨나는 것이 무엇인지 혹은 그런 게 있는지도 모르지만, 기존의 삶의 방식은 물론이고 익숙했던 습관도 시간이 흐르면서 사라져가는 것은 확실한 것 같다. 뭔가 해체되고, 기존의 것이 녹아내려서 내 안에서 사라진 것은 맞다.

　　원하건 원하지 않건, 한국 사회에서 나는 남성 엘리트로 살아왔다. 그게 습관처럼 내 안에 녹아 있었던 것 같다. 두 아이를 돌보면서 나는 깊게 생각해보지 않았던, 이전과는 전혀 다른 삶의 방식으로 깊이 들어갔다. 좋은 것일까? 모르겠다.

마감을 지키지 못하게 되었고, 내가 정해놓은 일정이 몇 달은 기본이요 때로는 몇 년씩 늦어지기도 한다. 그래도 속이 많이 타거나 그러지는 않다. 심성도 변한 것 같다. 그전의 나는 일이 잘 되지 않거나 늦어지면 초조해했다. 지금은 아니다. 그렇다고 세상사에 달통해서 한 차원 높은 곳으로 올라갔다는 뜻은 아니다. 해탈까지는 아니더라도 깨우침이라도 온 것일까? 그냥 멍할 뿐이다. 반응 속도가 늦어지는 바람에 브레이크를 제때 밟지 못해서 뻔히 앞에 보이는 전봇대를 슬로우 비디오처럼 들이박는 것과 다르지 않다. 데리다 식으로 표현하면 기존의 질서는 해체되었으나 새로운 질서는 아직 만들어지지 않은 상태, 그런 무정부적인 어정쩡한 상태에서 몇 년을 살아온 것 같다. 아이를 키우는 일이 그렇다.

일본 애니메이션 〈공각기동대〉는 1995년부터 영화와 TV 시리즈로 만들어진 대표 흥행작이다. 최근에는 넷플릭스에서 3D로 새로운 시리즈가 제작되고 있다. 〈기동전사 건담〉과 더불어 오타쿠가 많은 시리즈다. 일본 만화, 아니 일본 문화 전성기의 산물이라고도 할 수 있다. 영화 〈매트릭스〉를 비롯해서 수많은 작품들이 〈공각기동대〉의 영향을 받았다. 영어 제목은 '고스트 인 더 쉘ghost in the shell'인데, 껍데기에 들어가 있는 고스트라는 의미다. 인공두뇌인 '전뇌'와 인공신체인 '의체', 그리고 인공지능 사이에서 벌어지는 일이 주요 소재다. 돈이 많이 있으면 더 좋은 의체를 살 수 있고, 돈이 없으면 의체를 교체하거나 수리할 수 없어서 몸이 썩어가는데도 교체할 수 없는 곤

고스트의 속삭임이 들릴 때

란한 지경에 놓이게 된다. 경찰 조직에 소속되어 있으면 국가가 초특급 사양의 의체를 제공하고 지속적으로 정비해준다. 공각기동대 대원들이 조직을 떠나 자유롭게 살 수 없는 이유다. 사건이 벌어지는 배경은 2030년이고, 공각기동대 자체가 구성된 것은 2027년이다. 이제 몇 년 안 남았다. 5~6년 내에 사람들이 머리에 컴퓨터를 장착하는 전뇌화가 이루어질까?

〈공각기동대〉의 고스트는 프로그램과 데이터베이스^{DB}만으로는 설명되지 않는, 한 인간에게 존재하는 고유한 정체성 같은 것이다. 컴퓨터로 대체된 뇌에 있는 데이터를 전부 인터넷으로 옮기면 전뇌 자체의 정보는 그대로 복사된다. 그렇다면 그것은 프로그램인가, 아니면 사람인가? 설명되지 않는 개인의 인격을 공각기동대에서는 '고스트'라고 부른다. 인공지능이 진화해서 결국 갖고 싶은 것은 인간만이 가진 고스트다. 고스트를 갖고 있으면 사람이고, 고스트가 없으면 그냥 인공지능^{AI}일 뿐이다. 공각기동대에서 유머와 감동을 감당하는, 탱크와 거미를 결합한 디자인을 가진 AI 다치코마들은 고스트를 갖기 위해 끊임없이 자신들의 정보와 경험치를 늘리려고 노력한다. 이 고스트라는 특수한 존재는 전혀 논리적이거나 자신에게 유리하지 않는 방식의 행동을 주문한다. 논리가 아니라 직관에 해당하는 영역이다. 공각기동대의 주인공인 쿠사나기 소령은 자신에게 도움이 되지 않는 도전적이거나 희생적인 선택을 할 때마다 '고스트의 속삭임'이 들린다고 말한다. 과연 고스트가 자신의 의지와는 상관없이 속삭일까?

— 그렇게 속삭이고 있어, 나의 고스트가.

　'고스트의 속삭임' 같은 것이 내게도 있었을까? 만약 그런 게 있었다면, 2016년 봄이었을 것 같다. 네 살 큰아이와 (아픈) 두 살배기 둘째. 어떻게 해야 할까? 주변에서는 만류했지만, 밖에서 해야 하는 일들을 정리하고 집에서 아이들을 보는 데 손을 보태기로 했다. 줄어들 게 뻔한 소득은 소비를 줄이면서 감내하기로 마음을 먹었다.

　제일 난감했던 순간은 택배를 받느라 잠깐 문을 열어놓은 동안 큰아이가 기저귀를 손으로 떼어내고 마룻바닥에 똥을 싼 순간이었다. 양손에 택배를 받아들고 현관문 앞에 서서 그 모습을 보는데…… 10년 넘게 같이 살던 고양이가 주위를 뱅뱅 돌고 있었다. 진짜 아무 생각이 들지 않았다. 순간, '야옹구'라고 부르는 고양이가 토하기 시작했다. 길거리에서 죽어가던 새끼고양이를 입양한 까닭에 다른 부위는 괜찮아졌는데 소화기관이 늘 약했다. 일주일에 몇 번씩 토하곤 한다. 아이와 고양이가 양쪽에서 난리를 치는 걸 보니 노래 하나가 머리를 스쳐갔다. 용왕이 거북이 별주부를 불러 육지에 사는 토끼를 데리고 오라고 명령한다. 이 난데없는 용왕의 지시에 별주부가 외친 감탄사가 "난감하네"였다. 국악 그룹 '프로젝트 락'의 〈난감하네〉라는, 판소리와 록이 결합된 노래. "세상이 어디요, 육지가 어디요, 토끼가 누구요, 어찌 생겼소, 그놈의 간을 어찌 구한단 말이오, 난감하네." 주변의 엄마들에게 그날의 이야기를 했더니 그렇게 난감한 사연이 한강 다리보다 길게 늘어섰다. 그동안 나만 이런 디테일을 경험하지 못했던 것이다. 나는 가족 화장실이 왜 있어야 하는지 몰랐다. 애들이 자라서 기저귀를 뗀 후에도 외출하고 나서 아이들의 화장실은 난감하기만 했다. 백화점 같은 곳에 가족 화장실이 있는 이유를 몰랐다. 두 아이가 동시에 화장실을 가겠다고 할 때 가족 화장실이 최고다. 변기가 두 개가 있다. 문제는 남성용 화장실에는 이런 시설이 잘 없다는 것이다. 당연히 기저귀 교환대도 드물다.

두 남자아이를 데리고 온갖 '대변 에피소드'와 함께 난감한 시간을 보내는 동안에 한국 사회에는 '노 키즈 존' 논란이 생겼다. 더운 여름날, 아이들 손잡고 시내에 나갔다가 잠시 쉬려고 카페에 들어갔을 때 "애들은 안 된다"는 노 키즈 존을 경험했을 때 좀 당황스러웠다. 제주도 여행에서 식당에 들어갔는데, 역시 애들은 안 된다고 해서 뒤도 돌아보지 않고 나왔다. 북한산 계곡을 옆으로 막은 카페에서 방송국 인터뷰를 한 적이 있다. 건축 과정에 불법이 있을 것 같았지만, 잠시 쉬기에는 기가 막히게 경치가 좋았다. 나중에 아이들과 같이 왔는데, 역시 노 키즈 존이었다. 별로 중요한 일처럼 보이지 않겠지만, '남성 엘리트'로 살아온 나로서는 드물게 당한 차별이었다. 그동안 좌파라고 생각하며 살았지만, 삶에서 차별을 느낀 경우는 정말 드물었다. 육아를 하면서 그동안 경험해보지 않은 문화적으로 다른 사회에 살게 되었다.

프랑스에서 6년 반을 살았다. 인종 차별을 받은 경험은 거의 없다. 초반에 프랑스어를 잘 못해서 억울하다는 생각이 들었지만, 그건 인종 때문이 아니다. 버스에서 "아시^{Assieds-toi}" 하면 앉고, "드부^{Lève-toi!}"하면 일어나는 강아지를 보면서 강아지들도 알아듣는 프랑스어를 못해서 내가 이런 대우를 받는다는 생각을 한 적은 있다. 유학 시절 후반부에는 전형적인 드골파 보수인 자크 시라크^{Jacques Chirac}가 총선에 승리하면서 총리가 되었고, 보수 내각이 들어섰다. 외국인 학생들에게 불이익이 주어졌고, 나도 학위를 마치면 바로 출국한다는 서약서를 쓰고 나서야 체류증을 갱신할 수 있었다. 그래도 인종주의에 의한 차별이라기보다는 세계적으로 공통된 보수의 배타주의 같은 거라고 이해했다. 진짜로 인종차별을 느낀 건 호주 시드니의 맥줏집에서 30분이 넘도록 주문을 받으러 오지 않았을 때였다. 몇 번 뭐라고 했는데, 그래도 못 본 척 주문을 받지 않았다. 나보다 늦게 온 사람들이 뭐라도 한 잔씩 마실 때, 그게 '나가라'는 뜻인 걸 알아듣고 나왔다. 그제야 종업원이 잘 가라는 인사를 웃으면서 따뜻한 얼굴로 했다. 그때는 차별이라고 느꼈다.

영화 〈히든 피겨스^{Hidden Figures}〉(2017년)는 미국에서 최초의 유인 인공위성을 발사하는 과정에서 뒤에서 묵묵히 지원한 흑인 여성 엔지니어들에 관한 이야기다. 최근에 그림책으로도 출간되어서 어린 아이들도 보는 이야기가 되었다. 주로 귀찮은 계산 작업을 도맡았던 나사^{NASA}의 여성들은 차별에 고통받고, 급기야 IBM 컴퓨터가 도입되며 고용이 불안해진다. 20세기 초반 여성 천문학자들이 밤새 별들의 위치를 기록하는, 사람들이 기피하는 노동에 주로 투입되었다는 비슷한 이야기를 책에서 본 적이 있다. 〈히든 피겨스〉는 여성에 덧붙여 흑인이라는 또 하나의 핸디캡이 추가된다. 엔지니어 세상에서 여성, 게다가 흑인이었다면 어땠을까? 인공위성의 낙하 궤적을 손으로 계산하는 핵심 요원인 캐서린 존슨(타라지 P. 헨슨)이 종종 자리를 비우자 상관인 알 해리슨(케빈 코스트너)은 중요한 순간에 너무 자리를 비운다고 한마디한다. 그러자 그녀는 그 건물에 있는 화장실은 흑인인 자신이 쓸 수 없어서 800미터 떨어진 다른 건물에 가야 비로소 화장실을 쓸 수 있다고 토로한다. 영화 속 갈등의 클라이맥스 장면이다.

해리슨은 바로 일어나서 그 건물로 간다. 화장실에는 '유색 여성용 화장실Colored ladies room'이라고 적혀 있다. 해리슨은 곧바로 장도리를 들어 표지판을 두들겨서 떼어버린다. 나경원을 정치적으로 곤란하게 만들었던 일명 '빠루'로 말이다. 그리고 그 자리에서 감동적이며 문학적인 대사를 날린다.

- 여기는 나사, 우리 모두의 소변 색깔은 같다.
  Here at NASA we all pee the same color.

1964년 플로리다의 미식축구 경기장인 잭슨빌에서 공연을 하게 된 '비틀스'는 미국의 공연장에 흑인 구역이 구분되어 있다는 사실을 알고 경악을 금치 못했다. 그리고 회의를 갖고 계약서에 인종 차별 금지 조항을 집어넣는다. 비틀스가 절정의 인기를 누렸던 시절, 잭슨빌에서 흑인 구역이 사라졌다. 노 키즈 존은 차별이 아니라고 많은 사람들이 말한다. 흑인을 상대로 한 인종 차별만큼 전면에 드러난 것은 아니지만 차별은 차별이다. 카페에서 아이를 보고 싶지 않은 사람들이 있음은 이해할 수 있다. 그렇다고 그것을 차별이 아니라고 할 수 없다. 흑인이 들어오면 손님들이 싫어하고, 장사가 안 된다는 이유를 들어 흑인 존을 만드는 것과 노 키즈 존이 근본적으로 다르지 않다. 버릇없는 아이들과 '개념 상실 엄마' 등 불편에 대한 이유는 분명히 존재하지만, 그건 '교양 없는 흑인' 혹은 '질서 의식 없는 흑인'과 크게 다르지 않다. 프랑스에는 옛 식민지였던 알제리 사람들에 대한 편견 섞인 일화들이 가득하다. 어렸을 때 우리 부모가 호남 사람들과는 일하지 말라고 신신당부했던 것과 똑같다. 그렇다고 해서 '노 알제리 존'을 만들거나 '노 호남 존'을 만들지는 않는다. 사람들이 일상적으로 느낄 수 있는 불만과 그것을 내규로 만들어 지키게 만드는 것은 다른 문제다. 결국 나는 노 키즈 존 논쟁 속으로 들어갔다(우석훈, '아이들 싫어하는 나라', 한겨레21, 2017년 8월 13일). 당장 내 친구들이 그런 것까지 차별이라고 보는 것은 좀 과도한 거 아니냐고들 말했다. 우리나라의 노 키즈 존이 전면적이고 일상생활을 완전히 어렵게 하는 것은 아니다. 그렇지만 서로 양보하면서 해결할 수 있을 정도의 생활 속의 갈등을 하나씩 규칙으로 만들어 차별을 정당화하는 것은 좋은 문화가 아니고, 우리가

고스트의 속삭임이 들릴 때

갈 방향이 아니라고 생각했다. 부모들에게 더 많은 에티켓을 요구하고, 양해를 구하거나 사과하도록 대화할 수 있는 게 좋은 사회다. 그런 절차를 거치지 않고 그냥 규칙으로 만드는 것은 우리가 가야 할 길이 아니다.

아이들을 키우고, 육아를 시작하고, 집안일을 하다보니 불편하고 힘든 일이 많다. 그중에는 고치기 어렵거나 해법을 찾기 힘든 일도 종종 있다. 모든 집에는 똑같은 높이의 싱크대가 달려 있다. 이 표준 싱크대가 너무 낮다. 예능 방송 〈노는 브로〉에서 농구 선수 전태풍이 아이들을 키우다가 설거지하면서 "허리가 아프다"고 호소한다. 그만 그런 것이 아니라 한참 힘 좋은 젊은 남자 선수들도 설거지를 할 때마다 허리가 아프다고 난리다. 사람들은 혀를 끌끌 찬다. 〈노는 언니〉에서 배구 선수 한유미도 설거지를 하고 나서 허리가 아프다고 말한다. 평소에 집안일을 하지 않아서 그렇다고 생각하겠지만, 실제로 우리나라 싱크대는 너무 낮다. 한국가구시험연구원에서 가정용 싱크대를 표준 높이 85센티미터로 정해놓았는데, 이건 한국 여성의 표준 키가 155~160센티미터였던 과거에 맞춰 설계된 것이다. 10센티미터 정도 높이면 좋겠다는 얘기가 있는데, 이러면 당장 할머니들이 싱크대 앞에서 곤란함을 겪는다. 약간 높여봐야 대부분의 남자들과 키 큰 여성들에게 도움이 안된다. 성인이 되고 나서 허리 아픈 일이 없었는데, 몇 년간 설거지를 하고 나서는 운전할 때 등을 뒤척거릴 정도로 아프다. 결국 버티고 버티다 식기세척기를 샀다.

이제 나는 또래 친구들과 아주 조금 다른 삶을 산다. 삶이 바뀌니 습관이 바뀌고, 관심사도 바뀐다. 물론 어느 날 심심해서 계산해보니 나의 가사 참여율은 40퍼센트 될까 말까 정도다. 스웨덴이나 노르웨이 남성들의 가사 참여율은 40퍼센트가 조금 넘는다고 한다. 월 수 금, 화 목 토, 육아부터 가사까지 부부가 완전히 격일로 나눌 때 그 정도 수치가 나온다. 나 같은 경우도 아내가 주 양육자이고, 나는 보조 양육자라서 가사노동 시간이 40퍼센트를 넘기가 쉽지 않다. 그 정도 수치도 수시로 슈퍼마켓에 다녀오고, 주중에 2~3차례 저녁식사를 준비하고, 아이들을 데리고 여기저기 산책도 가야 겨우 나온다. 이 정도를 유지하는 것도 쉽지 않다. 책을 마감할 때나 공교롭게도 몇 개의 원고 마감이 동시에 걸리면 나도 별수 없이 방문을 닫아야 한다. 두 아이가 싸워도 못 본 척한다. 무엇보다 막상 겪어보니 집안일은 모르는 것투성이다. 아내에게 물어보기도 하고 급한 대로 여기저기 전화해서 묻는다.

초등학교 고학년이나 중학생 자녀를 둔 오랜 여자 후배들에게 이것저것 물어보며 종종 통화를 한다. 통화하다가 실수로 나에게 "언니"라고 부르는 후배들도 있다. 엄마들이 할 법한 얘기를 물어보니까 나를 언니로 착각한다. 이제 내 삶에서 높은 연봉과 조직에서의 명예는 먼 곳으로 갔다. 어떤 친구들은 내가 안드로메다로 갔다고 말한다. 팬데믹이 시작되면서부터는 집에서 밥 해먹는 시간도 늘어났다. 너무 우울해질 것 같아서 낡은 냄비를 버리고 스테인리스 냄비를 샀다. 기분이 좀 좋아졌다. 간만에 손에 맞는 스테인리스 냄비를 만나서 샀다가 아내에게 엄청 욕을 먹었다. 그러고도 스테인리스 프라이팬을 몇 개 더 샀다. 꼭 필요한 거냐고 아내가 물으면 할 말은 없다. 아이들 장난감을 고르거나 부엌에서 요리할 때 쓰는 물건을 쇼핑하는 게 어느덧 나의 '갬성'이 되었다.

장애인 운동과 여성 운동 등 한국 사회의 소수자 운동을 계속하고 있는 이길보라의 책을 예전에 읽었더라면 별다른 흥미를 느끼지 못하고 뻔한 얘기라거나, 아니면 지나치게 한쪽 변방의 이야기라 대중성이 없다고 생각했을 것이다. 그러나 이제는 이런 소수의 이야기가 남의 일 같지 않다. 2년 후면 둘째가 혼자 초등학교에 왔다 갔다 할 수 있게 된다. 그때쯤이면 나의 짧지 않았던 육아 생활이 끝나갈 것이다. 그래도 내 삶이 완전히 예전으로 돌아갈 것 같지는 않다. 그때가 오면 나는 노동자나 농민보다 한국에서 더 춥고 배고픈 소수자들과 더 많은 시간을 보내려 한다. 그게 나에게 도움이 되어서라기보다 그냥 내 감성이 변해서 그렇다. 이건 옳고 그름의 문제라기보다 삶을 살아가는 자세와 같다. 행위에 대한 보상에는 돈과 보람이라는 두 가지 변수가 있다. 그 일은 돈도 없고 보람도 없을지도 모른다. 그런데 어찌랴. 마음이 그렇게 가는 것을.

이런 생각을 하다 보면 21세기 이후 한국의 좌파는 정치적으로나 문화적으로 소수자라는 사실이 분명해진다. 여성 운동이나 장애인 운동도 깃발이 있고, 성소수자들도 자신들의 본진을 가지고 있다. 68혁명 이후 환경 문제를 포함한 이런 문제들을 모아서 '신좌파'라고 불렀다. 과거의 문제가 아닌 새롭게 등장한 사회 문제의 총합이 신좌파인 셈이다. 21세기 한국에서 좌파는 신좌파는커녕 본진이라는 게 아예 없고, 깃발 자체도 형성되지 않는 소수자 중의 소수자가 되어버렸다. 이길보라의 책이 내 인생의 후반부를 바꾼 책이라고 말하는 까닭은 이 책을 읽으며 그동안 정리되지 않았던 내 삶이 어느 정도 정리가 되었기 때문이다. 그 책을 읽으며 내 인생의 후반부를 누구와 같이 살 것인가를 처음으로 진지하게 생각하게 되었다.

2007년 『88만원 세대』를 쓸 때는 가난한 청년들의 문제가 점점 중요한 문제가 될 것이고, 이것이야말로 한국 자본주의의 1차 모순이라고 생각했다. 실제로 그렇게 되었다. 이제 한국 정치는 상당수 20~30대 남성들이 갖고 있는 여성 혐오를 빼놓고는 설명할 수 없게 되었다. '백래시'[19]라는 달달한 용어로는 설명할 수 없는 거대한 변화다. 여성들의 경제 활동이 늘어나면서 많은 나라에서 남성들의 불만이 생겨났지만, 이 정도로 메이저 정치가 급변하고, 정권이 바뀔 정도의 위협이 된 경우는 없다.

자, 이건 그렇다 치자. 더 큰 딜레마는 우리 집 아이들이

19

backlash, 사회·정치적 변화에 대해 나타나는 반발 심리 및 행동을 이르는 말. 주로 진보적인 사회 변화에 따라 기득권층의 영향력이 약해질 때 그에 대한 반발로 나타난다.

중학교에 가서 나처럼 생각하거나 혹은 나 같은 감성을 갖게 되면 "너도 페미냐?"라며 또래 집단에서 신나게 욕 처먹고 따돌림 당하기 딱 좋다는 데 있다. 이미 상당 부분 이렇게 진행되고 있고, 중학생과 말을 섞기 어려운 아빠 현상은 물론이고 엄마와 아들 사이에도 인식 격차가 상당하다. 운동권 엄마와 마초 중학생, 이게 어느덧 하나의 문화로 자리 잡고 있다. 대안이 있는가? 학원에 가기 시작하고 PC방에 다니는 중학생에게 부모가 접근할 수 있는 통로는 거의 없다. 나라고 다를 것 같나? 일종의 청소년 서브 컬처로 자리 잡고 있는 남자 중학생들의 여혐에 우리가 접근할 수 있는 통로는 거의 없다. 예전에 공부만 열심히 하던 '샌님들'이 학교에서 따돌림 당했던 것처럼 여성에 대해 글로벌 스탠더드, 즉 외국의 10대 남학생처럼 생각하면 딱 왕따다. 10대에게도 조금씩 이념이 생겨나고 선호가 생겨나는 건 당연한 일이다. 그걸 감안하더라도 지금은 우파의 이념이 싹 쓸고 가는 게 유행이 되었다. 현재 집권 세력인 진보는 뭐하고 있냐? 너무하다 싶을 정도로 표가 아닌 것에는 관심이 없다. 지금 중학교와 고등학교에서 무슨 일이 벌어지고 있는지 정말 아무것도 모른다. 현재의 한국 진보는 자본주의에도 관심 없고, 자본주의적 경제 주체의 재생산에도 관심 없다. 영화 〈곡성〉에서 따님이 말씀하셨다. "뭣이 중헌디!" 한국 자본주의의 약점은 너무 단기적 이익에만 몰두하다 보니 시스템의 재생산은 물론이고 그것을 움직이는 경제 주체의 재생산에 실패했다. 이런 경제 시스템에서는 재생산이 이루어지

고스트의 속삭임이 들릴 때 **3장**

지 않는다. 재생산을 말하는 'reproduction'이라는 단어가 생물학이나 생태학에서 사용되면 '생식'으로 번역된다.

다시 원래의 질문으로 돌아오자. 중학교 시절의 나는 전두환 같은 건 그냥 대통령이라고만 알았다가 고등학생이 되어서 독재자라고 생각하게 되었다. 대학교에 들어가서도 7년 대통령, 하여간 우라지게 길게도 대통령을 하는 바람에 우리는 집단적으로 진보가 되었고, 그중 일부는 좌파가 되었다. 지금은 거꾸로 문재인을 욕하면서 고등학생 시절을 보내고, 문재인은 적이라고 여기는 대학생들이 많아졌다. 이런 시대에 내가 태어났다면 여전히 나는 좌파를 선택할 것인가?

나이 꽤나 처먹고 친구들과 다르게 아이들을 키우는 선택을 하면서 나는 어지간해서는 주변의 흐름이나 시선에 변하지 않는 스타일임을 알게 되었다. 내가 지금의 대학생이라고 해도 내 안에서 나오는 '고스트의 속삭임'을 들을 것 같다. 그렇게 다시 좌파의 길을 걸을 것이다. "당장 사는 게 너무 힘들어!", 이렇게 생각하는 것은 내 스타일이 아니다. 힘들고 어려운 사람들을 돌아보는 것이 내 삶을 관통하는 스타일이다. 꼭옳아서도 아니고, 보람 있어서도 아니다. 그냥 내가 그렇게 생겨먹었다. 그런 사람들에게는 마치 유령과도 같이 한 번쯤 고스트가 속삭이는 순간이 있을 것 같다. 바람에 나뭇잎이 소리를 내는 것처럼.

마르크스의 『공산당 선언』은 "유럽에 스펙터(고스트)가

떠돌고 있다"는 문장으로 시작한다. 그리고 "만국의 노동자여, 단결하라"로 끝난다. 그 두 문장은 자본주의가 작동하는 한 수많은 사람들에게 여전히 고스트의 속삭임처럼 울려 퍼질 것이다. 지금의 청년들에게는 고스트의 속삭임이 들리지 않을까? 그럴 리가 있나.

자본주의 국가에서 좌파는 반드시 등장한다. 불평등이 커지는 곳일수록 더 많은 좌파가 등장한다. 한국에는 공식적으로는 좌파, 특히 청년 좌파는 없다. 그렇다고 정말 없는 건 아닌데 알려봐야 좋은 일이 없고, 손해 볼 일만 많으니까 감추고 사는 것이다. 많은 소수자들이 자신을 감추면서 사는 것과 같다. 21세기, 이 광명 세상에 청년 좌파가 자신의 생각을 숨기고 살아야 하는 게 말이 되는가?

JTBC의 〈슈퍼밴드 시즌 2〉에서 헤비메탈을 연주한 밴드 '크랙실버Craxilver'가 우승을 차지했다. 한국 좌파와 헤비메탈의 공통점은 40대 이상에게서만 인기 있다는 점이다. 둘 다 젊은 세대로 내려올수록 인기가 없다. 인디 밴드에서도 인기 없는 헤비메탈은 한국에서 대표적으로 먹고살기 어려운 음악인데, 좌파는 그보다도 인기가 없다. 그렇지만 청년 좌파가 실종될수록 한국 자본주의는 견제할 사람이 없는 점점 이상한 곳이 되어간다. 메탈의 시대가 힙합의 시대로 바뀌어도 세상을 살아가는 데 아무 문제없지만, 좌파는 대체할 것이 없다. 좌파가 은밀하게 혹은 수줍게만 존재하고, 더 이상 등장하지 않는 자본주의는 교정 능력을 잃게 되고, 나은 방향으로 진화하는

것이 아니라 자기 강화적인 아주 이상한 모습으로 퇴행하게
된다. 토건 강화에 의한 아파트 열풍, 수도권과 지방의 분리,
분식회계를 하고도 회사가 멀쩡하고 당사자는 모범수로 출소
하는 나라, 한국 자본주의의의 퇴행의 대표적 모습이다. 미국
의 에너지 기업 엔론 사는 분식회계로 회사가 파산했고, 회계
감사를 담당했던 세계 최대 회계법인인 아서 앤더슨은 해체되
었다. 엔론 회장 케네스 레이는 24년형, CEO 제프리 스킬링은
14년형이 선고되었다. 그런데 우리는 자본주의임을 감안해도
있을 수 없는 상식 밖의 일이 벌어지는 데도 절반 이상의 국민
들이 사면을 지지한다. 한국에서 이상한 건 한두 개가 아니다.
가고 싶은 대로 날아가는 대형 선박에서 가고 싶은 방향을 가
리키지 않는다고 나침반을 떼어버린 것과 같다. 배가 경로를
이탈해도 더 이상 경고음이 울리지 않는다. 보수를 자임하는
우파들은 이제 원래 가던 곳으로 가자고 한다. 진보는? 진보는
어느 곳으로든 가자고 하지 않고 그저 표만 달라고 한다. 메탈
없이는 살아도 좌파 없이는 살지 못하는 게 맞다. 물론 한국에
도 좌파는 있다. 메탈 보컬이 먹고살기 위해 트로트도 부르는
것처럼 좌파들도 전혀 어울리지 않는 곳에서 밤무대를 뛰면서
살아간다. 좌파가 없는 것이 아니라 그들이 올라가서 노래할
수 있는 무대가 없는 것인지도 모른다.

'카피레프트'의
레프티스트

       내 삶은 아주 약간의 돈 되는 일과 거의 대부분의 돈이 안 되는 일로 구성된다. 에너지관리공단 시절부터 무수히 많은 사람들이 전화로 많은 걸 물어보곤 했다. 가끔 짜증날 정도로 전화가 많이 걸려왔는데, 그래도 내가 할 수 있는 한 열심히 알려주었다. 같이 일하던 공무원이 그런 내 모습을 보며 변호사처럼 조언할 때마다 돈을 받으라고 했다. 휴대전화에 과금기를 달아 전문적인 내용을 알려주면 "자, 지금부터 요금이 부과됩니다", 이렇게 하자는 거다. 서로 웃고 말았다. 그 시절부터 지금까지 현장의 시민들을 돕는 일을 했고, 시민단체 상근직으로 일하고, 내 돈 들여가며 사회과학 방법론에 관한 시민 강좌도 열었다.

       이렇게 돈과 상관없는 일을 하고, 심지어 나의 의무라고 생각하게 된 것은 박사 과정을 마무리할 무렵 우연히 본 잡

199   고스트의 속삭임이 들릴 때   **3장**

지의 인터뷰 때문이었다. 리눅스[20]에 관한 인터뷰였는데, 나는 리눅스보다는 그것을 만든 사람 이야기가 눈에 들어왔다. 리눅스는 헬싱키 대학의 한 대학생이 만들었다는 사실만 어렴풋이 알았는데, 그의 이름이 리누스 토르발즈인지는 몰랐다. 어쨌든 그의 인터뷰는 내 평생을 관통할 만큼 충격을 안겨주었다. 프로그램을 공짜로 유통시키면 생활은 어떻게 하느냐고 기자가 물었다.

- 부끄럽게도 한 달에 이틀은 먹고살기 위한 일을
   합니다.

파리 10대학 중앙도서관 1층 잡지 코너는 사방이 유리로 되어 있고, 올림픽 수영 경기를 치른 실내체육장이 건너편에 보였고, 녹색 우레탄 방수 바닥이 깔린 400미터 트랙이 보이는 곳이었다. 논문을 쓰다 그냥 쉴 겸 이것저것 잡지를 뒤지다 우연히 마주친 기사였다. 그렇다고 내가 인터뷰를 읽고 영웅적으로 윈도우 대안 체계로 리눅스를 깐 건 아니었다. 한참 인터넷 코딩을 하던 시절, 몇 달 동안 윈도우 NT[21]를 서버로 운용해본 적은 있었지만 리눅스를 쓴 적은 없었다. 고등학교 때 전산반 활동을 했는데, 생각해보면 중학교 때 아무 생각 없이 나갔던 사진반 시절과 고등학교 때 전산반 경험이 내 삶을 풍부하고 실용적으로 만들어준 것 같다. 대학교 시절에는 국악반에서 해금을 연주했다. 예상치 못한 일이 삶을 살만하게

'카피 레프트'의 레프티스트

만들어주고, 기대하지 않았던 작은 독서가 인생을 바꾸기도 한다. 내 경우에는 리눅스를 만든 리누스 토르발즈의 인터뷰가 그랬다.

　　한 달에 이틀간은 자신을 위해 일을 한다는 사실이 그 시절에는 그렇게 멋있어 보였다. 나도 한 달에 이틀은 나를 위해 일하고, 나머지는 사회를 위해 일할 수 있으면 좋겠다고 생각했다. 하지만 그 시절에도 내 능력으로는 한 달에 28일은 먹고살기 위해 일하고, 나머지 이틀 정도나 남을 위해 일하게 될 거라는 생각이 직관적으로 들었다. 그래도 그 이틀이라도 사회를 위해 살아야겠다고 생각했다.

　　한국에 살며 이런 삶을 비슷하게 사는 사람을 딱 한 명 보았다. 사회적 기업 '점프'는 저소득 계층 자녀의 방과 후 수업을 운영하는 회사다. 대학생과 학생들을 연결시키는 멘토링 등 다양한 프로그램으로 꽤 유명하다. 이 회사의 대표 이의헌은 하버드 케네디스쿨 출신이다. 좋은 일을 하는 건 알겠는데,

---

20 ────────────────────────

Linux, 1991년 리누스 토르발즈(Linus Torvalds)가 버전 0.02을 공개한 유닉스 기반 개인 컴퓨터용 공개 운영체계.

---

21 ────────────────────────

Windows NT, 마이크로소프트가 1997년 개발한 컴퓨터 운영체계. 윈도우의 멀티미디어 확장 기능으로, 윈도우에 그래픽과 문자를 표시할 수 있으며, 고도의 기능을 필요로 하는 컴퓨터 사용자들과 비즈니스 요건을 맞추기 위해 설계되었다. NT는 신기술(New Technology)의 머리글자다.

그가 어떻게 자신의 생활을 유지하는지 궁금했다. 일주일에 이틀은 외국계 회사에서 일하며 가정 경제를 꾸려나간다고 했다. 경제학에서는 각자에게 주어진 24시간에서 레저(L) 시간을 뺀 것을 노동시간(W)으로 정의한다(W=24h-L). 봉사와 사회적 활동 등 공익적 활동도 모두 "네가 좋아서 한 거 아니냐", 이렇게 단순하게 규정한다.

　　워크 앤 라이프 밸런스, '워라밸'이라는 용어를 나도 좋아하기는 한다. 일과 삶의 균형은 개인에게도 좋고, 장기적으로는 지나치게 강력한 조직 체계를 갖고 있는 한국 회사들에게도 좋은 일이다. 의미 없는 고강도의 노동을 완화시켜주고, '또 하나의 가족'이라는 회사 내 가족 이데올로기를 완화시켜 궁극적으로는 직장 민주주의를 만드는 출발점 역할을 한다. 그러나 워라밸이라는 용어는 '일은 곧 지옥'이라는 경제학의 정의를 그대로 따른다는 한계점을 갖고 있다. 『자본론』의 노동 판매 개념과도 같다. 팔아버린 자신의 노동의 대가로 월급을 받고, 팔지 않은 나머지 시간은 레저라는 형태로 최대한 자신을 위해 쓴다는 말이다. 그렇다면 사회를 위한 시간은? 이건 시장과도 상관없고, 그렇다고 레저와도 상관없다. 사회적 봉사를 하면 늘 행복할까? 귀찮은 일은 역시 귀찮은 법이다. 봉사를 해도 피곤한 일은 피곤한 법이다. 그곳에서도 시키는 사람들이 있고, 황당한 요구를 받을 때면 머리가 빡 돈다. 그걸 레저라고 보기는 어렵다. 프랑스에서 샤넬 화장품을 쓰는 은퇴한 할머니들이 지역에서 열심히 봉사하는 모습을 보면서 신

　　　　　'카피 레프트'의 레프티스트

선하게 느꼈더랬다. 하지만 은퇴하고 봉사에 나서겠다는 아저씨들을 한국에서 본 적은 별로 없다. 대개는 동창들과 등산 가고 맛있는 음식 먹으면서 노년을 영위하겠다고 한다.

　　'카피레프트copyleft'라는 용어는 아주 나중에 들었다. 저작권, 즉 카피라이트copyright에 반대하는 개념인데, 공교롭게도 영어에서 좌파의 '레프트'와 남겨두다의 '레프트'가 같은 단어다. 수많은 좌파leftist가 IT 분야의 저작권을 놓고 누가 더 좌파인가, 아주 열성적으로 논쟁한다. 드미트리 클라이너[22]의 『텔레코뮤니스트 선언The Telekommunist Manifesto』(2010년)에는 인터넷 저작권을 둘러싼 다양한 논쟁을 다채롭게 소개하고 있다. 초창기 카피레프트 운동, 자유 소프트웨어, 크리에이티브 코먼즈, 벤처 코뮤니즘까지 디지털 분야에서의 사상 투쟁은 다채롭다 못해 화려하기까지 하다. 이제는 아무도 안 볼 것 같은 마르크스의 『고타 강령 비판Das Gothaer Program』(1875년)[23]과 『잉여가치 학설사』가 IT 논쟁에 등장한다. 프로그래머들이 은근 독

22

Dmytri Kleiner(1969~), 인터넷의 정치경제학과 계급투쟁의 형식으로서 노동자들의 자기조직화 생산을 탐구하는 소프트웨어 개발자, 커뮤니케이션 기술의 정치경제학 문제를 다루는 작가이자 미디어 아티스트. 구 소비에트 연방에서 태어나 토론토에서 자랐으며, 현재 베를린에 거주하고 있다. 1990년대 초부터 반세계화 운동에 나섰고, 해커 및 예술 커뮤니티와 IT 컨설턴트로 활동하고 있다. 기술이 모든 문제를 해결해준다는 믿음을 공유하는 자유소프트웨어 커뮤니티에 비판적 분석을 도입했다. 그가 설립한 '텔레코뮤니스트들'이라는 단체는 정보의 정치경제학, 그중에서도 인터넷과 소셜 미디어의 발전을 탐구하는 예술작업을 하고 있다.

서를 많이 한다는 사실을 새삼 느꼈다. 정말로 코딩하는 프로그래머들이 『잉여 가치 학설사』를 읽었단 말이야?

카피라이트, 특허권과 카피레프트 사이에는 주류와 비주류의 경계만큼이나 긴 논쟁의 역사가 있고, 아직도 해결되지 않은 제도적 논쟁이다. 일반적인 제품과 달리 디지털 정보와 지식은 다른 사람이 재사용해도 그 자체로는 비용이 들지 않는다. 유일하게 부가되는 비용은 특허권, 즉 카피라이트다. 이 특허 권리를 어떻게 할 것인가, 이 비용을 어떻게 할 것인가가 21세기에도 여전히 풀리지 않는 숙제다. 당장 코로나 국면에서 백신 특허 문제를 놓고 개발비용이 뜨거운 논쟁거리다. 옥스퍼드 대학에서 개발한 아스트라제네카는 거의 염가에 공급된다. 반면 다른 백신들은 제약사들이 일정한 이윤을 갖는

23 ──────────────────────────────

일본의 마르크스주의 경제학자 사이토 고헤이(오사카시립대 교수)는 『지속 불가능 자본주의』(원서명: 인신세의 자본론)에서 "자본주의 체제를 없애야 탈성장이 가능하다"며 '탈성장 코뮤니즘'을 주창한다. 일본에서 40만 부 이상 팔린 이 책에서 그는 "자본주의는 과거 사람들이 공유하던 물, 토지, 지식 같은 '코먼'을 해체하고, 이곳에 울타리를 치고 인공적인 희소성을 늘려 사람들로 하여금 무한한 가치 증식에 매달리도록 만들었다"고 지적한 뒤 "생산력 지상주의에서 벗어난 마르크스가 최종적으로 추구한 코뮤니즘은 자본주의가 해체해버린 '코먼'을 되찾는 것"이며 "'지속가능성'과 '평등'을 두 가지 핵심 축으로 삼았다"고 주장한다. 이를 위해 「고타 강령 비판」(1875)에서 마르크스가 언급한 미래 사회에 '넘쳐흐르는 부'는 사용가치를 무한히 증식하는 것이 아니라 주어진 부를 "사회적으로 공유하고 민주적으로 관리"할 때 누릴 수 있는 '근본적인(radical) 풍요'로 되새겨야 한다고 말한다.

'카피 레프트'의 레프티스트

다. 제조 방식이 달라서 단순 비교는 어렵지만 가격이 열 배 가까이 차이 난다. 그래서 많은 사람들이 '아제 백신'이라고 부르기도 하고, '싸구려'라고도 한다. 그러나 가격이 모든 걸 설명해주지는 않는다. 만약 아스트라제네카에 대해 옥스퍼드 대학이 다른 제약회사처럼 특허권을 강하게 요구하고 상업적으로 접근했다면 지금보다 몇 배나 비쌀 것이다. 일반적으로 특허 시효가 끝나면 약제에 대해서는 '제네릭'[24]이라고 부르는 복제약이 나온다. 가격이 뚝 떨어진다. 그렇게 싸게 만들 수 있음에도 불구하고 특허권 때문에 제조비와는 상관없는 100만 원이 넘는 약들이 팔리게 된다.

디지털 세계에서 저작권을 둘러싼 갈등은 제약보다 더욱 빈번하고 직접적으로 발생한다. 누구나 컴퓨터를 시작하면 라이선스 문제에 부딪힌다. 윈도우 기반으로 갈 거냐, 맥[Mac]으로 갈 거냐, 호환성 문제로 수많은 선택을 해야 하고, 한 번 선택하면 어지간해서는 되돌리기 어렵다. 그때마다 돈이 들어간다. 물론 주머니가 빈약한 학생들은 적당히 복사본을 쓰지만 영원히 그렇게 할 수는 없다. 회사원들은 회사가 프로그램을 일괄 구매하지만, 같은 프로그램도 회사에서 구입하면 턱없이

---

24 ─────────────────────────────────

Generic, 신약으로 개발한 약이 특허 기간이 만료되어 동일 성분으로 다른 회사에서 생산하는 약. 제형이 같을 수도 다를 수도 있지만, 약효 동등성이나 생동성 실험을 거쳐 생산되므로 본래의 약과 약효는 동일하다.

비싸다. 수익성이 높지 않은 회사들은 버전이 바뀔 때마다 신규 소프트웨어를 구입하기가 버겁다. 크고 멀쩡한 회사의 직원들도 오래된 버전의 프로그램을 쓰는 경우가 많다. 현실적으로 많은 사람들이 불법과 합법의 경계선에서 살아간다.

아마도 현실 세계에서 한 인간이 성장하며 자본의 모순을 가장 먼저 만나는 곳이 디지털 세계가 아닐까 한다. 가는 곳마다 돈을 내라고 하는데, 당연히 내고 싶지 않다. 말장난일 수도 있지만 당연히 카피라이트를 싫어하게 되고, 그러다 보니 자연스럽게 카피레프트에 대한 선호도가 높아진다. 라이트보다는 레프트, 그렇게 컴퓨터 세계에서 우리는 좌파적 인식을 갖게 된다. 과학기술계에는 좌파가 없을 것 같지만, 이 이상주의자들의 딱딱한 세계에도 좌파적 정서가 어느 곳보다 깊다. 그중에서도 프로그래머들 세계에서는 크게 한탕하겠다는 생각만큼 공유와 카피레프트 정신 또한 팽배하다. 공유 받고 싶은 것이 디지털 세계에 많다. 비싼 것일수록 더 많이 공유하고 싶고, 금지된 것일수록 더욱 공유하고 싶어진다. 그중에는 황당하게 직원들을 폭행하고 자신의 왕국을 만든 양진호[25] 같은 이상한 사람도 있지만, '벤처 코뮤니즘'[26]을 외치는 이상주의자도 존재한다. 디지털 분야의 레프티스트가 만드는 변화에 현실 속 기업들이 당혹감을 느끼는 경우도 많다.

일반인은 잘 쓰지 않지만, 통계 처리의 고전이라고 할 수 있는 SPSS[27]라는 프로그램이 있다. 대학 시절, 이과대 중앙전산실에서 전산용지에 프로그램을 적어 창구에 접수하면 타

'카피 레프트'의 레프티스트

이피스트가 중앙컴퓨터에 입력해서 몇 시간 후 결과지를 받아
볼 수 있었다. 그나마 키펀치로 천공했다는 전설 같은 시절보
다는 나아진 셈이다. IBM PC에 하드 디스크가 달리기 전 플로
피 디스크에 담긴 도스[28]로 부팅하던 시절 얘기다. 나중에 회
사에서 일하며 SPSS보다는 활용성이 높은 SAS라는 통계 패키
지를 사고 싶었는데 연간 혹은 분기별로 사용료를 내는 방식

한국미래기술 회장이자 국내 웹하드 업계 1, 2위 업체인 위디스크와 파일노리의
실소유주로 웹하드 서비스를 통해 저작권 침해 자료와 불법 음란물을 유포하여
막대한 부를 축적했다. 경영 과정에서 음란물 유포, 폭행, 갑질, 강요, 마약 투약
등 온갖 불법 행위가 있었고, 논란이 불거지자 회장직에서 사퇴했다. 2018년 11
월 7일 체포되고 이틀 후인 9일에 구속영장이 발부되었다.

26

드미트리 클라이너는 지식노동자 집단으로서 '텔레코뮤니스트들'이 법적으로
기업이며 공통재를 관리하는 노동자 연합체 '벤처 코뮌'을 만들어 '벤처 코뮤니
즘'을 실현해야 한다고 주장한다. 노동자가 직접 생산수단을 갖는 운동을 제안
한 것이다.

27

statistical package for social science, 사회과학용 통계 패키지.

28

disk operating system, 디스크(disk)에 운영 체제(컴퓨터 시스템을 제어하고 관
리하는 소프트웨어, OS: operating system)를 저장하고, 디스크 중심으로 시스템
을 관리하는 컴퓨터 운영 체제. 마이크로소프트사의 MS-DOS가 'DOS'라는 이름
을 상품명으로 사용했다.

이고, 무엇보다 프로그램 자체를 팔지 않았다. 워낙 비싸서 회사에 사달라고 말할 엄두가 나지 않았다. 아쉽지만 결국 SPSS를 샀다. 평생 동안 보아온 프로그램 프로텍터 중 가장 강력한 것이 SPSS에 달려 있었다. 혹여나 다른 사람이 쓸까봐 프로그램 락lock을 프린터 포트에 걸어놓고 있었다. 프린터 포트에 락을 하나 더 꼽아야 비로소 프로그램이 돌아갔다. 지독한 놈들이다. 지금은 상상하지 못할 구형 프린터 시리얼 포트에 병렬 보호 장치인 락을 끼워놓고 쓰다니, 이거야 원······. 퇴사하며 프로그램을 넘기고 나왔는데, 내 뒤로는 아무도 쓰지 않았을 것 같다. 연구소가 아니고서야 공기업에서 통계 처리는 그냥 외부에 용역을 주고 만다. 당시 내가 부장이었는데도 회사에 선뜻 사달라기에는 부담스러운 가격이었다.

　더 놀라웠던 경험은 미분 방정식을 결합시켜서 시스템 다이내믹스 모델링을 하는 벤심이라는 프로그램을 샀을 때다. 1974년 도넬라 메도우즈Donella Meadows가 다이내믹 모델링으로 〈로마 클럽 보고서〉를 위한 시뮬레이션 작업을 할 때 매사추세츠공대MIT의 슈퍼컴퓨터가 동원되었다. 지금은 "자녀들 줌 수업과 '인강' 들을 때 팽팽 잘 돌아갑니다"라고 홈쇼핑에서 판매하는 저가형 노트북에서도 그 정도는 문제없이 돌린다. 예전에는 슈퍼컴퓨터에서나 돌아가던 시뮬레이션용 프로그램인 벤심을 아주대학교 공대랑 공동 연구할 때 샀는데, 크지도 않은 이 가벼운 프로그램에 백만 원 가까운 돈을 내야 해서 눈물이 찔끔 났다. 나중에는 우리에게 그걸 팔았던 한국 딜러가 자기도 신형은 안 써봤다며 복사해갔다. 워드프로세서나 스프레드시트는 감당할 만한 가격이지만, 전문가들이 사용하는 프로그램은 부르는 게 값이다. 지역 경제를 모델링하는 프로그램은 내부 데이터베이스가 비싸서 가격을 듣고 바로 포기한 적도 있다. 몇백만 원 선에서 해볼 수 있는 범위가 아니었다.

2001년에 R 1.0.0.이라는 오픈소스 데이터 프로그램이 뉴질랜드에서 나오면서 통계 패키지 회사들이 아주 곤란하게 되었다. 프로그램 자체가 공짜인 데다가 수많은 통계학자들과 엔지니어들이 자기만의 솔루션 코드를 공유한 게 벌써 20년이 되었다. 무상 프로그램에 집단지성까지…… 통계 처리의 우주가 만들어졌다. 아름답다. 이런 상황에서 좀 더 복잡한 일을 훨씬 풍부한 솔루션으로 할 수 있는데, 개발자가 설계한 대로 해야 하는 SPSS를 누가 돈 주고 사겠는가?

디지털 세계는 돈과 함께 움직인다. 카피레프트 정신으로 무장한 레프티스트는 이것도 사야 하고, 저것도 사야 하고, 돌아서면 또 돈을 내야 하는 과금 체계를 사랑하기 어렵다. 공유하고 협력하기, 이것은 자본주의 모순 앞에서 좌파가 작동하는 방식이기도 하다. 이갈리테리언, 프로그램 앞에서 모두 평등하다! 가난한 사람이든 부자든, 내가 만든 프로그램 앞에서는 평등하면 좋겠어. 코딩하는 사람들에게 들은 얘기다.

생애 처음으로 유료 소프트웨어를 불법 복사해서 설치하는 순간, 잠재적 레프티스트로서의 첫발을 내딛게 된다. 빈

번히 발생하는 일이지만, 범죄는 범죄다. 소유와 시장의 모순을 과감히 뛰어넘는 행동은 그렇게 시작된다. 성경의 '창세기'는 하느님의 말씀과 함께 모든 것이 시작된다. 카피레프트를 향한 레프티스트는 말과 인식 이전에 행동을 먼저 시작한다. 자본의 명령인 "소프트웨어는 돈 주고 살 것"을 위반하면서 잠재적 좌파로 탄생한다. 인간의 본능은 소프트웨어 회사에 무턱대고 돈을 주는 것이 아니라 마지막 순간까지 버티다가 지불하는 것이다. 카피레프트 세계에서 본능은 레프트이지 라이트가 아니다. 모든 자본주의 인간의 첫 번째 범죄는 무상방뇨였는데, 지금은 소프트웨어 불법 복제가 되었다.

스템^{Science, Technology, Engineering, Mathematics}은 인공지능 시대를 맞아 영미권에서 새롭게 떠오르고 있는 직업 분류 및 교육 방식이다. 공유 정신에 근거하여 개발자 커뮤니티 디벨로퍼를 위한 팹랩^{fab-lab**29**}을 만드는 게 유행이다. MIT에서 시작된 이 흐름은 아이디어만 있으면 실험 및 개발 장비를 무상으로 사용하게 해주는 공유 정신이 핵심이다. 우리나라에서는 박근혜 시절에 '창조경제'를 한다면서 끌고 들어오기는 했는데, 대기업에게 지역별로 할당하였다. 스템의 세계에서는 시작할 때부터 공유 정신을 가르치고 협업을 배운다. 과학과 기술 세계에는 치열한 자본주의 정신만 있는 것이 아니라 '스필 오버', 즉 보다 많은 지식이 흘러나가면서 동시에 선한 영향력을 만들 것인지가 핵심 이슈다. 무엇이든지 시장으로 환원하고, 그 시장은 대기업이어야 한다고 외치는 전경련에서 들으면 미치고

'카피 레프트'의 레프티스트

팔짝 뛰겠지만, 코딩을 비롯한 스템에서는 "이걸로 떼돈 번다"고 가르치지 않는다. 시작 단계에서 서로 가르쳐주고, 기본 지식을 공유하고, 공동체 안에서 지식이 물처럼 흐른다. 그게 디벨로퍼의 세계다.

컴퓨터 세계는 파이썬[30]을 자유롭게 쓸 수 있는 사람과 그렇지 않은 사람으로 나뉜다. 프로그램 개발 언어인 파이썬에 익숙해지면 레프티스트가 할 수 있는 일이 많아진다. 그들 사이에 많은 공유와 적극적인 카피레프트를 위한 행동이 이어진다. 자본주의가 시작되고 나서 이 정도로 대규모이면서 동시에 적극적으로 좌파가 탄생할 물리적 조건이 형성된 적은 없었다. 노동조합이 처음 만들어질 때에도 이 정도는 아니었다.

아이들이 크면서 어느덧 게임을 시작하게 되었다. 마인크래프트가 너무너무 하고 싶다는데 안 된다고 말할 수 없었다. 친구들은 몇 시간씩 게임을 하는데 '못한다'고 막을 수 없

---

29 —————————————————————

Fabrication Laboratory, 미국 매사추세츠공대에서 처음 시작된 창작 공간을 일컫는 용어로 디지털 기기, 소프트웨어, 3D프린터 등을 이용해 시제품을 만들 수 있는 공간으로 아이디어를 실험하고 생산해보는 제작실험실을 뜻한다.

30 —————————————————————

Python, 네덜란드 개발자 귀도 반 로섬(Guido van Rossum)이 만든 간결하고 생산성 높은 프로그래밍 언어. 최근 프로그래밍 동향은 비전공자들에게 알려주는 문화가 확산되고 있다. 이러한 문화 속에서 파이썬은 간결한 문법으로 입문자가 이해하기 쉽고, 머신러닝, 그래픽, 웹 개발 등 다양한 분야에 선호하고 있다.

다. 결국 워크래프트와 스타크래프트 이후 처음으로 돈을 내고 게임 프로그램을 샀다. 시대가 바뀌기도 했고, 너무 유별나게 키우고 싶은 마음도 없다. 우리나라를 비롯해서 전 세계 어린이들이 마인크래프트를 하면서 어린 시절을 보내고 있다. 아무리 막아도 아이들은 게임을 하며 디지털 세계에 익숙해질 것이다.

이 새로운 시대에 좌파는 어떻게 태어날까? 『자본론』은 1876년, 산업혁명이 일어나고 자본주의 공업 시대가 완전히 자리를 잡으며 그 모순이 첨예화되던 순간에 탄생했다. 한국에서는 '4차 산업혁명'이라고 부르는 디지털의 전면화가 유토피아를 열어주는 것만은 아니다. 크고 작은 문제가 계속해서 만들어질 것이다. 어쩌면 다음의 『자본론』은 텍스트로 된 책이 아니라 메타버스 안에서 카피레프트 공동체가 만들어낸 작은 약속의 형태가 될 수도 있다.

- 카피레프트라는 유령이 메타버스 안에 떠돌고 있다. 만국의 프로그래머들이여, 단결하라.

디지털 세계에서의 레프티스트는 지금도 생겨나고 있고, 앞으로 더 많아질 것이다. 역사적으로 좌파는 누가 지도하고 가르치고 인도한다고 해서 생겨난 것이 아니다. 자본주의의 모순이 부딪히는 현장 혹은 네트워크 안에서 좌파가 생겨났다. 앞으로도 그럴 것이다. 청년 좌파, 아니 디지털 좌파는

'카피 레프트'의 레프티스트

그들의 세계 안에서 레프티스트로 계속해서 등장할 것이다. 그리고 새로운 역사를 만들어갈 것이다.

영화 〈매트릭스〉에서 나중에 '네오'가 될 미스터 앤더슨은 낮에는 평범한 회사원이었다가 밤이 되면 해커로 살았다. 그의 진짜 정체는 해커였다. 기가 막힌 중의적 은유가 아닐 수 없다. 출생의 비밀을 다룬 미국판 막장 드라마인 셈이다. 영화 〈스타워즈〉의 "내가 네 애비다"에 버금갈 만한 기막힌 반전이 〈매트릭스 2〉에 나온다. 해킹을 하고 프로그램을 다루던 전직 해커 네오에게 소스 프로그램은 "네가 프로그램이다"라고 말한다. 그 프로그램이 진짜로 시스템을 구하고, 매트릭스 밖으로 나와 인류를 황폐한 현실 속 지구로 돌아오게 한다. 어쩌면 내가 살아 있는 동안 코딩을 자기 몸처럼 느끼는 프로그래머나 디벨로퍼 중에서 네오가 나오고, AI와 연대하는 좌파 연대를 볼지도 모른다. 그날까지 나는 '늙은 좌파'로 조용히 살아갈까 한다. 어느 미래, 고스트의 속삭임은 소스 코드에서 나올까? 〈매트릭스〉에서 소스 프로그램은 네오에게 자신은 인간과 달리 거짓말을 하지 않는다고 말한다. 머신들의 대장 소스 프로그램이 인간과 결정적으로 다른 점은 생존과 영원을 추구할 뿐 이윤을 추구하지 않는다는 점이 아닐까? 디지털 세계에서 1번 모순은 공유할 것인가, 돈을 벌 것인가이다. 여전히 자본의 법칙이 작동한다. 그 안에서 레프티스트가 새롭게 등장한다.

네이버 노조와 사무직 노조, 친절과 일상성

　　국민의힘 윤희숙은 대선 출마를 선언하며 "노조가 죽어야 나라가 산다"고 말했다. 원래 자기 책의 제목으로 쓰려고 했단다. 브라보! 노조 때문은 아니지만 정치인으로서 윤희숙은 부동산 문제로 먼저 대선 후보에서 물러났다.

　　각 나라마다 임금을 결정하는 방식은 역사적이고 제도적이다. 『자본론』에서는 노동자가 딱 자신의 삶을 영위할 만큼 준다고 했다. 노동의 가치가 노동의 재생산에 필요한 비용이다. 그러나 21세기에 이 개념으로는 현실의 다양한 임금 체계와 수준을 설명할 수 없다. 그렇다고 경제학 표준 교과서에서 말하는 것처럼 노동생산성에 따라서 주는가? 그것도 아니다. 한국에서는 '나이 많은' 순서대로 준다. 일본에서 이식된 연공서열제가 그런 내용이다. 뭔가 부당하다. 그렇다고 마음대로 건드리기 어려운 까닭은 그걸 흔들면 사회 전체가 흔들리기 때문이다. 쉽지 않은 문제다. 그렇다고 우리가 북구 사회처럼 실제 소득의 절반가량을 사회적 임금이라고 부르는 복지로부터 받을 정도로 충분한 복지 제도가 운영되느냐? 그것도 아니다. 이게 노동조합 때문에 바꾸지 못하는 걸까? 우리가 지금 보고 있는 제도는 과거에 이루어진 역사적 약속의 결과다. 20~30대 시절 일했던 것보다 덜 받았던 지금의 40~50대에게 이젠 시대가 바뀌었으니까 덜 받으라고 하면 아주 정밀하게 설계된 적절한 대안이 없으면 폭동이 일어난다. 노조가 없더라도 임금이 대폭 삭감되는 집단이 대규모로 존재하면 사회적 저항은 말할 수 없이 커진다. 노조가 있어서 과거로부터 누적된 약속을 바로 엎어버릴 수 있는 게 아니다. 나 역시 호봉제 개선은 필요하다고 생각하지만 "노조가 죽는다"고 해서 이 일이 가능할지는 모르겠다. 노조가 죽으면 나라가 살까? 노조 없이 후기자본주의의 작동을 설명하기 어렵다. 한국 보수가 아직까지도 노조라는 존재를 잘 이해하지 못하는 것은 슬픈 일이다. 우리가 황당하게 생각하는 트럼프도 노조에 대해 "죽어야" 혹은 "죽여야", 이렇게 트윗을 날리지는 않았다.

팬데믹을 지나며 네이버 노동조합의 부탁을 받아서 분당에 있는 네이버 본사에서 직장 민주주의를 주제로 원격 강의를 했었다. 여기까지는 흔히 생각할 수 있는 그런 일이다. 환경과 경제 등 다양한 분야에서 노동조합과 많은 일을 해왔고, 네이버라고 해서 다를 게 있나 싶었다. 그런데 명함에 적힌 소속이 좀 이상했다.

고스트의 속삭임이 들릴 때 3장

– 민주노총, 그런데 화섬노조가 뭐죠?

우리나라 사무직은 은행을 비롯해서 대부분 한국노총에 속해 있다. IT 분야 역시 당연히 사무실에서 일하니까 사무직 노조로 분류되어 있을 테고, 민주노총보다는 조금은 보수적인 한국노총 소속일 거라고 직관적으로 생각했었다. 역시 아는 게 병이다.

> – 회사에서 노조를 만들며 잘 몰라서 여기저기 찾아
> 갔는데, 화섬노조에서 유일하게 친절하게 대해주
> 더라고요. 그래서 그냥 화섬노조 소속이 되었어요.

나를 안내해준 네이버 노조원의 표정이 아직도 잊히지 않는다. 아기 엄마였던 걸로 기억한다. '해맑다'는 표현은 이럴 때 쓰는 것 같다. 정말로 해맑은 표정으로 그 얘기를 전해줬다. 화섬은 화학섬유의 줄임말이다. IT 분야를 대표하는 네이버가 화학섬유와 도대체 무슨 상관이 있을까? '친절'이라는 말을 들으며, 네이버의 젊은 직원들이 "이렇게 살 수는 없다"고 노조를 만들어야겠다고 마음먹고 드문드문 첫발을 걸을 때의 상황이 그려졌다.

그 사건 이후로 '친절'이라는 단어를 내 인생 깊숙한 곳에 처음으로 탑재시켰다. 특별한 이유가 없으면 일부러 퉁명스럽게 말하거나 시큰둥하게 말하려 하지 않는다. 그렇다고

**네이버 노조와 사무직 노조,
친절과 일상성**

해서 적극적으로 친절하려고 노력한 적은 별로 없다. 화학섬유는 보통 에틸렌 등 석유 계열의 원재료에서 섬유 제품을 만드는 화학 산업의 하나로 알고 있다. 검색으로부터 출발한 IT 기업 네이버와는 도무지 연결되지 않는 요상한 조합이다. 과연 이게 친절 때문일까?

화섬으로 시작한 이 희한한 조합은 이제는 카카오는 물론 게임 회사 넥센도 소속되어 있다. 일제강점기 시절에도 산업별로 존재했던 노조는 독재 시절을 거치면서 기업별로만 만들 수 있게 했다. 민주화가 되고 나서 다시 산업별로 재구성한 것이 이른바 산별노조 구성이라는, 요즘 한창 유행인 사안이다. 다음, 카카오에서 넥슨에 이르는 대표적인 IT 기업들이 화학섬유 기업과 같은 산업으로 묶이는 게 어떻게 가능할까? 어쨌든 그 모습을 그날 네이버에서 보았다. 그리고 네이버 노조에서는 나에게 그 이유를 친절이라고 설명해주었다. 『칭찬은 고래도 춤추게 한다』는 책이 한참 유행한 적이 있었는데, 그야말로 칭찬은 고래가 날개를 달고 갈매기 조나단 만큼 높이 날게 한다는 정도의 대단한 사건이 아닐 수 없다. 그 정도가 아니다. 파리바게트에도 노조가 생겼는데, 여기도 화섬노조 소속이다. 공식 명칭은 화섬식품노조다. 이런 이상하고 요상한 조합을 누가 상상할 수 있을까? 이제는 글로벌 기업처럼 움직이는 파리바게트도 본사만 덜렁 있는 게 아니라 여기저기 자회사와 파견직이 복잡하게 얽혀 있다. 네이버 역시 본사가 중심이 되는 일반적인 제조업과 달리 자회사 구조와 직원 관리 방식이 복잡하다. 그렇다고 해도 금속노조처럼 정말로 밀접하게 관련된 회사들이 산별 노조를 만들었던 전례와 비교하면 상상하기 어려울 정도다. 21세기니까 가능한 일일까?

네이버 노조를 보고 나서 나도 다시 생각하게 되었다. 예전에는 보지 못했던 좀 다른 방식의 노조 구성과 노조를 향한 에너지 같은 게 생겨나고 있었다. 외국의 IT 업계는 다른 제조업에 비해 좀 더 수평적인 구조라고 알려져 있지만, 우리나라에서는 그렇지도 않다. 그들 역시 한국 사회의 군대식 조직에 의한 수직적 위계에 익숙해져 있고, IT 기업이라고 해서 크게 다르지 않다. 그러나 지금의 청년들은 이런 군대식 조직을 그렇게 좋아하지 않는다.

흔히 586이라고 부르는 50대와 청년들이 가장 많이 부딪히는 현장은 정치 담론이 아니라 일반 경제 활동을 하는 직장이다. 미워하면서 닮아간다고, 지금의 50대는 군사 정권과 싸우면서 군인과 같은 방식으로 진陣을 짜고 몸으로 부딪치면서 집회를 가졌다. 위에서 시키는데 밑에서 딴 짓하는 걸 참지 못하고, 조직은 일사불란해야 하며, 명령은 관철되어야만 한다. 위에서 시키면 잘 전달하고, 그렇게 칼 같이 움직이는 곳이 좋은 기업이라고 배웠다. 그게 몸에 문화로 배었다. 하지만 지금의 청년들은 다르다. 어떤 면에서는 그들이야말로 1인당 국민소득 3만 달러가 만든, 진정한 선진국 국민일지도 모른다. 개발도상국 시대의 민주주의와 선진국의 민주주의가 좀 다를까? 우리가 경험한 바로는 수직적 위계와 수평적 소통이라는 두 축

**네이버 노조와 사무직 노조,
친절과 일상성**

이 분명히 다르다. 시키는 대로 움직이는 것을 효율적이라고 간주했던 시기에서 그런 식으로는 더 이상 기업이 운영되지 않는 새로운 시대가 왔다. DJ는 그것을 지식경제 혹은 신경제라고 불렀고, 박근혜는 창조경제라고 불렀다. 그 이름이 뭐든 '군대 축구'와는 다른, 좀 더 창의적인 무언가가 필요하다고 인식하게 되었다. 문재인 정부는 '직장 내 괴롭힘'이라는 소극적 개념으로 여기에 접근했다. 그들의 한계다. 수직적인 구조를 그대로 두고 괴롭히지만 않게 하면 된다? 너무 소극적이다.

지난 세기, 포드 자동차의 헨리 포드가 컨베이어 벨트에서 자동차를 만들어 노동자들의 임금을 전폭적으로 높인 이후 형성된 '포디즘'을 통한 '대량 생산 대량 소비' 시대가 저물어간다. 이제 자동차 공장에는 로봇이 투입되고, 얼마 지나지 않아 AI가 공정을 지휘할 것이다. 기계적으로 반응하던 소프트웨어들이 서로 연결되고 융합되면서 커넥티드connected 상황에서 '스마트'해질 것을 요구 받고 있다. AI를 기획하고, 도입하고, 조율하며 새로운 방식을 연구하는 사람들에게 "까라면 까!"라는 군대식 방식이 통할까? 혁신과 창조가 상명하복으로 가능할까? 그게 되었다면 장군님이 지시하는 북한의 생산 조직들은 세계에서 가장 창조적인 조직이 되었을 것이다. 시킨다고 될 일이라면 "사장님들, 오늘부터 창조 경제 합시다"라고 지시할 수 있는 독재 국가에서 최고의 창의적인 기업들이 쏟아져 나왔을 것이다. 그게 말처럼 간단하지 않다. '조직의 쓴맛'이 지배하는 곳에서 창조는 나오지 않는다.

우리나라의 생산직 중심의 대기업 노조는 주로 임금을 높이는 데 많은 노력을 기울였다. 원래 노조가 그런 일을 하는 것만은 아니지만, 기업 단위로 묶이면서 사회적이거나 전체적인 구조보다는 개별 회사의 임금과 복지 문제에 주로 집중했다. 좀 더 사회적인 문제로 넘어가려고 하면 그건 노조 문제가 아니라 정치 투쟁이라고 질색했다. 사회적으로도 임금을 높이려는 활동에 대해서는 노조의 고유한 업무라고 생각하지만, 그걸 넘어서면 아주 난리를 쳤다. 그래서 주로 임금만 높였더니 이제는 '노조 이기주의'라고 또 난리를 친다. 어쩌라는 거냐! 그냥 한국 사회는 원래 노조를 싫어한다고 설명하는 게 가장 쉬운 설명이다. 이래도 싫고, 저래도 싫다. 그런 점에서 노조에 관한 시각만큼은 여전히 원시적 초기 자본주의에 가깝다.

　　이런 상황에서 변화가 온다. 대기업의 고령화된 생산직 중심의 노조 사이에서 상대적으로 젊은 사무직 노조가 새롭게 등장하고 있다. 현대자동차 같은 곳에서도 사무직과 연구직 중심의 노조가 생산직 노조와는 별도로 만들어지고 있다. 모든 문제를 '세대' 문제로만 환원하는 것은 나 역시 반대하지만, 확실히 한국 자본주의가 생산 중심에서 사무 중심으로 전환되면서 상대적으로 젊은 노동자들이 자신들을 대변할 수 있는 노조를 갖고 싶어 한다. 누가 지도하고 가르쳐서 생겨난 변화일까? 이제 한국 자본주의는 누가 지도하고 이끌어야 변화하는 정도를 넘어설 정도로 덩치가 커졌다. 누가 시킨 게 아니라 한국 자본주의의 구체적인 현장의 필요 때문에 생겨난 것

네이버 노조와 사무직 노조, 친절과 일상성

이다. 네이버 노조는 누군가 외부에서 '지도'하거나 '교화(!)'해서 생겨난 것이 아니다. 그들은 강압적인 근무 여건이 아니라 좀 더 '인간적'인 근무를 원할 뿐이다. 그게 시작이다.

　　네이버 노조를 만나고 나서, 이 상황이 앞으로 어떻게 펼쳐질지 무척 궁금했다. 그들은 덜 강압적이고 덜 위압적인 근무 환경을 원했다. 그게 무슨 노조인가 싶겠지만, 이것이 지금 한국 자본주의의 최전선 중 하나임은 분명하다. 결국 불행한 사건이 네이버에서 벌어졌다. 네이버 지도 앱 개발자 중 한 명이 직장 내 갑질을 당하고 자살하고 말았다. 네이버 노조는 네이버 최대주주인 국민연금에 책임자 해임을 요구했다. 기관투자자들이 기업의 공익을 지키도록 주주권을 행사하는 스튜어드십 코드[31]가 네이버 노조에 의해 요청된 것이다. 네이버와 국민연금, 그리고 IT 업계의 특수성, 이런 것들이 단번에 핵심 논점이 되었다. 지금까지 국민연금의 스튜어드십 코드는 말로만 있었을 뿐 누구도 감히 요청할 생각을 못 했는데, 네이버 노조가 그 문제를 들고 나온 것이다. 이 사건은 결과보다도 여기까지 가는 과정, 그리고 그 해법이 주목받는 일이다. 흔히 '노사 협상 → 협상 결렬 → 전면 파업'이 일반적 수순이다. 그런데

31

stewardship code, 기관투자자가 수탁자로서의 책임을 다하도록 행동원칙을 규정한 자율규범. 기관투자자의 수탁자 책임에 관한 원칙으로, 기관투자자들에 대한 행동원칙을 규정한 자율규범을 말한다. 기관투자자들은 위탁자의 재산을 관리하는 집사(steward)처럼 행동해야 한다고 하여 붙여진 이름이다.

난데없이 국민연금이라니? 아니, 네이버의 최대주주가 국민연금이었어? 그럼 공기업하고 뭐가 달라? 참, 네이버가 파업하면 어떻게 되나? 여기도 비행기나 철도처럼 파업이 제한되는 국가 기반 시설이야, 아니야? 이런 수많은 질문들이 따라오게 된다.

이 과정에서 불법도 없고, 집단행동도 없다. 하지만 한국 자본주의에서 무엇이 첨예한 최전선인지 질문을 던지게 해주었다. 기존의 대형 노조들이 움직이는 방식과 네이버처럼 젊은 직원들이 새로 만든 노조가 움직이는 방식은 확실히 다르다. 똑같은 민주노총 계열이지만, 사람들에게 편견으로 인식되어버린 강성 노조 '민노총'과는 움직이는 결이 다르고 뉘앙스도 다르다. 무엇보다 노조를 만들고 싸우는 이유가 조금은 다르다.

자본주의에서 이런 장면을 처음 본 것은 아니다. 68혁명 이후 새로 생겨난 신좌파의 흐름 속에서 워크플레이스 데모크라시, 우리말로는 작업장 민주주의, 일터 민주주의라고 번역되는 흐름이 유럽 노조 속에서 자연스럽게 생겨났었다. 우리에게 노조는 '경제 투쟁', 즉 임금을 높이는 것이 전부처럼 비치지만 그렇지 않다. 그런 흐름의 결과로 프랑스는 한 산업에서 주도적인 노조가 맺은 협약이 노조가 없거나 소수 노조밖에 없는 다른 산업의 표준 협약이 되는 산별 노조 전통을 이루었다. 노동 조건이 노동 임금 상승보다 더 중요할 수도 있다. 독일은 여기에서 나아가서 회사 운영위원회에 노조 쪽 인사도

**네이버 노조와 사무직 노조,
친절과 일상성**

들어가고, 비노조원을 대표하는 인사도 들어가고, 심지어 시민이라는 이름으로 지역 주민도 들어간다. 그게 하나의 역사가 되었다. 시대도 다르고 맥락도 다르지만, 신좌파의 영향을 받은 68혁명 이후의 유럽 노조가 작동하는 방식과 네이버 노조의 방식이 다르지 않다. 그걸 누가 가르쳐주었을까? 그저 그들을 친절하게 대한 민주노총의 화섬노조가 있었을 뿐이다.

한국노총의 은행 사무직 노조를 중심으로 직장 갑질을 비롯한 조직 구조와 문화 문제가 이슈화된 지도 벌써 수년이 지났다. 그러나 매번 누군가 직장에서 죽고 나면 잠시 애도하는 분위기를 갖다가 이 문제를 구조적으로 풀고자 하는 움직임이 지속되지는 않았다. "먹고살아야 하니까"의 나쁜 의미가 작동했다. 그리고 매번 한국 기업의 후진성에 대해서만 욕을 했다. 프랑스, 독일, 스웨덴 같은 기업들의 자유롭고 수평적인 분위기가 어느 날 하늘에서 뚝 떨어진 것은 아니다. 모든 구조가 기원과 변천의 과정을 갖듯이 제도 역시 기원과 변화의 과정을 갖는다. 우리도 이제야 군대식 기업 조직으로부터 벗어나려는 초입에 서 있을 뿐이다. 문재인 정부가 들어서면서 '직장 내 괴롭힘 방지법'이 생겨나서 최소한의 안전장치가 생기기는 했지만, 그야말로 "때리지 마라"라고 명령하는 것이어서 그러한 행위가 발생하는 근본적 구조에 대한 얘기는 아니다. 직장에서 누군가 괴롭히고, 누군가는 당하는 것을 민주주의라는 눈으로 보지 못하는 걸까?

군사 독재 시절, 아니 그 이전에 일본 군국주의 시절부터 한국 기업에 DNA처럼 심겨져 있던 군대식 위계가 21세기의 첫 20년이 지나고서야 조금씩 빠져나가고 있다. 진보나 보수나 우리는 자랑스러운 민주주의 역사를 가지고 있다고 말하며, 저마다 자신들이 민주주의의 진정한 후계자라고 말한다. 그러나 한 가지 확실한 것은 우리가 민주주의를 자생적으로 만들어낸 것이 아니라, 우리도 책에서 민주주의를 배웠다는 사실이다. 그래서 우리는 국가 혹은 정부 차원의 큰 민주주의, 정치적 민주주의를 민주화의 전부로 생각해왔다. 그리고 학습한 대로 국가 차원의 민주주의, 즉 큰 민주주의를 어느 정도 이루었다. 그걸 더 세게, 끝까지 하는 것이 다음 단계의 민주주의라고 생각했다. 최장집의 『민주화 이후의 민주주의』는 형식적으로 정권 교체를 이루어낸 다음, 어떻게 민주주의를 되돌릴 수 없는 상태로 강하게 만들 것인가라는 질문을 담고 있다. 국가를 민주화시키고, 그걸 더 강화하는 것을 다음 단계로 보았다. 그런데 원래 그걸 만든 사람들은 국가만이 아니라 기업 혹은 가정과 같은 생활 민주주의의 다음 단계를 조용히 밟고 있었다. 큰 민주주의만 민주주의인가? 한때 전 세계를 휩쓸었던 마르크스주의 사회학자 앙리 르페브르^{Henri Lefebvre}가 하루하루의 삶, '일상성'을 얘기할 때 우리는 무슨 소리인가 했다. 1980년대 민주화를 만든 586세대가 욕을 죽어라 먹는 이유는 그들이 국가 차원의 큰 민주주의만 얘기했을 뿐 일상성의 눈으로 보면 정말 개판인 일상을 살았기 때문이 아닐까?

자본주의가 무식하고 매정하고 냉혹한 것은 맞다. 그렇

네이버 노조와 사무직 노조,
친절과 일상성

더라도 현대 자본주의가 일하다가 상사와 갈등이 생기고, 직장 동료와 사이가 틀어져서 자살할 정도로 이상한 것은 아니다. 일이 적성에 맞지 않거나 미래가 보이지 않거나 혹은 너무 재미없어서 그만둘 수는 있다. 하지만 회사 내 인간적인 일로 극단적인 선택을 하는 것은 한국 자본주의에 내재한 강력하지만 결국 일시적인 문제일 뿐이다. 이 문제는 50대에게는 별것 아닌 문제로 보이고, 20대에게는 큰 문제로 보인다. 일하다가 상사, 기껏해야 팀장 정도의 중간 관리자에 지나지 않은 사람과의 문제로 스스로 목숨을 끊는 게 말이 되느냐? 이 정도 문제조차 해결하기 어려울 정도로 자본주의가 허술한 시스템은 아니다.

　　　우리는 사회적으로 이 문제를 그냥 당사자가 그만두면 된다고 처리했다. 개인의 절실한 문제에 대한 적당한 해법일 수는 있지만 사회적으로는 폭탄 돌리기와 다를 게 없다. 그다음에는 또 다른 자본이 '워라밸'을 얘기하며 다른 돈을 더욱 많이 쓰게 만들었다. 돌아보면 그나마 험악하게 돈 쓰지 말라고 '소확행'을 얘기한 사람은 자본주의, 특히 일본 자본주의에 그다지 고분고분하지 않은 무라카미 하루키 아니었던가? 마음이 아픈 사람에게 잠시 위로해주고 돈을 털어가는 것이 소비자를 상대하는 소비 자본이 아주 잘하는 일이고, 소소한 행복으로 여기에 맞서는 것은 분명히 작은 저항이기는 하다. 그러나 그렇게 해서 문제가 풀리지는 않는다. 그렇게 우리는 평화로운 정권 교체가 이루어진 YS 이후 혹은 민주당이 정권을 잡은 DJ 이후, 그냥 못 본 척하고, 그만두거나, 정 견디기 힘들면 직장 밖에서 신나게 놀면서 30년을 버텨왔다. 이제 그런 건 그만할 때도 되지 않았는가? 회사에서 일하는 것도 힘든데, 그 힘든 것을 참기 위해 더 힘든 술을 마시는 건 진짜 미친 짓이다. 그런 걸 우리는 '낭만'이라고 불렀다.

오랫동안 한국의 기업은 삼성의 표현처럼 '또 하나의 가족'이라는 기업 문화가 강했다. 어느 날 직원들이 질문하기 시작했다. 그런데 도대체 어떤 가족이 자기 식구를 해고하지? 한국 자본주의가 만든 이상한 문화와 21세기를 살아가는 실존적 개인이 충돌하는 그 장소에서 고스트의 속삭임이 들려올 것이다. 좌파가 교육과 훈련으로 탄생하는 걸까? 그렇지 않다. 자본주의의 구조적 문제가 있는 바로 그곳에서 좌파는 생겨난다.

막심 고리키Maxim Gorky의 소설 『어머니』를 읽고 눈물 흘리던 시절이 나에게도 있었다. 이제는 나도 『어머니』를 읽고 울지는 않을 것 같다. 집회에 나섰다가 죽은 아들의 깃발을 대신 들고 나선 어머니에 관한 이야기다. 이제는 집회에서 죽는 사람은 없고, 대신 직장에서 죽는 사람이 훨씬 많다. 이런 현장에서 좌파가 등장하지 않으면 그것도 이상한 일이다. 박근혜가 내걸었던 청년 고용율이 70퍼센트다. 그 숫자가 달성되려면 청년들이 이것저것 가리지 않고 비정규직이라도 고마워하며 일해야 한다. 그렇게 들어간 수많은 직장에서 책이나 드라마가 보여주지 않는 희한한 공화국의 현실을 마주하게 된다.

네이버 노조와 사무직 노조,
친절과 일상성

문화와 예술, 그리고 프레카리아트

1.

얼마 전 대학로에서 연극 〈단테의 신곡 - 지옥편〉을 보았다. 연극을 보러 가는 게 일상적으로 쉬운 일은 아니다. 〈단테의 신곡〉을 좋아하지만, 그렇다고 만사를 제쳐놓고 볼 정도로 열성적으로 살지는 않는다. 연극은 주로 저녁에 하는데, 아내가 퇴근한 후 육아를 교대하고 나오는 게 간단한 일은 아니다. 게다가 천국 얘기는 떼어내고 앞의 지옥 얘기만 가지고 세 시간 가까이 진행되는 연극을 보자니 덜컥 겁이 났다. 게다가 코로나 한가운데다. 그 시간 동안 마스크를 쓰고 연극을 볼 생각을 하니 이런저런 꾀가 났다. 그래도 연출가가 워낙 친한 사람이라 안 갈 수 없었다. 저녁 공연이 시작하기 전, 콩국수 한 그릇 꽉 채워서 먹고 단단히 마음먹고 길을 나섰다.

이런 열악한 조건인데도 표는 매진이었다. 인상적이었던 것은 장면을 바꿔가며 계속해서 등장하는 악령을 연기하는 배우들의 난이도였다. 많은 무용 동작은 물론 악령을 표현하기 위해 온몸을 뒤집어쓴 몸을 가리는 의상이 예술적이었다. 몸에 딱 붙는 의상은 때로는 얼굴까지 가렸다. 저런 옷을 몇 벌을 갈아입어야 하는 거야? 배우 중 몇몇은 이름이 없는 것은 물론이고 문자 그대로 얼굴마저 나오지 않는, 진짜 무명 배우들이었다.

극장을 나오면서 어쩌면 극장에서 상영하는 영화보다 연극이 AI 시대에 더 오래 갈지도 모르겠다고 생각했다. 팬데믹이 길어지면서 극장 영화, 흔히 시네마 산업이라는 곳에 대대적인 위기가 왔다. 셋톱박스로 영화를 보는 OTT^{Over-the-top}가 극장을 대체할 수 있다지만, 수익 배분 구조로는 비교할 상황이 아니다. 과연 코로나 이후에 사람들이 다시 극장으로 갈 것인가, 이 산업의 미래는 어떻게 될 것인가 등등 얘기가 많다. 어쩌면 주기적으로 팬데믹이 오면 영화 산업은 지금과 비교할 수 없을 정도로 작아질지도 모른다. 코로나가 터지기 전, 2019년 한국인들은 1년에 4.34회 영화를 보았다. 미국보다 두 배 조금 안 되는 수치다. 엄청나게 본 거다. 팬데믹 이후, 어떻게든 〈마블 시리즈〉를 만들어낸 할리우드야 버틸 수 있겠지만, 한국 영화에 대해서는 전망이 엇갈린다. 앞으로도 1년에 네 번 넘게 극장에 갈 것인가? 쉽지 않다.

조금은 공상 같은 얘기이지만, 시나리오도 AI가 쓰고,

**문화와 예술,
그리고 프레카리아트**

배우도 AI들이 나오고, 심지어 감독도 AI가 연출하는 영화가 나오지 말라는 법이 없다. 그걸 누가 봐? 모른다. 지금보다 훨씬 고난이도의 액션을 자연스럽게 연기하는 AI 액션 배우에 우리가 열광하지 않으리라는 보장은 없다. 정우성의 얼굴에 송강호의 표정, 이런 다양한 조합이 AI에서는 가능하다. 사람들이 가장 원하는 것, 사람들이 가장 지갑을 잘 열 것 같은 요소를 통계적으로 조합하는 것만으로도 아주 상업적인 영화를 만들 수 있다. 게다가 아주 싸다면? 그게 영화야? 이렇게 반문할 사람도 있겠지만, 좋은 영화인지는 모르겠지만 잘 팔리는 '상업' 영화는 될 수 있다.

〈단테의 신곡〉을 보고 나오면서 AI 시대에도 연극은 살아남을 수 있을지도 모르겠다고 생각했다. 연극은 이미 혹독한 후기자본주의를 버텨 아직도 살아남은 예술이기 때문이다. 솔직히 나처럼 눈이 별로인 사람은 연극 무대에서 배우의 표정이 보이지 않는다. 대형 TV 속 4K 영상으로 극단적으로 클로즈업한 배우의 얼굴 숨구멍까지 볼 수 있는 시대에 멀리 떨어진 배우들의 과장되고 때로는 어색해 보이는 대사 처리와 표정을 보면 어딘가 부자연스럽다. 거실에 편안하게 앉아서 잠깐 정지해놓고 커피를 들고 오고, 잠깐 치킨도 배달시키고 보는 것에 익숙해져서인지 시간 맞춰 공연이 열리는 연극 극장에 가고, 적지 않은 시간을 앉아 있는 게 이제는 힘들다.

그런데도 영화나 드라마가 넘쳐나는 시대에 누구나 알고 있는 단테의 〈신곡〉이나 도스토옙스키의 〈카라마조프의 형

229

제들〉 같은 작품이 여전히 한국 연극 무대에 올라간다. 사람들은 여전히 단정하고 깨끗한 옷을 차려 입고 극장으로 온다. 영화처럼 대규모는 아니지만, 연극을 보고 싶어 하는 관객이 아직은 한국에 존재한다.

몇 년째 일상을 두 아이를 보는 것에 맞춘 까닭에 연극을 보러 가기가 쉽지는 않지만, 단순히 그 이유 때문에 연극을 덜 본 건 아닐 것이다. 연극을 보는 두세 시간 동안 수많은 생각을 하게 된다. 성찰이라는 단어를 쓸 정도로 깊은 생각은 아니지만, 연극의 내용부터 별의별 지난 순간의 경험이 그 짧은 시간에 지나간다. 상념이라고 해야 할까, 아무튼 그런 습관이 있다. 특히 〈파우스트〉나 〈단테의 신곡〉처럼 기본 줄거리를 알고 있는 고전의 경우에는 더욱 그렇다. 그러나 극장에서 영화를 보거나 거실 TV로 영화를 볼 때는 생각이 찾아오지 않는다. TV를 보다가 딴 생각이 나면 좀 더 재밌고 자극적인 다른 채널로 바로 돌려버린다. 마치 낯선 곳으로 여행을 가서 처음 보는 바다에서 파도를 보노라면 뭔가 새로운 감정이 밀려오는 것과 비슷하다. 물론 같은 바다라도 아이들과 같이 가면 겨울 파도에 애들 옷이 젖을까 초집중해서 보게 되니 아무 생각이 들지 않는다. 연극을 보면서 느끼는 이 경험이 신비롭기는 하지만 그만큼 에너지 소비가 크다. 무엇보다 정신적으로 부담스럽다. 사람들이 마음이 복잡할 때 액션 영화를 보는 건 아무 생각없이, 아니 생각 자체를 비우고 싶기 때문이 아니겠는가? 액션 영화에서 주인공의 사랑과 고뇌, 또는 사회적 구조악은 앞

230

으로 이어질 주인공의 가차 없는 폭력에 알리바이를 제공하는 것으로 충분하다. 사랑이든 애국이든 혹은 과도한 집착이든 상관없다. 액션에 알리바이만 있으면 팝콘을 먹으며 즐기는 데 아무 상관없다. 하지만 연극은 시간 내내 뭔가를 계속해서 생각하고, 특히 내 삶에 대해 아주 많이 생각하게 만든다. 삶에는 의미 있겠지만 정신적으로는 지친다. 때때로 고뇌에 찬 결심도 필요하지만, 매일 새롭게 결심하면서 살 수는 없지 않은가? 그건 피곤한 일이다.

　　내가 연극을 볼 때 가장 많이 생각하는 것은 예술적이지 않을 게 분명한 눈앞의 배우들의 일상적 삶이다. 어쩌면 연극을 만드는 사람들 혹은 배우들을 잘 알다보니 그런 쓸데없는 생각이 드는 건지도 모른다. 젊은 배우일수록 더욱 그렇다. 나중에 〈단테의 신곡〉 연출가에게 지옥에 등장하는, 얼굴도 나오지 않는 여러 배우들에 대해 물었더니 주로 신인이고, 출연료를 많이 못 챙겨주어서 미안하다고 말했다. 그들은 원래도 돈을 적게 받는데, 코로나 상황이라서 더 그랬을 것이다. 배우만이 아니라 무대 세트와 조명 등 한 편의 연극이 관객 앞에 서기까지 수십 명이 몇 달 동안 함께한다. 그들은 왜 연극을 할까? 연극배우를 하다가 운이 좋으면 영화배우가 되어서 큰돈을 벌수 있기 때문이라 여기는 사람들이 많다. 물론 그런 일도 있지만, 그런 이유로 연극을 시작하는 사람은 거의 없다. 확률적으로도 너무 낮다. 영화나 드라마로 가고 싶은 사람들은 아예 처음부터 기획사에 소속되는 방식을 선택하지 연극의 말단 배우의 길을 가지 않는다. 대부분의 '연극쟁이'들은 "그냥 좋아서"라고 대답한다. 실제로 옆에서 봐도 정말 그렇다. 노동을 연봉, 지위, 그리고 약간의 매체에 대한 선호도로 파악하는 경제학자로서 내 눈에 들어오는 연극배우, 그리고 그보다 더 대책 없어 보이는 스태프들의 선택은 경제적 동기만으로는 설명하기 어렵다. 솔직히 이해되지 않는다.

　　이들의 선택은 운동권보다 더 선명하다. 운동권은 사명감이 있고 이데올로기가 있다. 소박할지 모르지만 세상을 더 낫게 만들겠다는 신념이 행위를 이끈다. 물론 요즘 연극을 선택한 사람들이 사회주의 리얼리즘 미학을 탑재하고 메시지를 강하게 드러내는 선전선동의 전사는 아니다. 그들은 정말로 '좋아서' 연극을 한다. 어떤 점에서는 비인기 종목의 운동선수들도 비슷해 보이지만, 그래도 그곳은 올림픽이나 아시안게임 같은 빅 매치가 있고, 비록 찰나에 불과하지만 국민적 관심이 따르고, 무엇보다 부상으로 따라오는 연금을 기대할 수 있다. 연극은 그런 게 없다. 정말로 "그냥 좋아서", 그렇게 밖에 설명할 수 없다.

2.

－ 내가 음악을 함으로써 사회에 도움이 되어야 한다는 것. 우리 모두가 조금이라도 더 기량을 쌓기 위

해 자기 스스로와 힘겨운 싸움을 벌이지만, 결국 그 과정은 모두 다른 사람들을 위한 것이어야 한다는 것. 관객을, 어린이들을, 노인들과 아픈 이들을, 다음 세대를 향해야 한다는 것. 책을 덮고도 한동안 헤어 나올 수 없었다. 말 그대로 감동을 받았다고 해야 할까. 그런데, 그게 정말 최후의 답일까?

손열음, 『하노버에서 온 음악편지』

피아니스트 손열음은 초등학교 5학년 때 〈영 차이콥스키 국제 콩쿠르〉 최연소 2위 입상을 했다. 지금은 세계적인 피아니스트다. 솔직히 손열음의 열성적인 팬은 아니었고, 그런 사람이 있나 보다 싶었다. 피아니스트로서 내가 챙겨듣는 것은 특색 있는 연주로 유명한 글렌 굴드Glenn Herbert Gould의 곡 정도다.

경제학자로 살다보면 사람들의 연봉과 경제적 삶에 대해 많은 관심을 갖게 된다. 손열음 정도 되는 톱클래스 연주자는 소득이 어느 정도일까? 늘 궁금했다. 어느 인터뷰를 보니 1억 원은 안 된다는 얘기에 관심이 갔다. 손열음이 LP 전성시대인 1970~1980년대에 활동했다면 이미 상당한 거부가 되었을 것이다. 바이올리니스트 바네사 메이Vanessa Mae가 데뷔했던, CD가 마지막 전성기를 누렸던 2000년대 초까지만 해도 우리가 상상할 수 있는 범위를 뛰어넘는 소득을 올렸을 테다. 여기, 유명한 사례가 있다.

1997년 데이비드 보위David Bowie는 자신의 스물다섯 장

앨범과 287곡의 미래 수익에 대해 이른바 '보위 채권'을 판매했고, 1,280억 원을 바로 받았다. 요즘 가치로 환산하면 1조 원이 넘는 돈이다. '보위 채권'을 산 사람들은 보위의 음반 판매량이 이보다 넘어가면 수익을 낼 수 있다. 바로 팔린 걸로 미루어 그보다 많은 수익을 예상했을 것이다. 그러나 이후 MP3가 나오고, 파일공유 시스템이 만들어지면서 보위 채권을 산 사람들은 망했다. 음반 전성시대는 그렇게 서서히 저물어갔다. 비틀스와 퀸의 음반을 보유한 음반사 EMI가 도산 위기를 맞고 결국 소니에게 넘어갔다. 인수 가격은 23억 달러, 2.5조 원 정도였다. 450만 개의 음원 치고는 헐값이다. 1997년 시세라면 데이비드 보위급 가수 두어 명의 가치로 수많은 레이블이 팔린 것이다.

미국의 레너드 번스타인Leonard Bernstein과 독일의 헤르베르트 폰 카라얀Herbert von Karajan이 지휘한 오케스트라 곡은 전집이 앨범으로 발매되고 그 후에도 계속해서 발매되었다. 그 후로 어떤 지휘자도 이 정도의 명예를 누리지 못했다. 성악가 루치아노 파바로티Luciano Pavarotti나 플라시도 도밍고Plácido Domingo도 이 시기에 활동했다. 그 시기에 우리나라는 정식 라이선스 없이 해적판 앨범인 일명 '빽판'을 만들어 팔던 사람들이 떼돈을 벌고 건물도 샀다. 그야말로 음악의 세계에서 노스탤지어의 황금기로 기억에 남을 시대다. LP가 최고 전성기를 누렸을 때 활동한 소프라노 마리아 칼라스Maria Callas는 정말 숨소리마저도 LP로 만들어질 기세로 주요 공연이 앨범으로 발매되었고,

날개 돋친 듯 팔려나갔다. 만약 그녀가 지금 데뷔했다면? 앨범 몇 장이라도 냈으면 다행일 것이다.

예능 방송에서 종종 볼 수 있는 바이올리니스트 헨리는 10대에 바이올린과 피아노로 수많은 콩쿠르를 휩쓸었고, 줄리어드 음대The Juilliard School에 입학했다. 그 역시 음반 전성시대에 활동했다면 지금처럼 TV에 친숙하게 출연하기보다 신비주의 콘셉트로 대중과의 노출을 최대한 절제하는 방식을 활동했을 것이다. 그리고 아주 많은 앨범을 만들었을 것이다.

- (손사래 치며) 아유, 전혀 아니에요. 그렇게 돈을 많이 버는 직업이 아니에요. 프리랜서인 데다 일단 항공료와 호텔비 같은 여행 경비가 많이 들잖아요. 세계적 빅 스타인 마르타 아르헤리치Martha Argerich나 공연 횟수가 엄청 많은 예프게니 키신 Evgeny Kissin 같은 분이라면 모를까, 저는 그렇지 않아요. 또 돈을 주고 다른 사람에게 가사를 맡기는 것보다 제가 더 잘할걸요. (웃음).

  손열음,《경향신문》인터뷰, 2021년 7월 3일

손열음 같은 세계 톱클래스 스타도 일정을 무리하게 잡지 않으면 사람들이 생각하듯이 수억 원 대의 소득을 올리지는 못한다. 그 정도는 어느 정도 짐작했다. 그런데 정말로 내 눈을 사로잡은 것은 광고에 대한 손열음의 입장이다. 광고 제안을 거절한 손열음에게 기자가 물었다.

— 저는 연예인이 아니니까요.

광고 제안을 거절하는 유명인, 한국에서는 보기 쉽지 않다. 자신의 기획사, 딸린 식구들, 정당한 자본주의에서의 경제 활동, 광고 출연을 뒷받침하는 논리는 차고도 넘친다. 아파트 분양 광고나 대부업체 광고 등을 주저하는 사람들은 보았지만, 손열음처럼 자신은 연예인이 아니라는 이유로 광고를 거절하는 사람은 솔직히 처음 보았다. 물론 그런 사람이 더 있을 수 있고, 그 사연이 알려지지 않았을 수도 있다. 하여간 드물다. 마음이 급 짠해져서 손열음 CD를 주문했다. 그의 삶에 내가 보낼 수 있는 최소한의 지지다. 많은 예술인들이 사민주의에 대한 문화적 혹은 정서적 지지를 보내는 스웨덴이었다면 손열음의 삶은 사민주의의 상징적 존재가 되었을 것이다. 우리나라에서는 어렵다. 하지만 시민으로서의 예술, 그 정도 이야기는 할 수 있지 않을까 싶다. 정치적 입장을 싹 뺀 손열음의 담백한 삶에서는 장사꾼 혹은 자본의 음모가 사라진, 정말 좋아서 피아노를 연주하는 연주가로서의 시민의식만 남은 것 같다. 그 자체로도 아름답다.

손열음은 자신을 프리랜서라고 표현했다. 기획사에 소속되지 않고, 국립극단이나 시립 교향악단이 아니고, 대학에 소속된 예술가들이 아니면 한국에서는 대부분 프리랜서로 행

문화와 예술, 그리고 프레카리아트

정 처리된다. 월급 받는 사람들의 연말정산 대신 프리랜서는 매년 5월에 종합소득세로 세금을 정산받는다. 여기에서도 원천징수해서 이미 낸 세금보다 더 내야 하는 사람과 먼저 낸 세금이 너무 많아서 환급받는 사람으로 나뉜다. 당연히 더 내야 하는 사람들의 소득이 높다. 그리고 환급받는 상당수의 사람들의 연소득은 알바가 받는 최저임금에도 미치지 못하는 경우가 많다. 예술과 문화에 속한 사람들이 여기에 해당할 것이다. 무릇 부상으로 더 이상 공연을 할 수 없게 된 발레리나, 결혼과 출산 이후 다시는 무대에 복귀하게 어렵게 된 피아니스트, 프로젝트가 몇 번 좌초해서 어쩔 수 없이 붓을 놓은 애니메이션 배경 화가, 한때 톱클래스였지만 근근이 살아가는 예술가들, 내가 만난 프리랜서 예술가들의 눈물겨운 사연은 그것만으로도 책 한 권 분량은 족히 나온다.

최근 용어로는 이런 사람들을 '프레카리아트'라고 부른다. '불안정하다'는 의미의 precarious와 재산이 없는 '무산자無産者'인 프롤레타리아의 합성어다. 저소득으로 인해 삶이 불안한 비정규직과 프리랜서 혹은 플랫폼 노동자가 여기에 해당한다. 예술과 문화 분야에서 생산자 역할을 하는 사람들도 경제적으로 이 범주에 들어간다. 가슴 아픈 일이다. 좋아서 하는 거 아니냐고 말하는 사람들이 많은데, 이게 바로 문제의 출발점이다. 좋아서 한다고 해서 춥고 배고프고 고통스러워도 된다는 뜻은 아니다. 그렇다면 국가라는 존재는 왜 필요한가? 제2차 세계대전 이후 레지스탕스의 영웅 드골 장군이 정권을 잡고, 폐허 위에서 프랑스라는 국가를 재건했다. 그때 '문화 복지'라는 개념을 내세웠다. 문화에 종사하는 사람들에게도 복지를 제공하겠다는 개념이 아니라 모든 국민에게 문화를 복지의 차원으로 충분히 누리게 해주겠다는 개념이다. 국민들이 문화와 예술을 풍성하게 누리면 생산자들의 삶은 어느 정도 균형을 맞추게 된다. 우리나라는 이제 선진국이 되었지만 행정, 특히 경제 행정이 문화와 예술을 이해하는 방식은 그렇지 못하다. 수출에 기여하거나 국위 선양을 하면 "잘했어" 얘기한다. 나머지는? 네가 좋아서 한 거잖아, 네가 선택했으니 네가 책임져야지! 암호화폐 투자자에 대해 "나는 모른다"고 말하는 것과 다르지 않다.

우파들은 청년들에게 일자리가 남아도는 데도 "배가 불러서" 힘든 일자리를 갖지 않는다고 말한다. 그들이 말하는 일자리란 중소기업 일자리를 가리킨다. 소득과 안정성이라는 수치로 비교하면 제조업, 즉 공장에서 일하는 게 예술보다는 훨씬 안정성이 높다. 하지만 청년들은 그래도 영화, 드라마, 음악 일을 하고 싶어 한다. 예술을 이해하지 못하는 경제 공무원들은 '배가 불러서'라고 생각하지만, 선진국 경제가 원래 그렇고, 예술에 대한 선호도가 높은 것이 한국 경제의 근본적 강점이기도 하다. 그중에는 엄청난 성공을 바라는 이른바 리스크 선호형 투자도 있겠지만, 대부분의 예술가들은 "그냥 좋아서" 한다.

피아니스트 손열음의 에세이에는 음악을 하는 이유를 '사회적 책임'이라고 대답한 어떤 음악가의 인터뷰에 감동받

문화와 예술,
그리고 프레카리아트

은 사연이 나온다. 그다음 공연을 앞둔 친구의 부탁으로 한밤 중 텅 빈 강당에서 공연 전 카메라 없이 갖는 마지막 예행연습을 회상하는 내용이 이어진다. 서로 피아노를 치며 즐거워하고 감동한 사연을 한마디로 요약하면 "그냥 좋아서"라고 할 수 있다. 이 에피소드가 담긴 손열음 책의 제목은 『나는 왜 음악을 하는가』다. 나는 사회적 책임을 위해 음악을 하는 게 아니고 그저 좋아서 하는 거라는 의미가 아닐까.

그냥 좋아서 그 일을 하는 프레카리아트의 삶, 그것만큼 비경제적이고 비자본주의적인 삶은 없다. 자본주의에서 예술만큼 자본주의적이면서도 동시에 비자본주의적인 것은 없다. 그 불안한 삶은 시장 관계 속에서 갈등하고 충돌한다. 아름다움은 돈의 가치로 표현되지만, 돈만으로는 표현되지 않는 또 다른 초월적 속성을 갖는다. 만약 돈을 버는 게 좋아서 돈을 버는 사람이 있다면 주변의 가까운 사람들이 정신 감정을 받아보라고 권유할 것이다. 돈은 수단이지 목적이 아니다. 그러나 아름다움은 다르다. 아름다움이라는 목적을 위해 경제적 대가를 희생하는 사람에게 우리는 고결하거나 아름다운 삶이라고 예찬하지 불쌍한 삶이라고 말하지 않는다. 그러한 삶에 감동하는 것은 손열음처럼 최고 수준에 도달한 사람에게만 느껴지는 것이 아니다. 고등학교 시절, 서울예고 졸업 연주회에 간 적이 있었다. 그때 〈그리운 금강산〉을 들었는데, 그야말로 내 생애 최고의 〈그리운 금강산〉이었다. 조수미에게서도, 홍혜경에게서도, 최근에 활동하는 줄리어드 음대를 나온 홍혜란에게서

239

도 느낄 수 없는 감동이었다.

한국이 선진국이 된다는 것은 아름다움을 추구하는 사람들의 삶이 경제적으로 유복하거나 풍족하지는 않아도 이 분야에 인생을 걸고 싶어 하고, 그 길을 걸어가는 예술 청년들이 토로하는 '비루함'을 느끼지 않는 것을 의미한다. 이를 위해 혁명 같은 엄청난 일이 필요하지는 않다. 프랑스나 독일 정도의 적절한 수준으로 문화 정책과 다양성을 확보할 수 있는 장치를 마련하는 것으로도 지금 같은 최악의 상황은 피할 수 있다. 음원 소득이 자기가 음악을 들을 때 스트리밍 플랫폼에 지불하는 금액만큼도 안 된다는 어느 피아니스트의 얘기가 잊히지 않는다.

문화예술은 자본과 가장 상관없는 동기로 일하면서 동시에 프레카리아트로서 자본의 모순에 가장 첨예하게 노출된 분야다. 은행가나 트레이더가 자신의 일을 하면서 엄청난 긴장감을 느낄까? 아름다움을 위해 혹은 거래 그 자체의 역동성을 사랑해서 은행가가 되고 매일매일 주식을 거래하는 트레이더가 되었을까? 그 일을 하다 보니 자신의 일을 사랑할 수는 있겠지만 원래 그 일을 사랑해서 은행에 입사한 은행가를 본 적 있는가? 뮤지컬 영화 〈메리 포핀스〉에 나오는 아빠의 이름은 '뱅크스'다. 그가 돈만 사랑하는 은행가에서 자녀를 사랑하는 온화한 아빠의 본성으로 들어오는 것이 클라이맥스다.

예술가가 돈과 일 사이에서 고민하는 건 본질적인 문제다. 그 일이 좋아서 하는 것이다. 왜? 그냥! 그렇지만 그 일을

**문화와 예술,
그리고 프레카리아트**

위해 어쩔 수 없이 시장 안에서 자신의 노동을 적절히 팔기 위해 널뛰기한다. 공연을 앞둔 연극인과 연주자, 전시회 날짜가 잡힌 화가, 새 책의 출간을 앞둔 소설가…… 모두 자신들의 작품이 어떻게 될지 모르는 상태에서 세상에 내보내야 한다. 마르크스는 『자본론』 서문에서 이것을 '위험한 도약'이라고 불렀다. 상품을 생산해서 세상에 내보낼 때 그것이 소비자로부터 구매될지 모르는 상황에서 만들고 시장에 내보낸다는 의미다. 팔리는 것은 도약이고, 그것을 기대하면서 뭔가를 생산하는 것은 위험을 감수하는 일이다. 좀 더 고상한 용어로 표현하면 '생산의 무정부성'이라고 부르기도 한다. 무엇보다 예술이 가장 위험한 도약인 까닭은 수많은 예술가, 특히 청년 예술가들이 단 한 번의 실패로 다시는 다른 기회를 가질 수 없다는 불안감 때문이다. 그 불안감은 여러 번 성공한 영화감독이라고 피할 수 없다.

경제학의 눈으로 자본주의 안에서 예술의 딜레마는 한 가지가 아닐까 싶다. 영화, 연극, 미술, 심지어 방송에 이르기까지 문화 예술 생산자들로부터 가장 많이 듣는 얘기이기도 하다. "네가 보고 싶은 거 말고 사람들이 보고 싶은 것을 만들란 말이야!" 자기가 만들고 싶은 것과 보고 싶은 것 사이의 차이는 중세에도 극복되지 않았고, 지금도 극복되지 않았다.

자신의 그림을 판매해서 거부가 된 최초의 화가는 파블로 피카소Pablo Picasso였다. 팔리지 않는 가내 수공업 같은 미술을 하이엔드 아트 산업의 경지로 끌어올렸다. 피카소는 평생을

고스트의 속삭임이 들릴 때 **3장**

좌파로 살았다. 한국전쟁 당시 벌어진 불행했던 사건을 주제로 〈한국의 학살Massacre in Korea〉을 그리기도 했다. 독재자 스탈린을 우스꽝스럽게 그렸고, 최고지도자를 조롱했다고 1957년 프랑스 공산당에서 제명당했다. 온갖 우여곡절에도 1962년에는 소련이 노벨평화상에 대응하기 위해 만든 '레닌평화상'을 수상하기도 했다.

3.

아주 예전에 미국의 영화 웹사이트에서 배우 마크 마이어스Mike Myers가 트로츠키주의자라는 얘기를 보았다. B급 화장실 유머가 가득한 영화 〈오스틴 파워〉를 보고 너무 재밌어서 세 편의 DVD 시리즈를 샀다. 그가 슈렉 목소리로 전 세계 어린이들의 히어로가 되기 전이다. 2011년 10월 '월가 점령 시위'가 벌어졌는데, 마크 마이어스는 캐나다 토론토의 집회에 직접 참가했다. 대선을 앞두고 오바마에게 1만2천 달러를 기부하기도 했다. 유명 인사가 지구환경 등 생태나 환경 이슈로 집회에 참가하는 것은 드문 일이 아니지만, 월가 시위 같은 경제적 이슈에 직접 모습을 드러내는 것은 그렇게 흔한 일이 아니다.

우리나라에서는 거의 보기 어렵지만, 대선같이 큰 이벤트에서 미국이나 프랑스에서 셀럽들이 자기 입장을 밝히는 것은 이상한 일이 아니다. 1988년 프랑스 대선에서 프랑수아 미테랑과 자크 시라크가 맞붙었다. 〈고엽〉으로 유명한 가수 이브 몽땅Yves Montand이 미테랑을, 미남 배우의 대명사 알랭 들롱Alain Delon이 시라크를 지지하는 대격돌이 벌어졌다. 내가 본 가장 아름답고 멋진 대결이었다.

한국은 군사 정권 시절 정치적으로 억압당하며 유명인들이 사회적으로 자기 생각을 밝히는 것을 좋아하지 않게 되었다. 한국에서 공개적으로 자신을 좌파라고 밝힌 예술인은 내가 알기로는 없다. 투자를 받아야 하는 영화감독도 자신의 신념을 밝히는 일을 꺼리고, 기획사에 소속된 배우들은 더 그렇다. 2008년 8.15 촛불집회에서 가수 양희은이 무대에 올라 〈아침이슬〉을 불렀다. 노래 시작하기 전과 끝나고 난 뒤, 정말 한마디도 하지 않고 노래만 부르고 갔다. MB 시절 일이다. 매니저의 간곡한 부탁으로 촛불집회에 나오게 되었다고 들었다. 박정희 시대에 수많은 노래들이 금지곡이 되고, 정치적으로 어려움을 겪었던 양희은마저도 자신의 정치적 색깔을 말하기에 한국은 편하지 않다. 하지만 여기도 다 사람 사는 곳인데 그런 성향이 없을 리 없다.

영화 〈씨받이〉(1986년)로 유명한 배우 강수연은 우리나라가 아니었다면 좌파를 대표하는 배우가 되었을 거다. 한진중공업 정리해고 문제로 김진숙이 크레인 위에서 309일 동안 고공농성을 벌였던 적이 있었다. 그해 열린 〈부산영화제〉에서 김진숙을 만나러 갈지 말지를 놓고 영화인들 사이에서 크고 작은 논란이 있었다. 그때 당연히 가야 한다고 상황을 정리한 사람이 강수연이었다. 그걸 옆에서 지켜보며 감동했었다. 물론 그녀도 나중에 욕을 엄청나게 먹었다. 할리우드에는 해리슨 포드나 톰 행크스를 비롯한 유명한 '리버럴', 민주당을 지지하는 배우들이 있다.

서부 영화로 유명한 존 웨인^{John Wayne} 시절만 해도 베트남 전쟁을 강력하게 지지하고, 공산당을 물리쳐야 한다는 보수주의자들이 할리우드 원로였다. 하지만 미국의 우파를 대표하는 존 웨인이 백악관에 직접 부탁해서 만든 베트남 전쟁 참전 독려 영화 〈그린 베레^{Green Beret}〉(1968년)를 실제로 본 사람은 거의 없다. 〈배달의 기수〉 같은 홍보 영화를 누가 돈 주고 보겠나?(한국에서는 군사 정권 시절에 나름 성공한 영화가 되었다). 반면 베트남 전쟁 반전 영화인 〈지옥의 묵시록〉(1979년)이나 〈디어 헌터〉(1978년)는 영화사의 한 편을 장식했다. 〈디어 헌터〉에 나오는 러시안 룰렛은 수없이 반복되고 또 반복되었다. 그 전에는 그런 게 있는 줄도 몰랐다.

청년들이 새로 등장할 때 기존 질서는 균열이 생긴다. 전형적인 68세대였던 조지 루카스^{George Lucas}가 〈스타워즈 4〉를 만들었을 때 서른세 살이었다. 당시 젊은 감독들이 그랬듯이 그는 영화에 투자하는 스튜디오의 영향으로부터 벗어나고 싶어 했다. 〈스타워즈〉 제작비는 1,100만 달러였는데, 이는 대규모 투자를 받는 상업 영화와 인디 영화의 중간에 걸쳐 있는 액수였다. 제작비가 부족해서 다시 촬영한 일부 전투 장면은 조지 루카스의 집 주차장에서 찍은 것으로 유명하다. 〈스타워즈〉

**문화와 예술,
그리고 프레카리아트**

는 빅히트했다. 조지 루카스는 영화의 특수 효과의 새로운 길을 열었고, 영화의 사운드를 극장에서 제대로 감상하기 위한 THX[32]라는 방식은 극장 특수음향의 규격이 되었다.

　　어느 날, 루카스는 대성공을 거두었지만 그렇게 극복하고 싶어 했던 스튜디오 시스템이 되어버렸다는 느낌을 받는다. 자신이 바로 스튜디오, 이제는 거대 제작사가 되어 있던 것이다. "다스 베이더가 자신의 자화상 같다"는 그의 인터뷰를 보면서 나는 이유를 알 수 없는 슬픔에 빠졌다. 이제 그는 무슨 재미로 살아갈까, 그런 생각을 했었다. 내가 〈스타워즈〉 DVD에 보너스 트랙으로 들어간 인터뷰를 보고 몇 년이 지나서 조지 루카스는 〈스타워즈〉에 관한 모든 것을 월트 디즈니에 넘겼다. 그가 할리우드 영화 시스템에 만든 균열은 전복을 일으키지는 못했다. 하지만 〈스타워즈〉 없는 할리우드 역사는 얼마나 밋밋하겠는가. 조지 루카스가 할리우드 제작 방식을 완전히 바꾸지는 못했지만, 어쨌든 이전에는 없던 새로운 스타일을 만들어냈다. 그리고 자신이 그렇게 극복하고 싶어 하는 또 다른 스튜디오가 되었음을 느낀 순간, 그는 모든 것을 내려놓았다. 그에게 돈은 남았지만 아내는 떠나갔고, 두 딸도 그를 떠났

---

32 ────────────────────────────────────

조지 루카스가 설립한 루카스필름의 자회사. 영화와 영화관, 음향기기, 미디어 등의 시스템 규격 명칭으로도 유명하다. 이름은 조지 루카스의 첫 작품인 〈THX1138〉에서 유래했다. 2002년 분리되어 Creative Labs에 인수되었으며 2016년 RAZER에 인수되었다.

다. 〈스타워즈〉 2편의 아나킨 스카이워커^{Anakin Skywalker}와 아미달라 여왕의 결혼식 피로연은 화려했다. 루카스는 피로연 장면 촬영에 두 딸을 초대했다. 그는 그날 아주 행복했다고 한다. 예술은 무엇이고 인생은 무엇인가, 그런 생각이 들었다.

예술은 그 자체만으로도 전복적이다. 새로운 창작을 요구하고, 새로운 해석을 요구하고, 이전에는 없던 스타일을 추구한다. 레오나르도 다 빈치가 그린 〈최후의 만찬〉은 중세에 대한 도전장 같은 그림이다. 그 그림에 등장하는 예수는 다른 그림에는 존재하던 후광이 없다. 예수도 인간이라는 점을 강조하기 위해 일부러 그리지 않았다. 전복적인 그림이다. 자본주의도 마찬가지다. 아니, 오히려 상업적인 방식으로 움직이는 자본주의의 전복의 속도가 더 빠르다. 할리우드가 움직이는 방식은 문화자본주의 그 자체일지 모르지만, 할리우드가 만드는 많은 영화는 반정부적이고 때로는 반대통령적이다. 최전선에 있는 활동가들만큼 빠르게 변하지는 못하더라도 세상의 변화를 인식하지 못하는 사람들이 느끼기에는 매우 빠르다. 백설 공주에 히스패닉이 캐스팅되고, 인어 공주와 팅커벨도 흑인으로 바뀌었다. 넷플릭스가 만든 드라마 〈빨간 머리 앤〉에는 인도 계열 이민자가 앤의 친구로 등장한다. 우리가 살아가는 시대를 스크린에 담아내는 데 주저함이 없다. 정치적 올바름을 위해서라고 간단히 해석하지만, 길게 보면 오히려 그게 돈이 되는 시대다.

모든 예술이 좌파적인가? 그렇지는 않다. 시스템을 지

키고, 구조를 옹호하는 극우적이며 때로는 지독할 정도로 반동적인 예술도 존재한다. 그렇지만 그 반대편에는 극좌 이상 때로는 무정부적인 아나키즘을 지향하는 예술도 있다. 그렇게 많은 것들이 관객 앞에서 기묘한 균형을 찾아가는 것이 예술의 세계다. 가장 상업적이라고 하는 할리우드의 세계에서도 그런 전복적 질서를 보여준다.

자본주의 세계에서 새로운 것에 대한 상상은 주로 좌파 진영에서 나온다. 그것이 시스템에 흡수되거나 동화되고, 자본주의가 가보지 않은 새로운 모습으로 변한다. 그렇게 해서 수정자본주의가 나왔고, 사회주의 요소와 혼합된 여러 정책이 등장했다. 그리고 그 맨 앞에 예술이 서 있다. 이론? 예술보다 이론이 먼저 움직일 수는 없다. 현실을 뒤따르며 분석해서 나오는 것이 이론이다. 만약 이론이 현실보다 먼저 움직인다면, 그건 판타지일 뿐이다. 예술은 다르다. 불운한 현실 속에서 가장 먼저 튀어나오는 것이 예술이다. 그래서 맨 앞의 가드보다 더 앞에 있다는 의미에서 아방가르드^{avant-garde}라는 말을 종종 사용한다. 꼭 그렇게 하고 싶어서가 아니라 새로운 예술이 등장하기 위한 필요조건이 그런 것이다. 그래서 청춘은 예술적인 면에서 의식하든 의식하지 않든 스스로 아방가르드 위치에 서게 된다.

이념으로서의 좌파와 삶으로서의 좌파는 좀 다르다. 20세기에 등장한 사람 가운데 세상을 가장 많이 바꾼 좌파를 꼽는다면 누구를 떠올리겠는가? 나는 주저 없이 샤넬을 꼽을 것 같다. 샤넬도 좌파야? 화가 피카소와 극작가 장 콕토 혹은 스트라빈스키 같은 사람들이 샤넬이 대화하고 교류했던 사람들이다. 샤넬은 여성의 가방에 끈을 달고 그들의 손을 자유롭게 만들어주었다. 바지를 유행시켜서 스커트를 입지 않고도 생활하게 해주었다. 샤넬은 여성들도 말을 탈 수 있는 세상을 꿈꾸었고, 여성들이 스스로 운전할 수 있는 세상을 자신의 패션으로 만들고 싶었다. 운전은커녕 승용차에 타는 것도 누군가 도와줘야 겨우 탈 수 있었던 여성들의 옷을 지금처럼 바꾼 것은 샤넬과 그 시대의 패션 디자이너들이다. 그들이 좌파가 아니면 도대체 누가 좌파란 말인가?

좋든 싫든 청년 예술가들은 한 시대의 변방인 배고픈 곳에서 출발하게 된다. 그곳에서 뭐라도 만들지 않으면 새로운 길을 열어갈 수 없다. 그렇게 새로운 좌파가 탄생한다. 찰리 채플린이 〈모던 타임즈〉(1936년)를 만들던 미국의 상황보다 지금 우리 상황이 좌파 예술가들이 움직이기에 편안하다. 세계적으로 수많은 코미디언이 채플린을 공부하면서 웃음의 미학을 고민한다. 자기 혼자 신나게 웃는 것은 우파적이지만 다른 사람들이 신나게 웃게 하는 것은 좌파 미학이다. 지금이야말로 좌파 미학이 작동할 수 있는 시기다. 프레카리아트 시대, 지금처럼 일하는 게 불안한 시기는 없었다. 미국의 노동부 장관을 했던 경제학자 로버트 라이시가 팬데믹 제1계급으로 '리모트', 즉 원격으로 재택근무를 할 수 있는 사람들을 꼽았다. 보통은 종교인이나 권력자들이 1계급이다. 컴퓨터 앞에서 일해도 잘리지 않는다는 것만으로도 1계급이 되는 시대, 일할 수 있는 것만으로도 감사해야 하는, 노동 권력이 극도로 불안해진 시대를 우리는 살고 있다.

탈코르셋으로
향하는
10대 소녀들

– 화장한 내가 더 예뻤는데,
  그래서 내가 더 행복해야 하는데,
  이상하게도 그들이 더 행복해 보였어요.
  너무나 자유로워 보였어요.

  배리나,『나는 예쁘지 않습니다』

1.

초등학교 2학년 여자 아이가 정글짐에서 놀다가 바닥에 떨어졌다. 병원에 갔다가 골반 부위에서 종양을 발견했고, 수술을 했다. 수술은 무사히 끝났지만, 1년 가까이 누워서 지냈다. 회복 기간에 살이 쪘고, 그로 인해 학교에서 제대로 적응하기 어려웠다. 결국 초등학교 6학년, 엄마의 결정으로 캐나다로 홀로 유학을 떠났다. 그곳에서 인생의 행복을 다시 맛보았다. 외모에 대해 한국과는 전혀 다른 분위기의 캐나다 사회에서 소녀는 자신감을 회복하고 행복해졌다. 행복은 지속되지 못했다. 부모의 사업이 어려워졌다. 소녀는 지옥으로 돌아왔다. 소녀에게 한국은 지옥이었다.

'뷰티 크리에이터'라는 이름으로 유튜브에 화장을 테마로 방송하던 그는 어느 날 "나는 예쁘지 않습니다"라고 선언하고 한국 사회의 논쟁 한가운데로 들어선다. OECD 초청으로 열린 어느 포럼에서는 몰카를 주제로 발언해서 단순한 논쟁이 아니라 전쟁터 한가운데에 놓였다. 탈脫코르셋 논쟁의 한가운데 놓인 한 여성에 관한 이야기다. 코르셋? 대체 코르셋이 뭐기에?

경제학에서 코르셋에 관한 얘기가 본격적으로 등장한 것은 19세기 마지막 순간, 1899년의 일이다.

> ― 당시 관습으로는 신분이 높은 여성들이 살아 있는 동안 계속 비호를 받고 어떤 사소한 생산적 노동에서도 면제되는 것으로 생각되었다. 그러한 배경에서 생겨난 기사도적이거나 낭만적인 이상미에서는 용모가 중시되었고, 얼굴의 아름다움과 함께 손발의 우아함과 날씬한 몸매, 특히 날씬한 허리가 찬양되었다. 당시의 여성을 그린 회화에서 여

성의 허리는 꺾일 듯 가늘다.

소스타인 베블런[33] 『유한계급론』

이 구절은 경제학 교과서의 앞부분을 바꾸고, 후대에 '베블런 효과'라는 이름을 갖게 된다. 부자들은 일을 하지 않음을 보이기 위해 과시적 소비를 한다.[34] 보통의 상품은 비쌀수록 수요가 줄어드는데, 베블런 효과가 있는 재화는 비싸면 비쌀수록 오히려 수요가 늘어난다. 코르셋에 대한 베블런의 얘기를 더 들어보자.

- 코르셋은 실용성이라는 관점에서 보면 스스로의

33

Thorstein Veblen, 19세기 미국 사회와 경제 체제에 신랄한 비판을 가함으로써 미국의 자만심을 뒤흔든 경제학자. 1857년 위스콘신 주 카토 부근의 개척농가에서 태어났다. 1880년 칼턴 칼리지를 졸업하고 존스홉킨스 대학교에서 잠시 철학을 공부하다가 예일 대학교에서 정치경제학 박사학위를 받았다. 하지만 기독교 신앙생활을 하지 않는다는 이유로 교수직을 얻지 못하고 가족이 사는 농촌으로 돌아와 독서와 집필 작업을 했다. 이후 1892년에 시카고 대학교의 전임강사직을 얻었다. 1899년 첫 번째 저서 『유한계급론』으로 기존의 고전경제학자들이 신봉하던 자본가의 이익은 사회의 이익과 일치하고, 경쟁 체계는 경제를 진보시키는 역동성을 제공한다는 두 가지 논리를 정면으로 반박했다.

34

베블런의 과시 효과(誇示效果, Demonstration Effect), 어느 인간의 소비활동이 그를 둘러싼 주변의 소비생활과 생활양식에 의하여 매우 강력한 영향을 받는 것을 말한다.

탈코르셋으로 향하는
10대 소녀들

신체를 손상시키는 행위와 다름이 없다. 착용자의 운동 능력을 저하시키고, 어떻게 보아도 항구적으로 노동에 향하지 않도록 하는 것이 목적인 점에 더하여, 착용자의 매력을 감소시키기도 한다. 그래도 그러한 손실은 그 여성이 비싸고 허약하게 보인다고 하는 평판을 얻음으로써 묻힌다.

19세기에 베블런을 비롯한 많은 사람들이 코르셋을 비롯한 여성 패션의 구조적 문제를 알고 있었고, 그것이 계급 현상과 관련되어 있음을 알았다. 코르셋은 원래 16세기 스페인 왕실 문화였는데, 자본주의가 자리 잡으며 처음에는 귀족, 그리고 점차적으로 중산층까지 퍼져 나갔다. 문화는 원래 그렇다. 한 번 방향을 잡으면 무서운 속도로 움직인다. 이게 이윤의 법칙과 결합되면 매우 신속하게 새로운 스타일로 자리 잡는다.

19세기에 베블런이 던진 이 질문은 전 세계적으로 많은 영향을 미쳤다. 하지만 사람들의 문화에 대한 선호를 바꾸지는 못했다. 비쌀수록 수요가 늘어나는 '베블런 효과'는 경제학 교과서에 몇 줄로만 남아 있다. 모든 경제학도는 학부 수업에서 2~3주 정도 배운다. 이마저도 1학년 중간고사가 끝나면 빠르게 잊힌다. 한국에서 베블런의 『유한계급론』을 읽은 사람은 매우 적지만 제목만큼은 엄청나게 히트했다. '유한마담'이라는, 아마도 최초의 근대적 여혐 단어가 베블런으로부터 나왔다. 최일남의 소설 『서울 사람들』에서도 이런 표현이 등장한다. 1954년 정비석의 소설 『자유부인』도 유한계급론과 같은 이론적 흐름에 놓여 있다.

기왕 베블런 얘기가 나왔으니 그의 유언도 잠시 보고 가면 좋겠다. 독설가로 유명했던 버나드 쇼가 자신에게 독설을 남겼다면 자유분방하면서도 소탈하게 살았던 베블런의 유언은 세상에서 가장 단출한 유언일 것이다.

- 내가 죽거든 어떤 종류의 의식이나 추도식도 없이 최대한 빨리, 비용을 들이지 말고 화장해주기 바란다. 재는 바다에 뿌리거나 바다로 흘러갈 작은 시냇물에 뿌리기 바란다. 어떤 종류나 성격의 것이든 나를 회고하거나 나의 이름을 적은 비석·석판·비명·기념물을 언제 어디서나 세우지 말기 바란다. 사망기사·회고록·초상화·전기·편지들은 인쇄되거나 발간되지 않기를 바라며 또 복사해서 유통시키지 않기 바란다.

그의 재는 태평양에 뿌려졌지만, 그를 추모하지 말라는 유언은 지켜지지 않았다. 마르크스의 저작에 대해 베블런이 좋지 않은 평가를 했기 때문에 많은 마르크시스트들은 베블런의 이름을 '타도' 대상으로 올렸다. 그러나 21세기에도 작동하는 자본주의에 대한 많은 비판들은 베블런 혹은 그를 시초로 삼는 제도학파로부터 나온다. 경제학에서 코르셋과 하이힐,

**탈코르셋으로 향하는
10대 소녀들**

그리고 스커트에 대한 텍스트를 보려면 19세기에 나온 베블런의 책을 들춰보지 않을 수 없다. 애덤 스미스를 비롯한 수많은 경제학자들이 면직 공장의 문제를 다루었고, 『자본론』에서는 리넨과 아마포 얘기가 무수히 나온다. 하지만 그런 천으로 만들어진 옷들이 팔리는 방식과 패션에 대해 생각한 사람은 베블런밖에 없다.

2.

20세기의 패션은 코르셋을 싫어했던 디자이너들과 이 흐름을 단번에 뒤집은 크리스천 디오르Christian Dior의 대역전극으로 요약할 수 있다. 제2차 세계대전 이전에 있었던 탈코르셋 흐름은 제2차 세계대전의 종전과 함께 다시 복고풍으로 되돌아간다.

여성이 보다 활동적으로 움직일 수 있는 디자인을 했던 샤넬은 대중적으로 엄청나게 알려졌지만, 실제로 코르셋에 대항해 전쟁을 수행한 여성 디자이너는 따로 있다. '디자이너의 디자이너'라고 부를 수 있는 마들렌 비오네Madeleine Vionnet는 코르셋은 물론 여성의 신체에 고통을 주는 패딩, 다트, 무거운 장식물을 일절 배제하고, 가볍고 편하게 입을 수 있는 드레스를 만들었다. 심지어 그와 정반대의 노선을 걸었던 크리스천 디오르도 "그녀를 뛰어넘거나 더 멀리 간 패션은 없다"고 말했을 정도다. 수많은 사람들이 비오네의 패션 하우스에 왔고, 그곳을 '패션의 신전Temple of Fashion'으로 불렀다.

여성의 활동성과 탈코르셋의 패션 흐름은 당시의 예술 사조인 큐비즘과 결합되어 활동하기 편하면서도 현대적인 패션으로 돌풍을 일으켰다. 당대 최고의 여자 배우였던 캐서린 헵번Katharine Hepburn과 그레타 가르보Greta Garbo가 비오네의 옷을 입었다. 이 변화가 몇십 년만 더 지속되었어도 21세기에 전 세계적으로 탈코르셋 운동이 벌어질 일은 없었을 것이다.

패션계에는 좌파와 우파가 혼재되어 있는데, 20세기는 좌파가 우세했다고 볼 수 있다. 그럴 수밖에 없는 것이 오트쿠튀르Haute couture라고 부르는 고급 패션은 부유한 사람들을 상대했지만, 그만큼 혁신적인 디자인과 새로운 생각을 디자인으로 구현하지 않으면 그 세계에서 살아남기 어렵다. 보수가 힘을 쓰지 못하는 곳이 패션계다. 루이뷔통의 수석 디자이너 마크 제이콥스Marc Jacobs는 게이이자 대표적인 좌파다. 뉴욕에서 열리는 대중 집회에도 종종 참여한다. 수년 전부터 런던 패션쇼를 관통하는 큰 주제는 환경이다. 누구보다 민감한 디자이너들은 세상의 변화를 선도하면 했지 마지못해 따라가지 않는다. 이런 흐름 속에서 우파 혹은 보수를 넘어 가장 반동적인 흐름을 만든 사람이 크리스천 디오르다. 아주 독특하다. 샤넬이 역사를 조금 바꾸었다면 디오르는 완전히 바꾸었다. 그가 다시 코르셋의 시대를 열었다. 나는 '반동'이라는 표현을 좀처럼 쓰지 않는데, 그에게는 이 표현이 적절할 것이다. 디오르도 기분 나빠하지 않을 것이다. 샤넬에게 수없이 들었던 얘기일 테니 말이다.

지금 와서 보면 크리스천 디오르가 이토록 어마어마한 변화를 만든 것인지, 아니면 제2차 세계대전의 영웅이자 프랑스를 다시 만들다시피 한 드골이 정치적으로 사용한 것인지 구분이 어렵다. 1929년 대공황 이후 경제 위기가 이어지고, 다시 제2차 세계대전이 터지면서 이래저래 사회적으로 침울하고 무거운 분위기였다. 어려운 경제 상황에 이어진 독일의 점령과 히틀러의 허수아비였던 비시 프랑스[35]로 프랑스 사회는 참혹하고 우울했다. 샤넬은 당시 독일 부역 혐의로 더 이상 프랑스에 거주하지 못하고 스위스로 넘어갔다.

드골은 '위대한 프랑스'를 내세워 사회 분위기를 쇄신할 수 있는 무언가를 원했다. 여기에 딱 맞는 것이 크리스천 디오르가 제시한 '뉴룩New Look', 즉 화려하고 감각적이며 섹시한 전후 세계 패션을 이끌어갈 새로운 트렌드였다. 아래로 갈수록 선이 좁아지는 튤립 라인을 비롯해, H라인, A라인, Y라인 등 여성의 몸매를 극단적으로 강조하는 컬렉션이 연달아 발표되었다. 물론 화려한 라인을 구현하기 위해서는 코르셋이 다

35

État français, 제2차 세계대전 중 나치 독일의 점령 아래 있던 남부 프랑스를 1940년부터 1944년까지 통치한 괴뢰정권. 프랑스에서는 비시 정권(Régime de Vichy)라고 부른다. 정식 명칭은 프랑스국(l'État français)이다. 파리 남쪽에 있는 비시를 수도로 하였으며, 정부 수반은 제1차 세계대전 당시 프랑스의 영웅이었던 필리프 페탱 원수였다.

시 등장할 수밖에 없었다. 샤넬을 비롯한 일부 여성은 복고적이면서 동시에 초현실적인 트렌드에 반대했지만, 전후 재건의 성과를 화려하게 내세우고 싶은 정치적 흐름 속에서 크리스천 디오르의 시대가 만개했다. 한때 독일을 대표했던 배우였지만, 시간이 흘러 존 F 케네디^{John F. Kennedy}와의 스캔들로만 기억에 남은 마를렌 디트리히^{Marlene Dietrich}가 디오르의 모델이었다.

물론 뉴룩의 화려함 속에서 다른 길을 걸어간 남성 디자이너도 있다. 위베르 드 지방시^{Hubert de Givenchy}는 비싸고 화려한 드레스 소재 대신 대중적이면서도 비싸지 않은 소재로 소박하고 자연스러우면서도 우아한 스타일을 추구했다. 젊은 여성에게 지방시 옷은 혁신 그 자체였다. 1961년 프랑스를 방문한 케네디보다 영부인 재클린 케네디^{Jacqueline Kennedy}가 입은 지방시 옷이 스포트라이트를 받을 정도였다. 그가 선보인 '베이비 돌' 드레스는 치마 선을 A자로 넓게 퍼지게 하였고, 이걸 입은 여성들은 코르셋의 도움을 받을 필요가 없었다. 오페라 가수 프레데리카 폰 슈타테^{Frederica Von Stade}가 그의 옷을 입으면 노래를 훨씬 잘 부를 수 있다고 평가했다. 지방시는 마네킹이 아니라 사람이 입는 옷을 원했고, 사람이 옷을 돋보이게 하는 것이 아니라 옷이 사람을 돋보이게 하기를 원했다. 위아래가 한 벌로 이루어진 원피스 시절에 블라우스와 하의로 나뉜 '투피스'를 전격적으로 도입한 것도 지방시였다. 지방시의 삶은 오드리 헵번^{Audrey Hepburn}, 그 시기에 태어난 많은 딸들에게 부모들이 기꺼이 그 이름을 주었던 '헵번 룩'으로 절정을 맞는다. 프랑스 배우 오드리 토투Audrey Justine Tautou처럼 많은 딸들이 오드리라는 이름을 갖게 되었다. 헵번 스타일에는 숏컷의 원형이라고 할 수 있는 헵번의 머리 스타일도 포함되어 있다. 지방시는 이런 말도 했다.

> – 몸이 옷 모양을 따라가는 것이 아니라 옷이 몸의 개성을 따라야 한다.
>
> "마네킹이 아닌 살아 숨 쉬는 여성을 위한 옷", 한국일보, 2018년 3월 24일

헵번을 따라 자유로운 스타일은 우리나라에도 들어왔다. 우리나라 최초로 미니스커트를 공개적으로 입었던 윤복희, 헵번 원피스를 즐겨 입은 엄앵란…… 세계 패션의 변화는 우리나라에도 영향을 주었다. 우리가 명품이라고 부르는 것의 원래 이름은 럭셔리다. 비싼 물건이라는 뜻이다. 그렇다고 럭셔리 브랜드가 자본가의 착취를 일방적으로 지지한 것은 아니다. 거기에도 철학과 미학의 최전선이 있다. 전후 패션사는 자본과 자본 사이의 격돌이지만, 여성의 삶을 둘러싼 습관과 현실이 부딪친 전쟁터다. 그 한가운데에 코르셋이 있었다.

20세기 디자이너 가운데 공개적으로 가장 좌파였던 인물은 이브 생 로랑Yves Saint Laurent이다. 2008년 이브 생 로랑의 장례식에는 패션 피플이 엄청나게 모여들었는데, 현직 대통령인 사르코지도 참석했다. 〈이브 생 로랑의 라무르〉(2010년)라는

다큐멘터리에서 장례식 광경에 대한 얘기가 나오는데, 좌파 성향인 그의 동료들이 드골보다도 훨씬 우파인 사르코지의 등장에 당혹스러워하는 장면이 나온다. 평생의 연인이었던 피에르 베르게^{Pierre Berge}는 진짜 좌파 중의 좌파인 작가이자 사업가다. 중도 좌파쯤 되는 정론지 《르몽드^{Le Monde}》의 경영이 어려워지자 동료들과 함께 신문사를 인수한 인물이다.

운명의 장난인가? 아주 보수적인 크리스천 디오르의 눈에 띈 젊은 디자이너가 바로 이브 생 로랑이었다. 디오르가 52세의 나이에 급작스럽게 사망했을 때, 그를 계승한 인물이 바로 21세의 이브 생 로랑이었다. 로랑은 여성 인권을 적극적으로 디자인에 반영했고, 미니스커트를 비롯해서 남성들의 전유물이었던 슈트에서 트렌치코트까지, 활동성 좋은 옷을 여성에게 개방했다. 그래서인지 그에게는 '최초'라는 수식어가 유독 많이 따라다녔다.

여성이 어떻게 하면 조금이라도 편할 수 있을까. 20세기 패션의 한복판을 관통하는 중요한 질문이다. 디오르의 뉴룩처럼 시대를 거스른 반동적 흐름도 있었고, 지방시나 이브 생 로랑처럼 다른 방향으로 가려는 사람도 있었다. 경쟁이 심해지면서 작은 숍들은 프레타포르테, 즉 기성복 시장에 뛰어들었다. 1990년대 이후 세계화를 맞아 패션은 다국적 기업의 사업으로 변해갔고, 2000년대 들어서는 생산 단가를 낮추기 위해 중국으로 공장을 옮기는 글로벌 밸류 체인으로 들어갔으며, 기업 인수합병이 숨 가쁘게 진행되었다. 그저 몸값 비싼 디자이너들이 비싼 재료로 만들어서 럭셔리가 된 게 아니다. 그 안에는 시대의 최전선에 대한 논쟁이 녹아 들어 있다.

코르셋이냐 아니냐. 10대 후반 혹은 20대 여성들의 치기 어린 반항이라고 단순히 볼 일이 아니다. 여성에게 코르셋을 입게 할 것이냐, 아니면 그런 건 없어도 되게 할 것이냐를 놓고 전쟁을 치르면서 파리 구석에 있던 작은 숍이 지금의 거대 패션 브랜드가 된 것이다. 그사이, 한국은 부자 나라가 되어 럭셔리 브랜드의 중요한 고객이 되었다.

요즘 나는 슈트 정장도 귀찮고, 보통 5만 원에서 10만 원 사이의 재킷으로 대충 때운다. 코로나 국면에서 인터넷 쇼핑으로 옷을 사는데, 10만 원만 넘어가도 손이 달달거려서 마지막 '결제' 버튼을 누르지 못한다. 무지막지하게 먹어대는 초등학교 1학년, 2학년, 두 남자 아이들이 떠올라서 버튼을 누르지 못한다. 내가 평생 산 슈트 가운데 가장 비싼 건 베이지색 이브 생 로랑이다. 정부대표단으로 기후변화협약 국제협상을 다니던 시절에 샀다. 물론 결혼 전이다. 좌파 디자이너로 살아간 이브 생 로랑을 위해 슈트 한 벌을 산 것이 내가 그에게 표현할 수 있는 최대한의 존경이었다.

유학 시절, 옷과 옷감을 수입하는 오퍼상들을 도와주는 아르바이트를 잠시 했었다. 가난한 유학생이었으니까. 덕분에 아주 얕게 공부했던 패션이 너무 재밌었다. 그 시절, 아예 나선 김에 패션 경제학으로 학위 논문을 바꾸었다면 내 삶은 어땠을까. 다른 건 몰라도 지금 통장 잔고에 동그라미 한두 개는 더 붙어 있을 것 같다. 물론 지금처럼 재밌게 살고 있을지는 잘 모르겠다.

3.

가끔 나에게 "페미니스트 아니냐"고 묻는 사람들이 있다. 질문이라기보다는 거친 항의에 가깝다. 그때마다 "아니오"라고 말한다. 사실 페미니즘 책을 거의 읽지 않았고, 보려고 해도 너무 어려워서 무슨 말인지 모르겠다. 나에게 그런 정체성도 별로 없고, 그래야 할 이유도 느끼지 못하겠다. 하지만 불평등, 특히 자본의 작동으로 인해 발생하는 불평등과 부조리에 대해서는 세밀하게 살펴보는 편이다. 연령에 의한 차별, 지역에 의한 차별, 그리고 젠더에 의한 차별이 내가 주로 분석하는 주제다.

이런 시각을 무감각한 언어로 말하면 '핸디캡'이라고 부를 수 있다. 같은 일을 해도 청년이 하면 임금을 덜 받는 것은 핸디캡이다. 지역 경제를 운용하는 데 특정 지역이 현저히 불리하다면 그것도 핸디캡이다. 서울과 서울 아닌 곳 혹은 수도권과 수도권이 아닌 곳, 그사이에는 누군가 의도적으로 차별하지 않는다고 해도 분명히 핸디캡이 생겨난다. 나는 늘 그런 문제에 시선이 많이 간다.

옷, 머리, 화장, 그리고 몸매에 이르는 많은 것이 남자들

**탈코르셋으로 향하는
10대 소녀들**

은 치르지 않거나 비용이 덜 드는 것이다. 규정과 같은 제도에 의해서든 혹은 문화에 의해서든 같은 소득을 올리기 위해 시간이나 돈을 여성이 남성보다 더 지출하게 되면 그건 비용이다. 자본주의가 노동을 하게 만드는 것은 이해할 수 있지만, 그것을 위해 훨씬 많은 간접비용을 개인이 지출해야 하는 것은 부당하다. 한국 자본주의는 이런 성향이 더욱 강하다. 경제 지표였다면 국가별 여성 1인당 화장품 지출에 관한 연간 자료가 정립되었을 것이다. 하지만 이런 수치는 구할 방법이 없다. 그래서 정서적이고 감각적으로 얘기할 수밖에 없다. BBC 방송국에서 한국 여고생들의 화장 관행을 보도한 게 대표적이다. 다른 사람들 눈에 얼마나 이상해 보였겠는가?

　　그동안 정부와 수많은 논쟁을 벌였는데, 그중 이상한 논쟁 중 하나는 노무현 정부 시절 이루어졌던 수많은 경제 특구 논쟁이었다. 지역 균형 발전의 연장이라는 이유를 들어 각종 '지역 클러스터'를 만들었다. 골프장 특구 등 별의별 특구가 나왔었다. 그중 하나가 신촌과 이화여대 앞의 미장원을 활성화시켜서 미용 특구로 만들겠다는 것이었다. 결국 없던 일이 되었다. 그 후로 10여년의 시간이 지났는데, 이제 색조 화장은 굳이 특구를 만들지 않더라도 전국적 현상이 되었다. 색조화장은 초등학교를 지나 어린이집까지 내려갔다. 어린 시절 TV에서 보던 〈세상에 이런 일이〉를 지금 우리가 하고 있다. 이것을 일일이 학교 내규로 만들어 제어할까? 아니면 보건적으로 문제 있다며 법으로 금지할까? 법이나 제도로 금지한다고 해결되지 않는다. 실제로 법을 만들기도 어렵다. 화장, 다이어트, 과도한 옷 구매가 다른 사람에게 피해를 주는 것도 아니고, 수은이나 중금속 같은 아주 위험한 물질이 화장품 재료로 쓰이는 시절도 아니어서 공중보건을 명분으로 금지할 수 있는 게 아니다. 설령 억지로 법을 만든다고 해도 헌법이 보장하는 행복추구권에 의해 위헌 판정 확률이 100퍼센트다. 화장을 해야 행복해지고, 다이어트를 해야 행복해진다고 믿는 사람이 위헌 소송을 걸면 그것을 누가 법리적으로 이기겠는가? 코르셋을 자기가 받아들이지 않겠다는 것은 개인의 선택이지만, 공적으로 강요할 방법이 있을까? 패션의 역사를 살펴보면 일반 대중에게서 코르셋을 없어지게 만든 것은 부티크에서 드레스를 만드는 사람들의 철학적 사유가 아니라 훨씬 값싼 옷을 대량으로 만들어낸 프레타포르테, 즉 기성복 시장이다. 예전의 코르셋은 기능성 속옷으로 이름을 바꾸었다. 힘으로 변화를 만드는 건 어렵다. 그래도 그 변화가 오기는 했다.

　　나는 자본주의가 경제 시스템으로서 영원할 거라고 생각하지는 않지만, 초창기의 무지막지한 자본주의에 비해 개선되고 조금은 인간의 얼굴을 할 여지가 있다고 생각한다. 우리가 선진국이라고 부르던 나라들은 우리보다 많은 문제점을 풀거나 개선한 나라들이다. 한국 자본주의가 많이 이상하기는 하지만 문제의 상당 부분은 너무 빠른 속도로 압축 성장을 하며 달려왔기 때문에 거기에 적합한 제도와 문화를 만들지 못해서 생겨난 게 아닐까? 자본주의가 갖는 근본적인 불평등과

**탈코르셋으로 향하는
10대 소녀들**

소외의 문제를 모두 풀 수는 없어도 한국 자본주의에서 벌어지는 구질구질하거나 이상한 문제는 풀 수 있을 거라고 생각한다. "그건 원래 그런 거야"라고 접근하면 속은 편할지 몰라도 문제 해결에 도움 되지 않는다. '서울 자본주의'라고 불러도 이상하지 않은 수도권 편향의 문제를 "조선시대부터 원래 이랬어", 그렇게 너무 위로 올라가서 전통적 문제 혹은 민족성 문제라고 하는 건 좀 그렇다. 모든 문제는 풀라고 존재하는 걸 테다. 풀리지 않는 문제는 없다.

　　짧게나마 지난 시간을 되돌아보면, 한국의 초창기 여성 활동가들은 가부장제라는 단어를 많이 썼다. 지금 40대 여성 활동가들은 군대 가산점 문제와 비정규직 여성 등 경제적 약자로서의 여성 문제를 많이 얘기한다. 비록 나는 여성운동 내부에서 긴 시간이 아닌 드문드문 본 처지라서 그러한 변화를 진지하고 제대로 분석할 수는 없지만, 어떤 의미로든 여성 활동가 내부에서도 약간의 시대적 흐름이 있고, 연령에 따라 주된 관심사에 조금은 차이가 있다는 정도의 얘기는 할 수 있다.

　　탈코르셋은 상대적으로 젊은 20대에게서 격렬하게 반응이 시작되었고, 여고생에게서도 논쟁거리가 되었다. 화장 산업은 한국이 강국이다. 여기에 외모로 사람을 판단하면 안 된다는, 어지간한 국가에서는 시민들이 갖춰야 할 최소한의 에티켓이 우리나라에서는 정착되지 않았다. 무한 경쟁을 강조하는 사회에서 그야말로 매력 자본에 매혹된 사람들이 많았을 가능성이 크다. 문제 있는 곳에 해법도 등장한다는 얘기를 생각해보면 세계에서 가장 많이 화장을 한다고 할 수 있는 한국 여자 고등학生들이 탈코르셋에 대해서도 찬성이든 반대든 격렬하게 논쟁하는 것이 자연스럽다.

기존 여성 운동의 몇 가지 양상과 노 코르셋 운동의 차이점을 한 가지만 생각해보면 명확한 점이 하나 떠오른다. 미투#METOO, 성폭력 고발 운동를 비롯한 많은 이슈들은 다른 사람, 특히 남성에게 "이렇게 하지 마라"는 형태를 갖는다. 무언가 요구하거나 시키는 게 주된 얘기다. 남성의 경각심이나 협조를 요구하는 경우가 많다. 군대 가산점은 정책의 힘을 빌려 국가의 개입을 요구하는 것이다. 탈코르셋 운동은 양상이 전혀 다르다. 누구, 심지어는 국가에게도 이렇게 하라는 게 아니라 "나는 이런 걸 하지 않겠다"라는 자신의 행위를 중심으로 진행되었다. 그야말로 '남이사'다. 내가 이렇게 하겠다는데 누가 뭐라고 하겠는가? 그런데도 사회적 반응은 뜨겁고 격렬했다. "나는 이렇게 하겠다"는 것에 대한 사회적 반응이 "싫다, 하지 마라" 참견의 형태로 나타났다. 그게 좀 심해지면 개별적으로 욕하는 것을 넘어 집단 따돌림 형태가 되기도 한다.

생각해보면 다른 사람에게 어떤 행위를 요구하는 것보다 자신이 무엇인가를 하는 게 훨씬 빠르고 용이하다. 과거의 노동운동보다 지금의 환경운동은 훨씬 격렬할지 모르지만 감옥에 갈 확률은 훨씬 적다. 2011년 핵폐기물을 싣고 독일로 향하는 기차를 저지하기 위해 탈핵 활동가들이 쇠사슬을 두르고 철로에 드러누웠다. 이 정도 해야 감옥에 간다. 이런 사례는 많

**탈코르셋으로 향하는
10대 소녀들**

다. 핵폐기물을 실은 수송선을 소형 배로 막아서는 정도가 되어야 국제적으로 관심을 받는다. 과거에 반체제로 몰린 노동운동 활동가보다 형량이 훨씬 적게 나온다. 환경 보호를 위해 벌채될 숲이나 나무에 스크럼을 짜고 버티는 환경 활동가들이 감옥에 갈지는 몰라도 매우 경미한 공공질서 사범으로 처리된다. 높은 나무에 올라가서 벌목을 방해했다고 몇 년씩 감옥에 가둘 수는 없는 일 아닌가?

탈코르셋에 대한 사회적인, 특히 일부 남성들의 반응은 격렬할지 몰라도 사법의 눈으로 보면 처리할 면이 없다. 기분은 나쁠 수 있지만, 그냥 자기가 화장 좀 덜 하고, 다이어트 좀 덜 하고, 옷 좀 편하게 입고, 구두 좀 맘 편하게 신겠다는데 국가가 뭘 어쩌겠느냐? 개입할 수 있는 여지가 없다. 그냥 '남이사', 아무 일도 아닌 것처럼 사람들이 여기면 아무 일도 아니다. 예전에는 좌파라고 몰리면 한국에서는 정상적인 사회활동을 하는 게 어려웠다. '빨갱이' 딱지가 더덕더덕 붙었다. 조금만 뭔가 하면 국가보안법이 들어오고, 심지어는 감옥에 갔다. 국회의원 이석기가 좀 시대착오적인 얘기를 강연에서 했는데, 이게 내란죄로 처리되어서 감옥에 갔다. 몇 년이 흘렀는데, 지금은 누가 좌파인지 아닌지 사실 관심도 없다. 누군가 "내가 좌파다" 얘기해봐야 관심도 없다. 그게 체제에 위협적이지도 않으니 대부분의 사람들은 웃고 넘어간다. 그런데 조금이라도 유명한 사람이 탈코르셋을 하겠다고 하면? 우와, 완전 난리가 난다.

뷰티 크리에이터라는 직함을 가지고 화장품 유튜브를 만들던 배리나가 노 코르셋 선언을 하고, 책을 내고, OECD 포럼에 참가했다. 완전 난리가 났다. 무슨 대역죄를 지었거나, 심지어 고정 간첩으로 활동하다가 체포되었다고 해도 그 정도 관심을 받지는 않았을 것이다. 역사학자 정수일은 1996년 정보당국에 체포되었는데, 진짜로 '깐수'라는 코드명으로 활동하던 간첩이었다. 다들 놀랐다. 지금은 전향해서 잘 산다. 배리나가 더 위험한가, 고정간첩이 더 위험한가. 배리나는 별의별 개인적인 얘기까지 탈탈 털리고, 사소한 실수라도 범하면 죽은 후에도 다시 끌고 와서 처분해야 할 사람으로 취급되었다. 그만큼 뜨거운 에너지를 갖고 있다는 얘기일 테다. 적어도 지금 한국에서는 간첩이나 반란죄를 지은 사람보다 '화장 안 하겠다'는 사람이 더 큰 대역죄인처럼 보인다.

탈코르셋은 페미니즘이냐 아니냐, 강성이냐 근본주의냐를 떠나서 그냥 문화 다양성의 시각으로 '남이사'로 넘어가면 그만이다. 남이야 숏컷을 하든 투 블럭을 하든 나와 무슨 상관인가. 국가가 복지 차원에서 기초 화장품을 제공하는 것도 아닌데, 내 돈 덜 쓰겠다는데 왜 다른 사람이 상관하는가 싶다.

탈코르셋과 관련해서 몇 권의 책을 읽었다. 솔직히 가슴을 움직이고, 책으로서의 전달력은 배리나의 『나는 예쁘지 않습니다』가 최고였다. 그가 어떤 삶을 살았는지, 왜 이런 생각을 하게 되었는지, 그리고 다른 사람들의 반응은 어땠는지를 생동감 있게 이해할 수 있었다. 반면, 탈코르셋 선언은 혁명 선

268

언과 같다는 일부 전문가들의 책은 나처럼 페미니즘에 대한 소양이 짧거나 페미니즘이 매력적이지 않다고 생각하는 사람에게는 접근하기가 어려웠다. 말도 너무 어렵고, 이해하기 전에 미리 읽어야 하는 '선수과목'도 너무 많다.

> － 페미니스트 다중들은 가부장제의 판을 습곡·침강·절단·붕괴시키는 고도의 실천 전략들을 펼쳐내는 동시에 우리의 욕망과 존재, 인식과 가치라는 다각적 요소들을 수평적 관계망 안에서 유연하고 다채로운 방식으로 결합·접속·배치시키는 새로운 '조성의 판plan de consistance'을 길어 올리면서 새로운 시대를 격발시키는 혁명의 추동체로 작동하고 있습니다.
>
> 윤지선, 윤김지영, 『일상의 혁명, 탈코르셋 선언』

이탈리아 철학자 안토니오 네그리Antonio Negri 등이 주로 사용하는 '다중multitude'이라는 단어는 쉬운 용어가 아니다. 책을 다 읽고, 이렇게 말해도 듣는 '다중'이 알아먹을 수 있을까라는 생각이 든다. 패스~ 내가 읽을 수 있는 수준이 아니다, 그런 느낌이 들었다. 반면 배리나의 헬스장 사연은 직관적으로 딱 다가왔다. 헬스장에서 50대로 보이는 아저씨의 "뚱뚱하면 그냥 집에 처박혀 있지, 뭐하러 기어 나와!"라는 멘트는 충격적이기도 하거니와 텍스트로 보니 생동감이 확실히 달랐다. 진짜로 이래? 깜놀. 지옥 갈겨, 그 아저씨! 그런 생각을 속으로는 할 수 있지만, 남들 들으라고 입 밖으로 내는 것은 상상 밖의 일이다. 배리나의 책에서 내가 충격 받은 에피소드는 따로 있다. 캐나다 시절에 친한 친구에게 "예쁘다"고 말했다가 그 친구는 자신을 판단했다며 불만스러운 반응을 보여서 곤란한 상황에 빠진 에피소드는 내 삶을 다시 되돌아보게 했다.

> ─ 친구가 아주 당혹스럽고 불쾌해했기 때문이다. 칭
> 찬인데 왜 그러지? 이상하다 싶었는데 '예쁘다'는
> 말, 그건 평가였다. 그것도 아주 무례한 평가!

아이고~ 캐나다에서는 '예쁘다'고 말하는 것도 불쾌하게 받아들이는구나! 프랑스나 독일도 그 정도는 아니었던 것 같은데. 그사이에 세상이 많이 변했나? 이 분야에 대한 학식이 일천해서 탈코르셋에 관한 전문가들의 책보다 배리나의 책에서 현실에 대한 많은 정보를 얻었는지도 모른다. 아무튼 책을 읽으며 한 가지 아련한 기억이 떠올랐다.

공장 노동자들의 수기를 읽은 적이 있었다. 남자들의 경우도 안타까운 사연들이 많았다. 하지만 여성 노동자들의 경우에는 '공순이'라는 말이 따라왔다. 인터넷이 없었을 뿐, 지금 배리나에게 사람들이 보이는 것 이상의 어마 무시한 혐오가 잇따랐다. 심지어 노조라는 이유로 여성 조합원에게 똥물을 뿌린 경우도 있었다. 1978년 동일방직 노조 사무실에서 실제

270

로 벌어진 사건이다. 1970~1980년대 군사정권에 적화된 공순이에 대한 혐오가 있었다면, 지금은 숏컷을 한 여성에 대한 혐오가 있다. 체제에 무슨 결정적인 위협이 된다고! 그저 싫을 뿐이다.

문화와 문화가 충돌하는 현장에는 자본주의가 있고, 산업의 이해가 있고, 계층과 계층 사이의 충돌이 있다. 노 코르셋은 기본적으로는 문화 현상이다. 그것을 반대하는 반응도 문화 현상이다. 그러나 그 뒤에는 지난 10여 년 이상 격렬해진 노동 시장의 경쟁 현상이 숨어 있다. 팬데믹 이전, 미국 노동시장은 사실상 완전고용 상태였다. 독일은 통독 이후 가장 안정된 고용 상태를 보여주었고, 청년으로 눈을 좁히면 사실상 완전고용 상태였다. 한국에서 엄청 지탄받는 아베 내각도 청년 고용에 대해서는 완전고용에 가까웠다. 일상적으로 존재하는 문화적 갈등이 한국 자본주의의 특수성을 만나 폭발했다고 보는 게 가장 부드러운 해석일 것이다. 구조주의적 해석에 단점과 폐해가 존재하는 것도 사실이지만, 구조, 특히 경제적 구조로 해석하는 것은 '나쁜 사람'의 미시적 특징에서 잠시 눈을 떼게 해주는 장점이 있다. 남자가 나쁜가 여자가 나쁜가, 이 끝나지 않는 괴로운 논쟁에서 잠시 빠져나와 한국 자본주의라는 구조의 문제로 눈을 돌릴 수 있다. 경제가 나쁘다고 말하는 것이 사람이 나쁘다고 하는 것보다는 마음이 편하다.

젠더 문제로서 코르셋은 자본주의가 만든 불평등 속에서 일종의 문화로 존재했다. 그 문제를 없애거나 완화시키려는 것이 자본주의의 역사이자 패션의 역사다. 겉으로 보이는 것처럼 간단한 문제가 아니다. 여기에 한국 자본주의가 갖고 있는 마초 자본주의로서의 특징이 더해진다. 남자들이 도저히 그 꼴을 못 본다. 그냥 개인의 문화적 취향, '개취' 정도로 생각하면 될 일에 집단적인 분노를 폭발시킨다. 분명한 것은 뉴룩을 이끌었던 크리스천 디오르 수준의 유능하면서도 반동적인 거장이 다시 등장하기 전에는 한국에 발생한 탈코르셋이라는 거대한 흐름을 뒤집지 못할 것이다. 많은 20대와 전위적인 10대들이 크고 엄청난 생각을 한 것이 아니라 좀 더 편하기 지내고 비용도 줄이겠다는 생각으로 새로운 흐름에 합류할 것이다. 1970년대 여성 노동자들이 가졌던 사회적 편견이 사라지는 데에도 시간이 좀 걸렸다. 노 코르셋 운동도 마찬가지라고 생각한다. 다만 그 시간은 좀 더 짧을 것이다. 이것은 젠더 문제이기도 하지만 소수자의 문제이고, 다양성을 포용하는 문화의 문제다.

숏컷 소녀, 그것이 탈코르셋에 의한 실천인지, 머리를 좀 더 편안하게 관리하려는 실용적 이유인지, 아니면 햅번 룩 이후의 오래된 스타일 때문인지는 몰라도 집단적으로 등장하는 숏컷 소녀들을 아무도 못 이긴다. 19세기 후반, 미국 의회에서 누군가 이런 얘기를 했다고 한다.

> – '여성을 남성에 대한 예속에서 해방시킨다'라는
> 공허한 주장은, 엘리자베스 캐디 스탠턴의 의미심

**탈코르셋으로 향하는
10대 소녀들**

장한 말을 거꾸로 하며 말하면 '완전한 헛소리'다. 남녀의 사회관계는 자연에 의해 정해진 것이다. 우리의 문명은 모두, 즉 문명의 좋은 면은 모두 가정을 기반으로 하고 있다.

소스타인 베블런, 『유한계급론』

    백 년 이상의 시간이 흐른 지금, 누군가 국회에서 이렇게 발언하면 "완전 헛소리"가 된다. 이렇게 말했다가는 난리 난다. 심지어 홍준표도 그렇게 얘기하지 않는다. 남성들이 '꾸밈 노동'으로부터 벗어나려는 여성들에게 아무리 욕을 한다고 해도 그것은 분명 자기 비용과 에너지가 들어가는 엄연한 노동이다. 화장을 하면서 혹은 스스로를 꾸미면서 만족감이 생겨난다는 사람들도 있다. 우리가 돈을 받고 일할 때 그 시간 내내 완벽하게 괴롭고 억지로 참고 있는 시간들로만 구성되는 것은 아니다. 일하며 보람을 느낄 때도 많고, 자기 성취감 같은 기쁨을 느낄 때도 있고, 동료들과의 협업으로 생기는 조화에 동질감을 느낄 때도 많다. 그렇다고 그것을 가리켜 노동이 아니라고 하고, 좋아서 일을 했으니 월급을 주지 않겠다는 기업은 없다.

    배리나의 책을 읽고 나서, 나는 누군가에게 '예쁘다'는 말을 하지 않기로 했다. 이제는 12년째 같이 살고 있는 고양이에게나 "참 예쁘다"라고 말한다. 시간이 흐르면, 우리에게도 누군가에게 그런 말을 하는 것이 불쾌한 행위로 느껴지는 순간이 올 것이다. '예쁘다'는 말을 서로 하지 않는 것을 일종의 에티켓이 되겠지.

10대 소녀들의 탈코르셋이 좌파인가 아닌가는 중요하지 않다. 마초 자본주의로 다시 돌아가려는 한국에서 이런 일이 벌어지고, 그게 사회적 최전선이 되었다는 사실만 중요하다. 한국의 좌파들은 해방 이후 맨날 졌다. 그러나 숏컷 소녀들은 지지 않을 것이다. 누가 그들을 이기겠나? 한국 자본주의도 이것만큼은 이길 수 없다. 여기에 맞서 싸워서 이기기보다는 다른 패션 아이템을 발굴하고 개발하는 쪽으로 급변할 것이다. 그들 중 일부는 고스트의 속삭임을 들을지도 모른다. 이 시대, 고스트는 뭐라고 속삭일 것인가? 공산당 선언문은 다음과 같은 문장으로 끝난다.

- 만국의 노동자여, 단결하라!

1970년대 여공들은 노조에 가입하면서 변한 게 아니라 그 후에 숱한 탄압을 겪으며 변해갔다. 탈코르셋도 마찬가지다. 화장을 덜 하고, 헤어스타일 바꾸는 것은 그 자체로는 '남이사', 아무 일도 아니다. 그러나 거기에 대해 압력 혹은 압박으로 느낄 주변의 수많은 '멘트'와 함께 사회적 인간으로 변화한다. 수많은 공격들 속에서 소수자가 된다. 소수자들의 협력, 21세기의 당연한 흐름 속으로 들어오게 된다.

올림픽 양궁 금메달리스트가 숏컷을 했다고 "너도 페미

**탈코르셋으로 향하는
10대 소녀들**

냐?"라며 난리가 났다. 그거야 말로 이념과잉이다. 이념과 이
념이 부딪히면서 또 다른 이념이 태어나고, 그 속에서 또 다른
단결이 나타난다. 그때 본 여러 글 가운데 가장 기억에 남는 글
이 있다.

　　－ 머리 긴 애들도 페미래.

4장

취미로서의 좌파 생활

조선의
마지막 빨갱이

　나에게 붙어 다니는 별명 중 하나가 '조선의 마지막 빨갱이'다. 공개적으로 좌파라고 하는 사람이 거의 없다시피 하니까, 이런 별명이 생겼다. 그리고 약간 슬픈 사연도 있다.

　내 인생의 친구는 민주노동당의 정책 국장이었고, 진보신당의 정책위 의장을 했던 이재영이었다. 그리고 이재영의 친구 중에 노회찬이 있었다. 또 다른 재영, 민주노동당의 조직을 맡았던 오재영이라는 친구가 있었다. 전세로 살던 이전 집은 아주 낡은 단독 주택이었는데, 건축가 김수근이 살았던 집이다. 너무 춥고, 창문을 비롯한 모든 것이 덜렁거렸지만 마당만은 넓었다. 그 마당에서 이재영, 노회찬과 삼겹살을 구워 먹은 날이었다. 오재영은 노회찬을 수행하기 위해 잠시 들렀다가 돌아갔다. 노회찬이 불랙 리스트 사건으로 의원직이 사라져서 방황하던 시절이었다. 그날이 내 인생에서 가장 찬란하게 빛나는 하루였다. 그 자리에 왔던 사람은 모두 죽었다. 이재영은 암으로, 노회찬은 자살, 오재영은 과로로…… 오재영이 쓰러지던 다음 주, 우리는 간만에 소주 한잔하기로 약속이 되어 있었다. 40대 중반, 내 인생의 친구 이재영은 그렇게 떠났다.

이재영이 죽고 나서, 나는 그냥 대충 살았다. 그냥 굶지나 않고 먹고살면 된다고 여겼다. 민주당이 야당이었던 시절, MB에서 박근혜까지 오던 그 시절이 너무 힘들고 고통스럽기는 했다. 당대표였던 문재인의 경제 정책을 좀 돕기는 했는데, 그가 대통령이 되고 나서는 내가 있던 곳으로 다시 돌아왔다. 한국의 엘리트 남성들은 정치 영역이든 또 다른 영역이든, 각각 편을 먹고 어깨싸움을 하면서 살아간다. 그렇게 남은 인생을 보내고 싶지 않았고, 한자리하겠다고 줄 서 있는 모습도 그렇게 아름다워 보이지 않았다. 돈이 좀 아쉽기는 했지만, 그렇다고 남자 애들 둘을 데리고 삼시 세끼를 걱정해야 할 정도는 아니었다. 늘 그렇게 살았듯이 소비를 좀 줄였다.

한국에서 좌파로 지내며 가장 힘든 순간은 선거 때다. 유럽을 기준으로 하면 우리나라는 사격 가늠쇠가 오른쪽으로 몇 칸 이동한 것과 같다. 영점이 오른쪽으로 가 있다. 보통은 극우와 중도 우파가 분화되어 있는데, 집권의 강력한 유전자를 가진 보수들은 한 덩어리로 뭉쳐 있다. 민주당은 중도 우파와 중도 좌파가 혼재되어 있는 형태다. 민주당은 스펙트럼이 넓은데, 자신이 진보라고 생각하는 사람부터 진보와는 아무 상관없는, 주로 호남 쪽 사람들이 '민주'라는 이름으로 넓게 자리하고 있다. 뭐가 진보야? 가끔 정의당과 민주당 사이에서 진짜 진보와 가짜 진보 논쟁이 벌어지지만, 현실적으로는 이런 문제에 관심 갖는 사람은 별로 없다. 언론, 특히 보수 언론에서는 민주당 내 우파까지 모두 통틀어 좌파라고 부른다. 인터넷 게시판으로 들어오면 전부 좌파 빨갱이, '좌빨'로 불린다. 그나마 좌빨이면 점잖은 표현이다. 북한이 시키는 대로 한다며 '종북 좌파'라는 말도 쓴다.

보통 때야 좌파든 아니든, 어차피 멸종 위기종이어서 아무도 신경 쓰지 않는다. 그러나 선거가 가까워지면 다르다. 민주당과 국민의힘이 보통 50:50으로 맞붙는 경우가 많아서 한 표가 아쉽다. 그럼 좀 공손하게 "도와주세요"라고 말하는 게 맞을 것 같은데, 그 순간부터 별의별 욕이 '가열차게' 벌어진다. '입진보'라는 용어는 고전이고 '양비론' 혹은 '덜 나쁜 것' 등 별의별 기발한 논리가 동원된다. 정의당에게는 "이번 한 번만"이 20년째 진행되는 중이다. 그나마 이런 건 최소한의 논리라도 있으니 좀 낫다. "그냥 싫어" "그냥 기분 나빠" "원래부터 싫었어", 이런 인상 비평적 의견부터 말 같지도 않은 반대 논리가 등장한다. 미국 민주당 경선에 참여한 버니 샌더스도 이 정도 비판은 받지 않았을 것이다. "그냥 싫어"가 선거에 가까워지면 좌파들에게 오는 메시지인데, 부탁하는 처지에서 좀 공손하면 좋겠다는 작은 희망이 있다.

역설적인 말이지만, 한국은 동구권이 붕괴한 이후에도 여전히 이념 과잉의 시대를 살아가고 있다. 자기와 다른 색깔

　　　　조선의 마지막 빨갱이

의 정치를 지향하는 사람은 죽여야 한다고 생각하는 것 같다. 일종의 투표 공동체인데, 같은 후보를 지지하는 사람들끼리 묘한 공동체 의식을 갖는다. 하지만 실제 생활이 그렇게 이념에 의해서만 움직이는 것은 아니다. 대선, 총선, 지방선거⋯⋯ 선거가 숨 가쁘게 이어지는 것 같지만 매년 선거만 치르는 게 아니다. 무엇보다 일상이 선거를 따라 움직이는 것도 아니다.

한때 '노회찬이 대통령이 되면 좋겠다'는 막연한 소망을 품은 적이 있었다. 그러나 그는 떠났다. MB와 근혜가 너무 싫어서 문재인을 열심히 돕던 시절도 있었다. 하지만 증오에 의해 세상을 사는 방식은 좋지 않다는 생각이 들었다. 나도 세상을 사랑하고, 한국을 사랑한다. 이제는 내가 사랑하는 것들을 위해 많은 시간을 보내고, 그렇게 다음 세상을 준비하면서 살아야겠다고 다짐한다. 누군가를 지지하고, 그에게 표를 보내는 것이 내가 태어난 이유는 아니라는 생각이 강렬하게 들기 시작했다.

정치가 중요한 것은 맞지만, 그렇다고 정치가 모든 것은 아니다. 좌파 정당이 없고, 내가 지지할 수 있는 좌파 정치인이 없는 세상에 태어났는데 어쩌란 말이냐! 내가 지나온 날들을 살펴보다가 느낀 것은 좌파임을 부끄럽지 않게 이야기하고, 좌파로서 부끄럽지 않게 살아가는 것이 선거 때 표 한 번 찍는 것보다 백 배 어려운 일이다. 한국은 여전히 반칙과 새치기가 횡행한다. 그리고 남성 엘리트의 세계에서는 줄 잘 서는 것이 공을 세우는 것보다 중요하다. 내가 본 수많은 이른바 진보 인사들은 크고 작은 편법을 일상에서 저지르면서 살아간다. 뭐라고 하면 "남들도 다 하는 거야", 그것이 현실이라고 말했다. 룸살롱 가는 것도 현실인가? 나는 아무리 들어도 모르겠다. 노무현 정부 시절에 청와대 행정관들을 막걸리 집에서 늦은 밤 우연히 만난 적이 있었다. 다들 좀 취해 있었다. 위원장은 '폴리페서polifessor'라고 말하기는 그렇지만, 높은 사람들과 잘 교류해서 정부의 높은 직책을 맡은 사람이었다. "빠구리, 빠구리!", 그렇게 외쳐대는 청와대 행정관들을 보면서 기분이 좀 그랬다. 위원장은 마지못해 고개를 끄덕였고, 일행들은 자리에서 기분 좋게 일어났다. 나한테도 같이 가자고 했는데 '이거야 원!' 심히 민망했다. 물론 지난 일이다. 적당히 집도 몇 채씩 사고, 다운 계약서 정도는 기본이고, 심지어 필지분할해서 농지 투기한 사람도 보았다.

문재인 정부는 좀 나을까? 청와대 행정관들이 인사권을 가지고 장난치고, 자기 사람 넣고, 돌려막기 하는 상황을 알면 도저히 무엇이 진보고 무엇이 세상이 나아지는 것인지 알기 어렵다. 언론에서는 대통령의 행정 방침이 무엇이고, 공약이 뭐였고, 정책실장의 입장이 무엇인지를 이야기한다. 그러나 문재인 정부의 현실에서는 비서관, 아니 그보다 아래인 담당관의 대학이 어디인지가 더 중요하다. 꼭 학교가 같지 않아도 좋다. 정책 실무를 처리하는 행정관 가운데 누가 다음 자리에 가는 게 더 유리한지를 중요 기준으로 삼는 것도 몇 번 보았다. '장군을 잡으려면 말을 쏴'는 말이 있다. 박근혜 정부까지는 대통령 비서실장이 누구인지가 매우 중요했다. 지금은 아니다. 인사에 개입하는 큰 권력은 사라졌는데, 그 빈 공간을 채우는 실무진들의 작은 권력이 엄청 중요해졌다. 대통령의 직접적인 권한 행사는 확실히 줄었지만, '청와대 정부'라는 말이 문재인 정부에서 나오게 되었다. 출판사 후마니타스 대표 박상훈이 『청와대 정부』라는 책까지 낼 정도로 말이다.

살아가며 투표하는 것은 아무 일도 아니다. 부끄럽지 않게 사는 것이 몇 배 더 어렵다. 내가 좌파로서 부끄럽지 않게 살아야겠다고 생각한 건 정세균이 국회의장이 되며 꽤 높은 자리를 제안했고, 지방 공기업 사장 자리를 제안 받은 후의 일이다. 고민을 안 한 건 아니지만, 그냥 나는 어깨싸움하지 않고, 좌파로서 부끄럽지 않은 삶을 살아야겠다는 생각을 더욱 깊게 했다. 그런 자리에 가는 사람들을 향해 뭐라고 하고 싶지는 않다. 다만 나는 좌파로서 사람들에게 손가락질 받지 않는 삶을 조금은 당당하게 살고 싶을 뿐이다.

그래서 내 인생에 뭐가 남았나? 약간은 더 가난해진 삶, 훨씬 덜 유명한 삶, 대신 누구의 눈치도 보지 않고 살아갈 자유를 얻었다. 영어의 자유, free라는 표현에는 순수한 의미의 자유도 있지만 '개뿔도 없다'는 의미도 있다. 내가 만약 문재인 정권에서 '한 자리' 했다면 좌파라고 말할 수 있는 자유를 누리지(!) 못했을 것이다. 어딘가 오르기 위해서는 추천한 사람들이 필수적인데, 그들이 아주 곤란해질 것이다. 사람과 사람을 통한 보증, 일종의 '인보증 시스템'이 고위공직자 임명 과정에 들어 있다. 오죽하면 장관 등 정부에서 한 자리 하고 싶은 사람들을 쭉 줄 세우면 세종시까지 간다는 얘기가 돌겠나? 일부 보수 인사를 제외하면 그들 대부분이 보수 언론에서 '진보좌파'라고 부르는 사람들이다. 그들 가운데 "선생님은 좌파이십니까?"라고 물었을 때 '절대 아니다'라고 손사래를 치지 않을 사람은 한 사람도 없다.

한국에서 무난하게 살려면 '중도'라고 하거나, 자기는 '누구 편도 아니다'라고 말하는 게 낫다. 그렇지만 기표만 있는 텅 빈 이념이 중도다. 무념무상, 자꾸 『장자』와 같은 고전을 인용하게 된다. 기대수익을 따지면 '로우 리스크, 로우 리턴Low risk, low return', 평균치에 수렴한다. 확실하게 성공하려면 일찌감치 보수라고 선언하는 것이 낫다. 기득권에 워낙 보수들이 많아서 경쟁은 치열하지만, 현재 한국 자본주의의 돈을 쥐고 있는 주류와 지금부터 20대들이 힘을 쓸 새로운 세계에서 어느 정도 성공이 보장된다. 빗맞아도 한 방이다. 로우 리스크, 하이 리턴Low risk, high return'이다. 불확실성은 높지만, 그래도 빠르게 성공하고 싶으면 진보라고 하면 된다. 오래 갈지는 모르지만 상대적으로 경쟁이 적어서 매우 빠르게 성공할 가능성이 있다. 하이 리스크, 슈퍼 하이 리턴High Risk, super high return, 고위험 초고수익률이다. 좌파라고 말하면? 로우 리스크, 노 리턴Low risk, no return이다. 한국에서 보수 언론으로부터 좌파로 불리는 게 아니라 스스로 좌파라고 말하는 것은 아무 리스크가 없다. 한창 정치에 대해 논쟁하는데 좌파라고 얘기하며 끼어들면 "지방 방송 빠지셈", 요런 분위기다. 워낙 숫자도 적고, 국회의원 배출할 확률도 거의 제로로 수렴하기 때문에 아무 위협이 안 된다.

그런데도 왜 좌파가 되고, 좌파로 살아갈까? 언행불일치가 불편하지 않은 사람들은 한국에서의 삶에 최적화된 인간이다. 언행일치가 쉬운 일은 아니지만, 말과 행동이 다를 때 보통은 마음속에서 불편한 마음이 든다. 그렇게 인류는 진화하며 호모 사피엔스 종이 되었다. 물론 삶을 살아가며 자기 일에 매몰되다 보면 언행일치 같은 덕목은 까맣게 잊고 살게 된다. 대부분의 한국인에게 하루하루는 벅차다. 그걸 환기시키려고 천국과 지옥 이야기가 생겨난 게 아닐까? 지옥 가고 싶은 사람은 없다. 보수 대형 교회에 다니면서 저주를 퍼붓는 사람들의 절반 이상은 지옥에 가지 않을까?

좌파로 태어난 사람은 좌파로 사는 게 편하다. 자신을 속이고, 자신의 생각을 익숙한 삶의 패턴에 맞추다 보면 정신 분열이나 지나친 이중 행동에 괴롭다. 한국에 공식적인 좌파는 없을지라도 좌파적 인간, 아니 좌파형 인간은 적지 않다. 그래서 좌파가 없어지지 않는 것이다. 그런 점에서는 소수자와 작동하는 방식이 같다. 그렇게 생긴 걸 어쩌라고!

한국의 좌파는 우파와 겸상도 하고, 술도 마시고, 심지어 비즈니스도 한다. 그뿐인가? 우파 성향의 인간과 사랑도 하고, 아이도 낳고, 가족도 만든다. 그럼에도 한 가지 변하지 않는 것은 우파에게는 투표하지 않는다는 점 아닐까? 그건 좀 너무 멀리 가는 일이다. 우파에게 투표하기 전에 좌파들은 전향이라는 걸 한다. 그렇게 하지 않으면 괴로워서 참기 힘들다. 좌파는 SF 영화에서 묘사하듯이 에일리언도 아니고, 바이러스도 아니고, 질환도 아니다. 한국 사회에서는 소금 같은 역할을 한다. 보수는 보수끼리 부패하고, 진보는 진보끼리 결탁하지만, 좌파는 부패든 뭐든 뭐가 있어야 뭘 하지! 진보든 보수든 서로가 잘 못해도 눈 감아주지만, 좌파가 뭐라도 잘 못하면 그야말로 얄짤 없다.

– 나는 에일리언, 나는 합법적 에일리언. 나는 뉴욕의 영국사람.

스팅Sting의 〈잉글리쉬 맨 인 뉴욕Englishman In New York〉에 나오는 가사다. 리걸 에일리언legal alien, 에일리언이지만 합법적인. 이게 한국의 좌파를 지칭하기에 적합한 표현이 아닌가 싶다. 외계인이기는 한데 불법은 아니다. 'illegal alien' 불법체류자를 의미한다.

현실적으로 내가 눈 감을 때까지 열과 성의를 다해서 모든 것을 바칠 수 있는 '좌파' 후보는 없을지도 모른다. 한국의 좌파는 독자적인 정당을 만들 형편도 못 되고, 그런 이유로 정의당 역시 사민주의 정도의 부드럽고 유연한 노선도 내걸지 못한 채 보수가 얘기하는 '정의'를 대문으로 걸고 있는 것 아닌가? 그렇다고 남의 정당에 이래라저래라, 그럴 처지는 아니지만 말이다.

조선의 마지막 빨갱이

사람들이 나에게 '조선의 마지막 빨갱이'라고 부르는 것은 『자본론』을 읽고, 『공산당 선언문』을 읽고, 내 앞의 사람들이 그랬던 것처럼 노동조합을 만들기 위해 공장으로 가는 대신 민중단체에서 활동하는 고전적 패턴을 따른 거의 마지막 세대이기 때문이다. 몇 년 전, 좌파들이 주로 참여하는 학회에 갔었는데 아직도 내가 막내였다. 저녁 술자리에 가서 고기 구울 생각하니 꾀가 나서 중간에 친구와 도망쳤다. 약간은 슬펐다. 예전에 같이 공부했던 선배들과 선생님들은 이미 좌파라는 이름을 버리고 진보라고 부르거나, 아니면 강단 좌파로 근근이 버틴다. 본격적인 후학은 거의 나오지 않는다. 보수들의 유튜브를 보면 한국의 권력은 온통 좌파들에게 있다는데, 그 좌파들은 다 어디 간거?

이런 상황에서 내가 선택한 것이 녹색당 당원이다. 별다른 활동은 하지 않지만, 녹색당 후보가 나오면 투표는 한다. 그러나 거의 후보로 나오지 않는다. 그때마다 상황을 봐서 적당히 투표한다. 옹색하다. 투표는 옹색하게 하더라도 한국에서의 삶은 정치가 전부가 아니고, 집권이 전부가 아니다. 좌파의 삶에 정당 활동만 있는 것은 아니고, 시민단체 어딘가에 참여하는 조직 생활만 있는 것도 아니다. 정당이 없으니까 정당 활동을 할 수 없다. 그렇다고 자기에게 맞지 않는 옷을 입는 것처럼 시민단체를 골라서 적당히 회비 내고 활동하는 정도로는 아직 남아 있는 좌파의 정열이 채워지지 않는다.

정당 생활이나 활동을 하지 않더라도 좌파 생활이 있고

좌파 활동이 있다. 모든 것 가운데 가장 중요한 것은 생활이 아닌가? 좌파로서 자랑스럽게 살아가는 것, 그것이 '좌파 생활'이다. 그렇게 살아가는 사람을 '생활 좌파'라고 부를 수 있다. 나는 좌파다. 그러면 사람들이 묻는다? 그래서 뭘 할 건데? 그냥 생활 좌파로 살아갈 것이다. 어차피 한국에서 좌파는 소수자다. 큰 꿈을 꾸지 않고, 큰 그림을 그리지도 않는다. 연대라는 거창한 얘기를 할 거 없이 소수자들의 활동을 지지하고 뭐라도 도우려고 한다. 그렇게 좌파라는 멸종위기종이 멸종하지 않기 위해 작은 노력들을 하려 한다.

AI 시대가 되면 진보는 어떻게 될까. AI가 투표권을 갖고, 종국에는 지구를 위태롭게 만드는 거대한 소비 기계에 불과한 인간을 사라지게 하는 것이 AI가 정의한 진보일지도 모른다. 물론 100년 후의 일일 것이다. 그때는 인간을 멸종시키지는 말자는 AI가 보수로 몰릴 것이다. 그리고 시스템과 결탁해서 부를 축적하는 AI가 있고, 가난한 AI가 있을 것이다. AI 내에서도 좌파 AI가 등장할 것이다. 한반도에 기반들 두고 활동하는 AI가 좌파의 역사를 리뷰하면서 "한국에도 좌파가 있었어요!"라고 소스 프로그램에게 보고하는 일이 벌어질지도 모른다. 자본주의에서 진보는 잠시 있다 가는 개념이고, 좌파는 자본주의가 끝날 때까지 존재할 개념이다. 그러니 드러내 놓고 얘기하든 아니든 혹은 자신이 좌파인지 아닌지 미처 인지하지 못할지라도 한국에서 좌파 유전자는 자본주의 모순 속에서 사라지지 않고 계속될 것이다.

조선의 마지막 빨갱이

그러니 누구든 선거에 임해서 좌파에게 표를 부탁할 때
는 "Please~" 공손하게 부탁하기 바란다. 지금처럼 욕하고, 거
대 정당은 두 개밖에 없는 상태에서 "양비론은 나쁜 것이다"라
는 되지도 않는 소리나 하면 아예 투표를 안 하는 수도 있다.
한국의 좌파들도 두 번에 걸친 촛불집회에는 총출동했다. 그
렇게 민주당이 집권했지만 좌파 중에서 뭐라도 얻어먹은 사람
은 거의 없다. 촛불집회를 같이 만든 사람에 대한 예우는 바라
지도 않는다. 지지 정당이 없다고 해서 투표권이 사라지는 것
은 아니다. 좌파다운 정책, 개발주의가 아닌 생태 정책, 이런
건 바라지도 않는다. 그러나 "욕 처먹기 싫으면 우리에게 투표
해라"는 아닌 것 같다. 영국 속담에 "매너가 사람을 만든다"는
말이 있다. 벌써 세 번이나 집권한 한국의 진보에게 필요한 경
구다. 좌파 정당은 없어도 좌파 생활은 계속된다. 진보파, 도울
건 돕고, 반대할 건 반대한다. 그러나 사방팔방 욕만 해대면 더
이상 한국의 진보는 외부에서 도울 사람이 없게 된다. 영원한
제국이 존재하지 않는 것과 마찬가지 이치다.

취미로서의
좌파 생활

- 잘생기고 키 큰 동네 형님들은 그때 다 죽었재. 나
  같이 키 작고 못난 것들만 살아남았어.

  동네 현안을 놓고 주민 대표로 나선 할아버지가 한 얘
기라고 어느 환경활동가에게 들은 얘기다. 여담이지만 이 이
야기를 해준 사람은 청와대 행정관이 되었다. 한국전쟁 때 보
도연맹 사건으로 읍내만이 아니라 첩첩산골까지 학살이 이루
어졌는데, 그때 동네의 잘생긴 형들은 다 죽고 결국 자기 같은
사람들만 남았다는, 그야말로 막걸리 한잔하면서 할 만한 얘
기다. 보도연맹은 한때 좌익이었던 사람들을 전향시키기 위
해 1949년 정부가 만든 조직인데, 좌익만 가담한 게 아니라 실
적을 위해 부풀려서 가입되었다. 자신도 모르는 사이에 이름
이 올라간 경우도 있었다. 평범한 농민은 물론 중고등학생들

도 이름이 올라갔다. 경찰서별로 할당된 숫자가 있었다고 한다. 공민권 대신 보도연맹원증을 갖고 있는 사람들이 전쟁 중에 배신했다는 이유로 전국적인 학살이 이루어졌다. 그 시절, 이 사건을 목격한 어린 소년에게는 동네에 잘생기고 키 큰 형님들이 변을 당했다는 기억으로 남았다. 기록도 변변치 않아서 당시 학살 규모가 10만 명인지 20만 명인지 아직도 모른다. 비극은 처형당한 사람으로만 끝나지 않고 가족과 친척까지 요시찰 대상으로 분류 감시되었다. 취업 등 각종 불이익을 주는 연좌제가 1990년대까지 계속되었다.

인종 대청소처럼 과거에 좌익 계열 활동을 했던 사람들에 대한 학살극이 있었지만, 전쟁이 끝난 1956년 3대 대통령 선거에 출마한 조봉암이 30퍼센트 득표를 얻었다는 것은 놀라운 일이다. 2대 대통령 선거까지는 국회의원들이 뽑는 간선제였고, 3대 때 비로소 국민들이 직접 투표를 했다. 1958년 진보당 간부들에 대한 일제 검거 때 체포되어 조봉암은 간첩죄로 처형당한다. 이승만이 가장 두려워했던 정치적 라이벌은 아마조봉암이었을 것이다.

일제 강점기에 독립 운동을 하기 위해 좌익 계열 단체에 가입했다는 것만으로도 학살되던 시절이 있었다. 냉전 시대, 미국과 소련 사이의 체제 경쟁은 극한으로 달렸고, 한국 같은 저개발 국가에서 슬픈 일이 벌어지는 것은 피하기 어려웠을 것이다. 그런 슬픈 역사로 한국에서 공개적으로 좌파라고 말하는 것은 목숨을 걸어야 할 정도로 위험한 일이었다. 1953년,

전쟁 직후 한국의 1인당 국민소득은 76달러였다. 새로 조정된 수치로는 지금의 1인당 국민소득은 3만3천 달러 정도다. 503배 늘어났다.

유럽에서 집권이 어려운 데도 여전히 공산당이 존재하고, 중요한 역할을 하는 것은 사회적 기능이 있어서다. 우파에서 분화한 극우가 기세를 떨칠 때 반대편 좌파들이 어느 정도 균형을 잡아준다. 100년 전에는 좌파들이 혁명을 외쳤고, 실제로 혁명도 했다. 그렇지만 지금은 자본주의 안에서 지나치게 사회가 우경화되어서 반동적인 흐름으로 가는 것에 반대 추역할로 축소되었다. 폼은 안 날지도 모른다. 그렇다고 의미 없다고 말하기는 어렵다.

우리나라의 좌파는 어떨까? 수사적으로 치면 전통적인 좌파는 노동자와 농민을 외친다. 하지만 21세기 한국에서 노동자와 농민은 거의 나오지 않는다. 물론 진보는 나온다. 그들 중 일부는 각각 진보와 보수 안으로 들어가 국회의원도 되고 기관장도 된다. 진보 성향의 노동자와 농민은 기대할 수 있지만, 그 안에서 좌파는 나오지 않는다. 오랫동안 많은 사회학자들이 다양한 가설로 고민했지만, 21세기 자본주의에서 가난한 노동자들은 기꺼이 극우파에 투표한다. 가난한 백인 노동자들이 트럼프에게 투표한 것과 비슷한 현상은 1990년대 이후 유럽 전역에서 관찰된다. 한국은 더더욱 그렇다. 노동자들이 계급을 의식해 투표했다면 민주노동당 시절에 이미 집권하고도 남았다. 노조에 가입한 노동자만이라도 그렇게 투표했다면 노회찬이 서울 노원 병에 있다가 경남 창원 성산까지 옮겨가는 일은 벌어지지 않았을 것이다. 그렇다면 농민은? 글쎄다. 학생 운동이나 노동운동을 하다가 귀농한 사람들을 알고 있다. 그 사람들은 원래 좌파였고, 조용히 농민으로 살다가 지역 문제가 생겼을 때 농민의 대표로 나온 경우를 보긴 했다. 그렇지 않을 경우는 보기 어렵다.

더 웃긴 일은 얼마 전 스웨덴에서 벌어졌다. 스웨덴의 중도 좌파에 해당하는 사민당이 연정을 꾸리다가 신축 아파트에 대한 임대료 상한제 폐지 정책을 추진했다. 결국 역풍을 맞아서 총리에 대한 해임이 의결되었다. 한국에서는 국민의힘 등 보수 쪽에서 임대차 3법을 집권하면 폐기하겠다고 공공연하게 얘기하고 있다. 스웨덴에서는 이걸 사민당에서 추진한 것인데, 역설적으로 총리 해임안을 추진한 것은 스웨덴 극우파인 스웨덴 민주당이다. 스웨덴에서는 극우파 정당 이름이 민주당이다. 얼래? 유럽에서 30년 가까이 극우파 정당이 활동하면서 엔지니어와 기업체 이사 등 엘리트 중심으로 시작한 극우파의 흐름이 어느덧 가난한 노동자와 극빈층 중심으로 바뀌었다. 당장 당원들이 신축이든 구축이든 임대료 상한제 폐지를 반대하니까 이 문제에 대해서는 극우파 정당이라도 사민당보다 더 좌파 쪽 정당들과 협상해서 총리 해임안을 이끌어 냈다. 결국 총리는 해임되었다. '사회는 우파, 경제는 좌파', 프랑스 극우파 정당인 국민전선을 비롯해 새로운 흐름이 생겨났다. 극우파의 좌파 정책? 중도 좌파가 임대료 상한제 폐지를 추진하고, 이에 대한 반대를 극우파가 주도해서 총리를 해임하는 일이 실제로 벌어졌다. 결국 사민당이 신축 아파트 임대료 상한제를 포기하고, 스웨덴 총리는 재신임을 받았다.[36]

앞으로 우리가 걸어갈 미래는 노동자와 농민, 즉 민중의 전폭적인 지지를 받으며 좌파가 집권하는 고전적인 그림이 아니다. 그런 건 이제 선진국에서도 찾아보기 어렵다. 청년, 특히 가난한 청년들이 점차적으로 보수를 지지하는 흐름은 세계적 추세다. "됐네, 베이비붐 세대들" 정도의 의미를 가진 "OK, boomer"라는 표현이 이미 자리 잡았다. 제2차 세계대전 전후 경제적 번영의 시대를 살았던 장년층의 세계관은 베이비붐 세대의 오래된 습관일 뿐이다. 장년 세대를 조롱하는 청년 중 일부는 극우파를 지지한다. 우파에서 분화한 극우파가 10~15퍼센트 지지를 받고, 지금 우리도 그 흐름 위에 서 있다. 그 극우파가 자신들을 지지하는 가난한 사람들의 요구에 의해 자연스럽게 "경제는 좌파처럼 할 거예요"라고 말하는 현실까지 왔다. 이념으로서의 좌우, 정책으로서의 좌우가 혼재된 복잡한 상황이다. 그야말로 자본주의의 경제 정책의 포스트모던이 아닐 수 없다. 철학자 자크 데리다가 얘기한 '해체'를 보고 있는 것

---

36 메디치 미디어, 피렌체의 식탁, 하수정 칼럼 "복지천국 스웨덴은 어쩌다 '부동산 후진국'으로 전락했나", 2021년 7월 30일 참고, https://firenzedt.com/17913?utm_source=kakao&utm_medium=pf

인지도 모른다. 기존의 질서가 해체되고, 새로운 질서는 아직 재구성되지 않았다. 물론 스웨덴을 비롯한 유럽 국가 얘기다. 한국의 많은 진보들이 이상향으로 생각하는 스웨덴에서도 이전과는 전혀 다른 양상이 전개되고 있다. 우리는 아직 복지 국가 근처에도 못 가봤는데, 그 복지 국가들은 극우파의 약진과 변화에 따라 전혀 다른 질서를 새롭게 만들어가고 있다.

자, 이제 우리 이야기로 돌아와보자. 피 끓는 청년 남성들 중 상당수는 젠더 이슈를 따라 보수에도 투표할 것이고, 그중 일부는 민족주의 극우파와 마초 극우파 사이를 오갈 것이다. 1990년대 유럽이 그랬다. 강인한 민족 감정이 내부 약자인 외국인 노동자에게 꽂히면서 일부 청년들이 극우의 전사로 돌변했다. 사회주의 국가였던 동구권이 붕괴하며 난민들이 몰려오자 유럽의 자본주의 국가들은 인도적인 이유와 체제 경쟁의 승리를 공고하게 만들기 위해 기꺼이 받아들였다. 노동 시장에서 난민들과 경쟁하게 된 청년들이 민족주의형 극우에 마음을 연 시대적 배경이다. 노동 시장에 급격하게 유입된 외국인 노동자와 한국 노동 시장에서의 젠더 갈등은 대상만 다를 뿐 현상은 크게 다르지 않다. 차이가 있다면 다당제에 익숙한 유럽은 극우파가 독자 정당으로 분화했지만, 우리는 태극기와 마초형 청년 보수가 같은 당에서 혼재해 있다는 정도다. 국민의힘 당대표 이준석이 없었다면 이러한 변화가 생기지 않았을까? 이준석이 아니라, 삼준석, 사준석 혹은 오준석이라도 누군가 나왔을 것이고, 같은 현상이 벌어졌을 것이다. 경제 상황이 만들어낸 필연적인 결론이다.

이러한 변화에 균형을 맞추는 역할은 유럽에서는 좌파와 녹색당이 했다. 숫자가 크거나 다수당이어서가 아니라 보수가 극우파로 갈 때 좌파도 더 좌파로 가면서 사회적 다양성을 높이는 형태로 진화했다. 우리는 좌파가 씨가 마른 상태라서 정치적 의미의 다양성이 약하다. 이 점이 사회적 문화에도 영향을 미친다. 미국에서는 이를 가리켜 '정치 양극화'라고 부른다. 자, 그럼 우리는 무엇을 해야 할까? 평상시에는 공화당을 지지하든 민주당을 지지하든 같은 생활공간에서 살았고, 시민적 가치를 공유하려고 노력했다. 트럼프 이후에는 일상생활에서도 정치적 입장에 따른 갈등이 상존하게 되었다. 그걸 정치적 양극화라고 불렀다.

좌파의 등장으로 정치적 다양성을 당장 높이기는 어렵지만 사회와 문화 차원에서의 다양성을 높이려는 시도는 할 수 있다. 나는 '취미로서의 좌파 생활'이라고 부르고 싶다. 지지 정당도 없고, 그렇다고 좌파를 표방하는 정치인도 없다. '자칭 진보'와 '진짜 진보'만 있을 뿐이다. 그렇다고 무슨 『자본론』 강독 모임이나 '레닌 바르게 읽기' 같은 데 가고 싶지도 않다. 21세기하고도 20년이나 지난 지금, 누가 『자본론』을 제대로 읽었는지 내공을 겨루고, 어마 무시한 선수 과목을 요구하는 건 하나도 재미없다. 나도 재미없는데, 그런 걸 재밌어 하는 사람이 얼마나 있을까. 소림사 승려 등 일명 쿵푸 고수라는 사람들이 종합격투기 펜타곤에서 1분도 못 버티는 그야말로 소림사 내공 같은 얘기다. 강호의 고수? 그런 건 없다. 신비로운 좌파의 전성시대, 그런 것도 없다. 현실에서 그런 이야기를 남발하면 시대착오적이라고 어디 가서 맞고 다니기 딱 좋다.

그럼에도 한국에 좌파들은 여전히 등장한다. 누가 그들을 이끌고 지도할까? 그런 건 없다. 누가 시켜서 하는 것도 아니고, 누가 하자고 해서 하는 것도 아니다. 자본주의 모순, 특히 한국 자본주의 모순 속에서 튀어나오는 것이다. 대부분의 사람들은 참지만, 참기 싫은 사람들도 등장하기 마련이다. 조선시대 박지원이 그랬던 것처럼 웃기는 방식으로 시대를 풍자하지 않으면 견디기 어려운 사람들이 나온다. 우연이든 혹은 특별한 여건의 작용이든 자본이 시키는 대로 고분고분 따르는 게 편하지 않은 사람들은 나오기 마련이다. 아무리 빡빡한 한국 자본주의라도 시스템과 불화하는 사람들이 나오는 것을 막지 못한다. 그러면 불편하지 않느냐고? 그냥 가만히 있는 게 더 불편한 데 어떻게 해!

한 가지 확실한 것은 좌파는 직업이 아니라는 점이다. 진보를 표방하면 여의도에 몇 개의 직업이 있을 수 있고, 직업 정치인으로 나설 수도 있다. 보수도 마찬가지다. 그러나 좌파로는 직업이 거의 없다. 직업의 눈으로 보면 아마추어라고 할 수 있겠지만, 그건 좀 아니다. 한국의 좌파는 프로 리그가 형성되어 있지 않아서 프로 생활을 하고 싶으면 일본 리그로 가야 하는 여자 야구와 비슷하다. 리그가 인기 없어서 활성화되지 않았을 뿐 사회적 의미마저 아마추어인 것은 아니다. 정치

취미로서의 좌파 생활　**4장**

로 치면 정식으로 한 게임도 치르지 않고 '눈팅'만 하다가 대통령 되겠다고 나서는 사람이 윤석열을 비롯해서 수두룩하다. 그 사람들은 프로냐? 구단이 가난하고 리그가 헐벗어서 그렇지, 사회 문제의 맨 앞에 나온 사람들을 아마추어라고 할 수는 없다.

카피 레프트의 레프티스트 프로그래머들은 대부분 자기 직업을 갖고 있다. 오픈 소스 개발자들을 기존의 직업 논리로 설명하기 어렵다. 그들이 만드는 프로그램이나 오픈 라이브러리가 돈을 받는 상업용 프로그램이 아니라고 해서 그 효용이 아마추어인 것은 아니다. 물론 좀 불편하기는 하다. 니들이 알아서들 하셔, 그런 게 많기는 하다. 기존의 상업 프로그램이 클릭 한 번으로 많은 걸 처리할 수 있는 반면 오픈 소스 프로그램은 일일이 설정해야 한다. 하지만 무료다. 이런 걸 만드는 작업을 기본적으로 '취미 생활'이라고 부를 수 있다.

건담 플라모델이나 피겨figure를 수집하는 것은 취미 생활이다. 나도 프랑스의 엑소세Exocet 미사일 같은 항공 무기체계를 열심히 보던 시절이 있었고, 해마다 몇 번씩 해금으로 연주회에도 나갔던 아마추어 시절이 있었다. 국악과 대학원 사이를 고민했던 시절이 있었지만 경제학과 대학원에 가기로 하면서 모든 것은 취미 생활이 되었다. 코로나로 인해 게임 산업 규모가 200조 원 가까이 증가했다. 그 매출액은 전 세계인의 취미 생활로부터 나오는 것이다. 취미 생활이라고 우습게 볼 일이 아니다.

취미로서의 좌파 생활은 생각보다 할 수 있는 액티비티가 많다. 지난 100년간 문학, 영화, 연극 등 수많은 예술작품이 좌파들에 의해 만들어졌다. 마르크스나 레닌 책을 한 줄도 읽은 적은 없지만 취미로서 좌파 활동을 한 사람 가운데 가장 성공한 사람은 피카소일 것이다. 그는 인류 역사상 가장 성공한 상업적 화가로 기록되었다. 앞으로도 오랫동안 취미 활동가로서의 좌파 최고봉 자리를 지킬 것이다. 본인이 공개를 원하지 않을 듯해서 이름을 밝힐 수는 없지만 피카소 수준의 좌파 취미 활동을 하는 영화감독 등 예술가 중에서 빅히트를 친 사람은 넘쳐난다. 예술에서 좌파적 사유는 여전히 자본주의 앞에서 영감을 가져다주는 원천이다. 영화 〈기생충〉이나 드라마 〈오징어 게임〉이 좌파를 표명한 이야기는 아니지만 우파적이거나 보수적이지는 않다. 보수들은 무서워서 그런 이야기를 못 만든다.

철학자 장 폴 사르트르Jean Paul Sartre는 소련 공산당과의 갈등으로 프랑스 공산당을 탈당했다. 『감시와 처벌』을 쓴 철학자 미셸 푸코Michel Foucault는 게이라는 이유로 공산당과 마찰을 빚다가 결국 탈당했다. 인권과 관련된 많은 집회에 세계 지성을 움직이던 두 철학자가 함께 집회에서 메가폰을 들고 있는 모습이 사진으로 남아 있다. 사르트르와 푸코의 좌파 활동이다. 직업의 논리로만 보면 그들의 집회 참가는 취미 생활이다. 고등학교 선생이었던 사르트르는 작가가 직업이었고, 노벨문학상을 거부했다. 푸코는 대학 교수다. 그들에게 좌파는 직업이 아니었고, 좌파에 대한 이야기가 그들의 문학이나 사상의 전부는 아니었다.

일상생활에서 취미를 물어보는 경우가 있다. 독서와 음악 감상이 대표적 취미다. 여행이 취미인 사람도 보았다. 물론 여행이 본업인 사람도 있다. 취미 란에 좌파 활동이라고 써도 이상하지 않거나 창피하지 않은 순간이 올까? 취미는 자신을 소개하는 또 다른 창구다. 하지만 댓글에 많은 시간을 할애하는 사람이 취미에 '댓글 달기'라고 쓰는 경우는 못 봤다. 조금은 고상하고 무난한 것을 쓰려고 나름 신경 쓴다. 이제 나는 나이가 많아져서 누군가 내게 취미를 묻지는 않지만, 그런 기회가 생기면 '좌파 활동'이라고 써보려고 한다.

취미로서의 좌파 생활. 20세기에 비하면 이제 위험하지 않고, 사람들을 웃기는 방식으로 당황시키는 퍼포먼스 같은 것이긴 하다. 그러나 직업이 아니라는 점에서, 그리고 좋아서 한다는 점에서 좌파 생활이 취미가 아닐 이유는 없다. 그렇게라도 좌파는 멸종되지 않아야 하고, 그 유전자는 계승되어야 한다.

만약 내가 이런 이야기를 1980년대에 했다면 개량주의자 패배주의자 혹은 저열한 분파주의자라며 지독할 정도로 욕을 먹었을 것이다. 그 시기, 혁명을 믿고 화려한 좌파를 꿈꿨던 사람들이 많다. 지금은 국민의힘 대선 후보에 나선 하태경이 그 중 한 명이다. 이재영이 살아 있을 때 하태경하고 술 한잔하자고 몇 차례 그랬는데 "바쁜데 뭘"이라는 이유 같지 않은 이유를 대며 피했다. 전향한 사람까지 만날 필요는 없으니까. 결국 하태경은 이재영 장례식장에서 처음 만났다. 직업으로서 좌파의 삶을 살았던 이재영이 갖고 있던 풍부함과 유머, 그리고 포용성을 나는 갖고 있지 못했다는 생각을 뒤늦게 했다. 죽은 이재영을 그리며 언젠가 하태경과 소주 한잔할 생각이다. 한국에서 직업으로서의 좌파는 사라졌지만, 취미 활동으로서는 여전히 유효하다. 취미 생활을 하는데 지나치게 배타적이거나 날을 세워서 공격적으로 지낼 필요는 없을 것 같다.

예전에 "좌파는 이래야 한다"고 말하던 사람들이 한국에 아주 많았다. 그들은 이제 진보가 되었다. 좌파로서의 취미 활동이 갖는 편안함 중 하나는 이래라저래라 시어머니처럼 말하는 '선배' 나부랭이가 존재하지 않는다는 점이다. 비록 취미 활동이지만, 그 자체로 한국의 다양성 확보에 도움을 준다. 그래서 그 활동은 즐거워야 하고, 재미있어야 하고, 보람 있어야 한다. 재미도 없는 취미 활동을 계속할 사람은 없지 않은가?

좌파라고 해서 존경할 사람이 한국에는 없다. 그래도 한국 자본주의 모순 한가운데에서 최전선을 지키고 있다는 보람은 있을 것이다. 아방가르드, 21세기 한국에서 좌파라는 입장을 갖고 있다는 것만으로도 충분히 짜릿한 취미 생활이 될 수 있다. 익스트림 스포츠의 일종인 BMX는 자전거 묘기를 올림픽 종목으로 만든 그야말로 취미 생활의 끝판왕이다. 취미로서는 익스트림이라 할 수 있는 좌파 생활의 역사는 자본주의 탄생만큼이나 깊다. 좌파가 탄생한 이후, 취미 좌파는 역대급

온건 좌파겠지만 한국에서는 그것만으로도 충분히 의미가 있다. 강남 좌파보다는 위협적이고, 부패한 진보보다는 자극적이다. 그리고 "너도 페미냐" 묻는 사람들보다는 글로벌 스탠더드에 잘 맞는다.

혁명의 시대는 갔어도 취미의 시대는 아직 가지 않았다.

짧은
제네바 여행

1.

굼벵이도 구르는 재주가 있다고 한다. 내가 아주 좋아하는 말이다. 나는 별 재주가 없고, 하다못해 어렸을 때 수없이 만든 조립식 가운데 한 번도 모든 부품이 딱 맞은 적이 없었다. 어딘가 부러지거나, 구멍에 넣다가 휘곤 했다. 재주라고는 곰탱이에 '똥손'이다. 그래도 내가 잘하는 게 딱 하나 있다. 다른 사람 도와주는 건 잘하고, 특히 남의 책을 잘 팔아준다. 내가 해제나 추천사를 달아주거나 출간 초기 행사에 관여한 책 가운데 잘 팔린 책들이 좀 있다.

장 지글러Jean Ziegler의 『세계의 절반은 왜 굶주리는가』에 해제를 달았었다. 몇 줄 추천사 부탁이 녹색평론 편집부를 통해 왔었다. 번역 원고를 읽고 기왕 소개하는 거라면 짧은 추천사 대신 정식으로 해제를 쓰면 좋겠다고 말했다. 책은 잘 팔렸고, 청소년 교양 부문 스테디셀러가 되었다. 서울대 도서관에서 가장 많이 빌려간 책이라는 얘기를 들은 적이 있다.

그 책에 대해 고민했던 것은 부르키나파소의 젊은 지도자 토마 상카라Thomas Sankara의 죽음에 얽힌 얘기가 가슴 아팠기 때문이다. 20대 시절 나의 고민이 떠올랐다. 장 지글러는 에티오피아에서 상카라를 만났는데, 그는 체 게바라가 몇 살에 죽었는지를 물었다고 한다. 체 게바라는 38세에 죽었다.

- 나는 과연 38세까지 살 수 있을까?

상카라가 그 질문을 했을 때가 37세였다. 한 달 뒤, 부르키나파소의 식량 자급을 추진하던 젊은 지도자 상카라는 독살당해서 죽었다. 상카라라는 이름을 기억하지는 못했지만, 대학원 시절에 석사 논문을 준비하면서 부르키나파소의 경제를 살펴본 적이 있었다. 그 시절, 지도교수가 아프리카 경제 분야에서 아주 유명한 사람이었다. UN에서 일하며 부르키나파소 대표들과도 친하게 지냈다. 내가 조금만 넉넉한 집안에서 태어났으면 아프리카 경제학을 전공했을 것 같다. 마음이 간다고 연구하기에는 아프리카 연구는 돈이 너무 많이 드는 분야다. 포기했다.

장 지글러의 책을 읽고, 나는 상카라의 독살 얘기가 너무 가슴 아팠다. 제3세계의 독립과 경제적 안정, 그 이면에는 슬픈 이야기가 너무 많다. 아이들에게 우유를 충분히 공급하겠다는 공약을 내걸고 칠레 대통령에 당선되었던 소아과 의사 출신의 아옌데Salvador Allende는 결국 피노체트Augusto Pinochet의 군부 쿠데타에 의해 대통령궁에서 자살로 삶을 마감한다. 그때 아옌데가 자살할 때 쓴 총은 쿠바의 카스트로Fidel Castro에게 선물받은 것이다.

사람은 돈이나 이해관계에 의해서만 움직일까? 늘 그렇지는 않다. EBS 교육방송에서 세계적 석학들의 강좌 프로그램인 〈위대한 강의〉를 기획하면서 장 지글러를 만나 대화를 나누는 제안을 받았을 때 솔직히 전혀 당기지 않았다. 팬데믹 한가운데에서 귀찮은 일을 감수하면서 스위스에 갈 이유도 없었고, 무엇보다 일이 너무 밀려 있었다. 그래도 결국 가기로 방향을 튼 것은 담당 피디의 간곡한 부탁 때문이었다. 나는 늘 이런 식이다.

2.

제네바에 도착한 첫날, 지글러의 집에 방송 관계자들과 함께 초대 받았다. 간단한 안주와 동네에서 만든 포도주가 있었다. 나는 독일의 전통술인 슈납스schnapps를 몇 잔 마셨다. 사과로 만든 슈납스는 아내와 내가 제일 좋아하는 술이다.

그날 제법 많은 이야기를 들었는데, 워낙 충격적인 내용이 많아서 나머지는 별로 놀랍지 않을 정도였다. 그는 국회의원으로 일하며 스위스 은행의 자금 세탁에 대해 책을 썼는데, 그로 인해 수많은 소송을 당했다. 그 소송에서 그는 졌고, 파산했다. 그리고 아내의 집에 살게 되었고, 교수 월급은 차압되었다. 그렇게 삶이 팍팍해져도 그는 계속해서 책을 썼고, 그중 하나가 세계적인 베스트셀러가 된 『세계의 절반은 왜 굶주리는가』이다. 그의 계좌는 파산으로 막혀 있어서 책에서 나오는 인세는 노마Noma라는 질병에 걸린 어린이들을 지원하는 상티넬이라는 아동 지원 기관으로 간다. 노마는 기아로 인한 면역력 결핍으로 얼굴 피부가 괴사하는 질환이다. 지글러가 세계에 알리면서 이제는 잘 알려진 질환이 되었다.

유럽에서 교수는 우리가 생각하는 것처럼 넉넉한 직업이 아니다. 우리는 명예와 돈을 동시에 가질 수 있는 직업으로 여기지만, 유럽에서는 국립대학의 종신 교수라고 하더라도 명예는 높지만 연봉은 높은 수준이 아니다. 알기 쉽게 비유하자면, 대학에서 오래 일한 경비원의 연봉보다 그 안에서 강의하는 교수의 연봉이 그다지 높지 않다. 잘 설계된 사회에서는 어떤 직업을 선택하더라도 최종적인 연봉 차이가 그다지 크지 않다. 그렇다고 해도 지글러처럼 파산 당하고, 그렇게 어려운 노년을 살지는 않는다. 지글러는 여전히 자신 있다고 말하며, 자신이 하고 싶은 일을 마음 편히 할 수 있는 지금이 좋다고 했다. 코피 아난Kofi Annan이 UN 사무총장이 되었을 때, 그는 UN 특별조사관으로 임명되었었다. 많은 사람들의 사랑과 명예를 충분히 지니고 살아가는 노년, 그렇게 불행해 보이지만은 않았다.

그럼에도 수많은 학자와 전문가가 적당히 타협하고 봉합하면서 살아가는데 본인이 생각하는 가치를 쉽게 내려놓지 못하는 이유를 물었다. 우리 시대의 로망스 같은 대답을 들었다.

제네바에서 설탕 학회가 열렸을 때, 이제 막 새로 생긴 쿠바 정부에 사탕수수 수출이 중요한 사안이었는지 체 게바라가 왔었다. 그때 젊은 지글러에게도 도움을 달라는 요청이 왔다. 그 인연으로 그는 며칠 동안 게바라 일행이 탄 승용차를 운전했다. 일정이 끝나고 게바라가 돌아가야 하는 순간이 왔을 때, 지글러는 자신도 따라가겠다고 했다. 게바라는 그의 요청을 거부하고, 그냥 스위스에 남으라고 했단다. 아마 그때 게바라를 따라 갔으면 자신은 볼리비아 정글 어느 곳에서 죽었을 거라는 게 지글러의 얘기다. 그때는 섭섭했지만, 군대에 대해 아무것도 모르는 자신을 게바라가 살린 거라고 기억하며 살아가고 있다고 말했다. 쿠바에서 만든 다큐멘터리에서는 "체가 나를 살렸다"라는 대목에서 아나운서가 눈을 크게 뜨면서 리액션하는 장면이 나온다.

그냥 술 한잔하며 웃으면서 나눈 이야기이지만 전설의 시대를 잠시 만나는 느낌이었다. 80대 중반의 노학자, 아마 내가 살아서 쿠바 혁명의 전설 체 게바라를 만난 사람을 직접 만날 일은 없을 것이다. 20대에 한 시대를 크게 움직였던 혁명가

와의 만남은 한 사나이의 삶을 크게 흔들었다. 그는 자신이 생각하는 방향으로 또 다른 삶을 살게 되었다. 내가 만난 많은 할아버지들은 아직도 자신에게 할 일이 있다며 부지런히 다음 계획을 얘기하곤 한다. 늙은이들이 힘도 좋아! 최선을 다해서 살았지만, 앞으로 무엇을 이룰지를 말하지 않는 성공한 사람을 정말 오랜만에 본 것 같았다.

그날, 몇 년 전에 서울에서 만났던 『나 홀로 볼링』의 로버트 퍼트넘^{Robert Putnam}이 생각났다. 사회적 관계가 해체되고 개별화되어 가는 미국 사회에 관한 책을 써서 사회학계의 슈퍼스타가 된 사람이다. 빌 클린턴의 초청으로 백악관에도 갔었다. 이런 사람들의 시대에는 확실히 좌파가 최전선에 있었고, 시대의 논의를 이끌고 나갔다. 지나간 것들은 늘 아름답게 보이는 법이다. 그래서 체 게바라 이야기에 지나치게 감명 받지는 않으려고 한다. 그러나 아름다운 건 아름다운 것이다. 최선을 다해서 자신의 탑을 높게 쌓아올린 사람에게서 '아름답다'는 느낌을 받기는 힘들다. 이청준은 『당신들의 천국』에서 살아서 자신의 동상을 만들지 말라고 적었다.

3.

노회찬과 내 친구 이재영 등 민주노동당을 만들었던 초기 멤버는 스웨덴을 이상적인 국가로 생각했던 것 같다. 그들이 최고로 생각했던 술은 스웨덴에서 만든 앱솔루트 보드카였다. 소련이 붕괴되면서 혼란스럽던 상황에서 러시아제 보드카의 품질 관리가 어렵다는 흉흉한 소문이 돌았다. 그즈음 앱솔루트 매출액이 100퍼센트 이상 증가했다는 기사를 읽었다. 앱솔루트는 병이 링겔을 닮았다. 아무리 스웨덴의 취향이 실용적이라고 해도 별나다는 생각이 들었다. 술 마시고 아침에 일어나서 링겔처럼 생긴 병을 보노라면 내가 진짜 저걸 마신 건지, 맞은 건지, 그런 느낌이 든다. 그래도 기분 좋은 날이면 이재영과는 앱솔루트를 마시곤 했다. 앱솔루트를 먹고 후회하는 것은 다음 날일 뿐 술 마시는 순간은 아니니까 말이다.

나는 오래전부터 한국은 스웨덴 모델이 아니라 스위스 모델이 실현가능성이 높다고 생각해왔다. 그때만 해도 1인당 국민소득은 스웨덴이 더 높았고, 스위스는 약간 밑에 있었다. 내가 스위스를 실현가능한 모델로 생각한 것은 스위스는 다른 유럽 국가들에 비해 우파와 극우파가 강한 나라이기 때문이다. 스위스는 극우파가 제1당이고, 스위스 경제의 가장 중요한 축이라고 할 수 있는 취리히가 핵심 지역이다. 특히 동구 붕괴 이후 유입된 난민으로 인해 인구 천만 명이 안 되는 스위스 사회가 크게 흔들렸다. 스위스 극우파의 기반에는 농민당이 있었고, 특이하게 '운전자의 당partie des automobilistes'도 있었다. 엔지니어 등 중산층 전문직은 과속 단속 카메라에 강하게 반대했고, 결국 운전자의 당이라는 정치 세력이 되었다. 그렇게 농민당, 중산층, 엔지니어들이 모여서 영어로 '스위스 민중당'으로 번역되는 중앙민주연합UDC, Union démocratique du centre가 만들어진다. 이라크 파병 반대를 이끌며 비약적으로 커진다. 한국과 일본은 보수가 파병에 목숨을 거는데, 스위스는 반대다. 제네바협정을 비롯해서 스위스의 국시는 중립이다. UN에도 2002년에야 가입했고, EU에는 중립의 취지가 훼손된다는 이유로 아직도 가입하지 않았다. 중도 좌파와 중도 우파가 국제 협력을 취지로 이라크 파병을 추진할 때, 스위스 극우파는 국민투표로 끌고 갔고 결국 이겼다. 일본과 한국의 극우파와는 양상이 다르다.

　　　인종주의라는 관점에서 보면 스위스 극우파의 인종주의는 특별하다. 프랑스는 자신들의 민족인 골**37**을 중심으로 전개되고, 다른 나라도 마찬가지다. 언어, 민족, 그리고 영토로 규정되는 인종주의 요소가 있다. 스위스는 기본적으로는 북부의 독일어권, 서쪽의 프랑스어권, 그리고 남쪽의 이탈리아어권 등 주요 공용어만 세 개다. 여기에 원래 스위스에서 사용하던 화석 언어가 된 로망슈어Romansh language까지 네 개가 공용어다. 언어 공동체라는 개념으로 민족주의를 형성할 수 없다. 민족은 아예 사용할 수 없다. 제네바에 있는 동안 프랑스어권 케이블 TV를 처음 보았는데, 1번, 2번은 프랑스 채널이 나왔다. 3

37

Gaul, 골, 갈리아. 고대 켈트 사람의 땅으로 지금의 북이탈리아, 프랑스, 벨기에 등을 포함한다.

짧은 제네바 여행

번은 론^{Rhone} 지역 채널이다. 대부분 프랑스 TV를 보면서 살아
간다. 전두환 시절 '땡전 뉴스' 이후로 대통령의 동정 혹은 주
요 정치인 관련 사건부터 나오는 우리의 뉴스와는 다르다. 그
러다보니 스위스 사람들은 자기가 좋아하는 축구팀 선수나 테
니스 선수의 동정은 꿰고 있어도 대통령이 누구인지는 잘 모
른다. 머리로는 알고 있었지만 막상 TV로 보니 신기했다. 언어
와 민족으로 형성되는 인종주의가 스위스에서는 애당초 불가
능하다. 남는 건 역사와 국토뿐이다. 그래도 인종주의 스타일
의 극우파가 형성되지 않은 것은 아니다. 작은 국토에 많은 난
민이 쏟아질 수 있다는 공포만으로도 극우파 형성이 가능하
다. 우리가 상식적으로 알고 있는 인종주의로는 이해하기 어
렵지만 민족과 언어가 없어도 인종주의형 극우파가 가능하다
는 것을 스위스에서 볼 수 있다.

　　스위스가 보수적인 사회라고 처음으로 생각한 것은 여
성참정권의 역사를 공부할 때였다. 영국에서 여성들에게 참
정권을 준 것은 제1차 세계대전 이후인 1918년이다. 그마저도
30세 이상 여성에게만 선거권이 주어졌다. 21세 이상 여성이
투표하게 된 것은 1928년이다. 경제학자이자 국회의원인 존
스튜어트 밀^{John Stuart Mill}이 여성참정권에 관한 법안을 제출한
것은 1867년이었다. 우리나라는 1948년 헌법을 만들면서 여
성참정권이 포함되었다. 광복 후 우리도 가졌던 여성참정권이
스위스는 1971년에나 가능했다.

　　일본 오사카에 간 적이 있었다. 도쿄가 정치와 금융의

도시라면 오사카는 산업과 공업의 도시다. 한국에서 일본 사람들을 만나 오사카는 거대한 영등포 같다고 하면 엄청 웃어 댔다. 영등포 공장 사이에서 고등학교를 나와서일까. 나는 문래동에서 구로동에 이르는 공업 지대에 대한 인상이 강하게 남아 있다. 오사카를 거대한 영등포 같다고 표현한다면, 스위스는 거대한 대구 같은 느낌을 받았다. 기형도가 『짧은 여행의 기록』에서 시인 장정일을 대구에서 만나고 "시인만 있는 것 같은 도시"라고 표현한 적이 있다. 돌아가신 김수행 선생은 "중고 책방에서 가장 마지막까지 『자본론』이 팔린 도시"라고 말했다. 한국의 좌파는 좌파가 가장 강한 도시로 대구를 기억한다. 물론 그 사람들의 기억일 뿐이다. 내 기억에는 보수가 장악한 도시가 대구다. 딱 한 번, 대구에 대해 다른 지표를 본 것은 4대강 때였다. 4대강 반대에 대한 주민투표가 필요하다고 생각했는데, 현장 활동가들이 실제 보가 설치될 지역에서는 찬성 의견이 높아서 주민투표를 하면 질 게 뻔하다고 했다. 유일하게 반대 여론이 높은 곳이 대구였다. 그 결과를 놓고 해석이 분분했다. 나는 대운하와 4대강에 대해서는 농촌 지역의 의견과 도시 지역의 의견이 다르고, 대구는 정치적 문제가 아니라 도시 지역의 일반적인 의견이 나온 것 같다고 해석했다.

마치 거대한 대구 같은 느낌이 나는 스위스는 1인당 국민소득이 8만 달러를 넘고, 이제는 세계에서 가장 잘 사는 지역이 되었다. 최근에는 스웨덴보다 더 위로 올라왔다. 관광객으로 스위스에 가면 너무 비싼 물가에 깜짝 놀란다. 하지만 실제로 거주하면 생활비가 그렇게 비싸지는 않다. 고기값과 식재료 모두 비싸지 않다. 집값도 우리만큼 비싸지 않다. 몇 년 전, 서울의 우리 집과 외국의 주요 도시 집값을 비교한 적이 있었는데 취리히에 살면 몇 채를 살 수 있었다. 실제로 스위스 교민들에게 물어보니 과외비 같은 교육비가 따로 들지 않아서 일자리만 있으면 스위스에서 생활하는 게 훨씬 넉넉하다고 한다. 얼마 전까지 뉴욕에 살다가 스위스로 이주한 사람은 뉴욕보다도 스위스의 생활비가 덜 든다고 했다. 단, 식당은 비싸다. 한 끼 기본이 3만 원 정도인데, 반찬이 딸려 나오는 우리 식 한 끼를 생각해서 샐러드를 한두 개 추가하면 5만 원 정도 든다. 물론 유럽식 생활에서 특별한 경우가 아니면 외식은 한 달에 한두 번 정도다. 우리처럼 바쁘다는 이유로 매 끼니를 밖에서 사 먹으면서 뛰어다니지 않는다. 밖에서 사먹으며 국민소득 3만 달러로 사는 것과 밖에서 사 먹는 게 엄두가 나지 않을 정도로 외식 값이 비싸지만 국민소득 8만 달러로 사는 것 중에서 어느게 나을까.

스웨덴을 쉽게 표현하자면 노조가 근대화를 이룬 나라다. 덴마크는 농민회가 사회 변화의 선두에 선 나라다. 농업 강국이 되었다. 네덜란드는 상인이 강하고, 세계 최초로 주식거래소를 만들었듯이 상인의 힘으로 근대화를 이뤘다. 스위스는 보수가 양보하면서 지금의 시스템을 만들었다. 그들의 힘은 어디에서 나오는 걸까? 우리와 다른 점은 스위스 보수는 자기가 살아가는 동네를 살기 좋은 곳으로 가꾸기 위해 노력한다

취미로서의 좌파 생활 **4장**

는 점이다. 거창하게 표현하면 '풀뿌리 민주주의'인데, 취리히의 보수는 취리히를 위해, 제네바의 보수는 제네바를 위해, 베른의 보수는 베른을 위해 최선을 다한다. 한국의 보수는 동네에서 돈을 벌면 최선을 다해 강남에 아파트를 사려고 한다.

장 지글러의 『인간의 길을 가다』를 보면 1972년부터 시작된 레만 호로부터 이어지는 론 강에 핵발전소를 지으려는 것을 저지했던 길고 오래된 싸움 이야기가 나온다. 제네바 주정부가 추진했던 이 사건은 처음에는 하나마나한 싸움이었다가 원전 온배수로 론 강이 4도 정도 따뜻해질 거라는 연구 결과가 나오면서 급반전했다. 전통적으로 칼뱅주의자이며 매우 보수적인 포도 재배자들이 여론을 반전시켰다. 우리 식으로 표현하면 지역의 보수가 지역 발전을 위해 핵발전소를 저지한 것이다. 강의 온도가 올라가면 안개가 늘어나서 포도 재배에 문제가 생긴다는 게 이유였다. 결국 1986년 주민투표가 이루어졌고, 이 지역에 핵발전소를 만들지 않겠다는 내용이 제네바 지역 법률에 반영되었다.

상대적으로 보수 색채가 강한 스위스이지만, 거기에도 좌파가 있다. 녹색당에서 의원과 장관이 배출되고, 다양한 의견들이 용광로처럼 모이는 곳이 스위스다. 스위스가 보수의 나라라면 우리나라는 '깡보수의 나라'다. 좀 더 우파와 그냥 우파, 두 개의 보수주의 정당이 서로 왔다 갔다 하는 사이에 좌파는 아예 존재하지 않게 된 나라. 한국의 민주당은 국제 기준으로 치면 중도 우파 정도 되고, 그 안에서 급진파로 내몰리는 일

짧은 제네바 여행

부 사람들이 중도 좌파 정도 된다.

짧은 제네바 여행을 마치고 돌아오는 길에 잠시 세계무역기구WTO, World Trade Organization를 찾았다. 학위를 끝내고 WTO에 근무할 기회가 있었다. 기구가 만들어진 지 얼마 되지 않아서 대규모로 채용하던 시절이었다. 당시 나는 6년 반을 파리에 살았는데, 다시 제네바에서 사는 게 겁이 나서 그냥 파리에서 시간강사를 시작했다. 만약 WTO에 갔다면 내 삶은 어떻게 되었을까, 가지 않은 길을 문득 떠올렸다.

팬데믹 한복판에서 한 번, 제네바에 가기 전에 한 번, 그리고 돌아와서 보건소에서 두 번, 네 번의 유전자증폭PCR, polymerase chain reaction 검사를 하면서 짧은 여행을 하게 되었다. 체 게바라를 젊은 시절에 만났다는 사나이를 만나고 돌아오면서 우리 사회가 갈 수 있는, 아직 가지 않은 길에 대해 잠시 생각해보았다.

너도 페미냐?
아니,
좌파입니다

미래에 대해 생각하는 것은 어려운 일이다. 그냥 우리는 현재만 보고 산다. 여러 사람들이 미래에 대해 다양하게 이야기하지만, 사실 맞는다는 보장은 없다.

김수행 선생이 살아계실 때, 건국대학교에서 〈맑스 코뮤날레〉라는 이름의 행사가 열렸다. 2005년의 일이다. 21세기 한국에서 벌어진 좌파와 관련된 일들은 대부분 기억 속에서 잊히거나 희미해졌는데, 그때 걸렸던 현수막이 아직도 기억에 남는다.

- 내일은 맑습니다.

엄청 웃었던 기억이 난다. 표준 외국어 이름표기에 관한 강박증적인 강요로 칼 맑스Karl Heinrich Marx를 '마르크스'라고 표기해야 했다(이게 무슨 차이라고). 하여간 '맑스'라고 부르지 않으면 맛이 나지 않는데 말이다. 맑스를 맑스라고 부르지 못하고 마르크스라고 불러야 했던 울분이 잠시 현수막 아래에서 터져 나왔다. 지난 시대를 회상하는 노스탤지어라고 할까. 현수막을 다시 보고 웃지 않을 수 없었다. 내일이면 사람들이 맑스를 볼까? 맑스가 우리의 내일일까? 마르크스가 아니라 맑스라는 강렬한 이유 하나가 그때 생겼다. '내일은 마르크스'라는 말은 고색창연하고 아무 의미 없지만, '내일은 맑습니다'는 좌파가 아주 웃기는 방식으로 희망을 표현한 말이다.

그로부터 15년이 흘렀다. 텍스트로는 어떨지 몰라도, 늘 사람을 웃기려고 애썼던 김수행은 벌써 떠났다. 그리고 맑스는 돌아오지 않았다. 대학교 3학년 2학기에 민중단체에서 김수행의 대중 강연을 돕는 일부터 나의 민중단체 활동이 시작되었으니까 참 오래된 인연이다. 나도 이제 50대 중반이 되었고, 1980년대 한국 사회과학 전성시대를 이끌던 사람들도 문자 그대로 은퇴하거나 사라지는 순간이 되었다. 그리고 맑스의 시대는 다시 오지 않았다.

우리 시대에 한국의 좌파는 스타일을 만들지 못했다. 웃기지도 못했고, 멋지지도 못했다. 그렇다고 통렬한 자학 개그라도 있었나, 그렇지도 않다. 나와 이재영은 '명랑 좌파'를 꿈꿨지만, 누군가를 감동시키거나 웃게 하는 스타일이 되지 못했다. 그냥 개인 호신술 정도였다. "외로워도 슬퍼도 나는 안 울어, 참고 참고 또 참지", 내가 상상할 수 있는 최대의 명랑이었다.

이제 좌파는 전멸에 가깝고, 늙은 좌파의 노스탤지어에서나 남은 단어가 되었다. 그게 현실이다. 나는 '늙은 아빠'가 되어 여덟 살, 열 살 먹은 두 아들과 함께 늙어가는 중이다. 둘째를 데리러 학교에 가면 경비원은 나를 할아버지라고 부른다. 아무리 봐도 아빠처럼 보이지 않을 것이다. 나와 같이 활동했던 친구들은 암이나 과로로 세상을 많이 떠났고, 한때 '진보 경제학'을 대표했던 정태인은 폐암 4기로 치료 중이다. 나에게는 어떤 좌파의 미래가 보일까?

누가 뭐래도 지금 한국 자본주의의 최전선은 이준석을 타고 젠더 갈등을 넘으려는 20~30대 남성들의 보수화가 차지할 것이다. 다른 것은 진보이지만 유독 "페미니스트는 싫어"라는 청년 남성은 좌파와는 관계없다. 여성에게 주어지는 특혜가 많아서 불만이라면 자본주의 자체를 고쳐야 한다. 여성을 고치려 드는 건 좌파가 아니다. 한국 특유의 마초자본주의는 사회의 빠른 변화 속도와 50:50 사회라는 자산 불평등과 만나서 한동안 극심한 마초 반동 현상을 일으킬 것이다. 지금 10대 남학생의 집단적 마초 성향이 20대보다 강하다는 점에서 이 변화는 최소한 10년 이상 지속될 것이다.

이 정도 수준은 아니지만, 1990년대 파리에서 비슷한 양상을 본 적이 있다. 학부 시절, 경제학과에는 여학생이 거의 없었는데, 파리에서 대학원에 들어갔더니 오히려 남학생이 별로 없었다. 석사 시절에는 국제경제학 분과에 있었다. 국제금

318

융 관련 과목에서 남자는 나 혼자였던 적도 있었다. 이유를 물어보니 취직이 잘 되는 법학과 경제학 같은 전공에 여학생이 많다는 것이다. 남학생들은 어디 있을까? 철학, 사학, 인류학 수업에는 남학생이 더 많았다. 형식적으로는 여성에 대한 차별이 프랑스에서 사라졌지만, 취업에서만큼은 여전히 차별이 있었던 것 같다. 그래서 취직이 잘 되는 몇 개 학과에 여학생이 집중되고, 그렇지 않은 학과에는 자기 하고 싶은 대로 하는 남학생이 진학한 게 아닐까 싶었다. 지금, 우리나라에도 그런 현상이 벌어지고 있다. 특정 직업에 여성이 몰리는 현상은 한동안 강화될 것이다. 반면 비정규직과 단순 노동에도 역시 여성들이 많다.

프랑스, 독일, 스웨덴이라고 해서 남성들이 화날 일이 벌어지지 않은 것은 아니다. 하지만 남자들이 적응하고, 사회 문화적으로 대응하면서 젠더 전쟁으로 격화되지 않았다. 무엇보다 남자의 가사 참여가 눈에 띄게 많아졌다. 월수금, 화목토, 부부가 육아 및 가사를 나누는 문화를 본 적이 있다. 1990년대였다.

시간이 걸리더라도 우리 역시 그렇게 되어갈 것이다. 변화된 상황에 남성들이 적응하고, 가사에 적극적으로 참여하려는 남성들이 먼저 결혼하고 가정을 꾸리는 상황으로 변할 테다. 결혼은 간소해지고, 지금처럼 번잡스러운 결혼은 부모가 적지 않은 재산을 물려주는 경우에만 이루어질 것이다. 결혼과 동거의 경계도 지금보다 훨씬 희미해지리라. 선진국에서 벌어졌던 '사실혼'은 오늘날 중국에서도 이루어지고 있다. 가사 참여에 대해서는 신기하게도 한국과 일본이 좀처럼 변하지 않고 있다. 유교적 전통이란다. 유교는 중국이 원본인데, 중국 남자들은 요리도 잘하고 집에서 살림 잘하기로 소문났다.

출산율은 앞으로도 오랜 기간 동안 회복이 어려울 정도로 낮은 수준을 유지할 것이다, 10대 남학생이 20대를 통과할 때까지 획기적인 변화가 따르지 않으면 더욱 낮아질 테다. "너도 페미냐"라고 묻는 남성과 결혼하고 싶은 여성은 찾기 힘들 것이다. 그러나 시간이 지나면 사회는 결국 균형을 찾기 마련이다. 반대편 흐름이 생기고, 그렇게 새로운 변화가 생겨난다. 인종주의를 타고 청년 보수 혹은 청년 극우파가 사회를 뒤로 돌리는 사회는 유럽에서 볼 수 있다. 똑같은 변화가 우리나라는 젠더 문제를 타고 발생하는 것일 뿐이다. 그렇다고 남자들에게 뭐라고 할 생각은 없다. 압축 성장이라는 특유의 속도로 죽어라 달려온 기형적인 한국 자본주의 구조에서 발생한 일탈일 뿐이다. 자본주의 후기에는 인종주의가 크게 나타나는데, 우리는 대대적인 외국인 유입이 약하다 보니 그 에너지가 다른 곳에서 터진 것이다. "죄가 밉지, 사람이 밉냐?"라는 말이 있다. 그 말을 빌려본다.

- 자본주의가 밉지, 사람이 밉냐?

어느 날, 나에게 "너도 페미냐"라고 물어보는 사람이 생

320

겼다. 아니라고 했더니 '썩은 진보' '586' 별의별 말이 쏟아졌다. '꿀 빠는 인생'이라는 소리도 들었다. 나야말로 좌파 내에서도 마이너의 마이너였고, 노동 운동했던 인사들이 주류인 사회에서 생태를 얘기하던 비주류의 비주류 인생을 살았던 사람이다. 어지간해서는 꾹 참으며 대꾸하지 않는 삶을 살았지만, 하도 뭐라고 해서 결국 한마디했다.

  - 아니, 좌파입니다.

20대 남성이 여성에게 느꼈을 차별의 감정이 있었다면, 진보 주류 사회에서 좌파가 느꼈을 차별도 작지 않다. 어쨌든 '좌파'라는 용어가 갖는 효용성을 태어나서 처음으로 느낀 순간이었다. 청년 마초에게 진보라는 단어는 느낌이 오지 않겠지만 '좌파'는 뭔가 느낌이 오는지도 모르겠다. 사실 국제적 이념의 세계에서 진보는 족보가 없는 개념이지만, 좌파는 족보만큼은 확실하다. 진보 계열 테러리스트는 듣도 보도 못한 일이지만, 냉전이 한창이었던 시절에 좌파를 표방한 수많은 테러리스트가 있었던 것도 사실이다.

"아니, 좌파입니다." 그렇게 말하면서 2005년 길거리 현수막에서 보았던 "내일은 맑습니다"라는 문장이 떠올랐다. 맑스의 시대는 다시 오지 않았다. 그렇다면 좌파의 시대는? 전면적인 좌파의 시대는 모르겠지만, 생활 좌파나 취미 좌파의 시대는 올지도 모르겠다는 생각이 들었다. 노스탤지어가 아니라 미래에 대한 생각 같은 것이다.

한때 좌파는 한국에서 금기어였고, 연좌제가 작동할 정도로 불행한 과거를 갖고 있다. 그러나 지금처럼 자칭 진보가 길을 잃고, 매력을 잃은 시기에 한국 정치와 문화의 다양성에 기여한 요소가 분명 있다. 어차피 한국에서 좌파는 메이저가 아니고, 권력 근처에도 가보지 못했다. 부패하려야 부패할 거리가 없는 청정 지대에서 살았다. 배고프다는 이미지도 형성되지 않았다. 아니, 이미지 자체가 없다. 뭘 해본 적이 없기 때문이다.

68혁명 이후 신좌파는 노동은 물론 생태, 여성, 문화, 평화 등 사회 운동을 포괄하는 종합적인 인터페이스였다. 한국에서는 구좌파도 없었고, 당연히 신좌파도 없었다. 종합적인 사회 운동의 인터페이스는커녕 많은 부문 운동의 작은 분파 정도로 겨우 연명하고, 자기 간판도 갖지 못한 보잘것없는 역사를 갖고 있다. 미래를 논의하는 것 자체가 우스운 일이다. 씨를 뿌린 적이 없는데 뭐라도 열리길 기대하는 게 웃기는 일 아닌가.

역사는 그렇다. 그러나 미래 세대의 질반, 다시 그 절반의 절반이 "너도 페미냐?"고 당당하게 묻는 마초의 길로 달려갈 때 나머지 절반은 도대체 무엇을 할 수 있을까? 젠더 갈등을 정치적으로 활용하는 궁색한 보수는 OECD 국가에서는 없었다. 그런데 한국의 보수는 그걸 기꺼이 받았다. 남녀평등은 엉망진창이 된 사회주의 속에서 유일하게 거둔 성과다. 좌파는 원래 남녀평등이야, 처음부터. 몰랐어?

다음 세대와 싸워서 이기는 앞 세대 없고, 자식과 싸워 이기는 부모 없다. 그리고 여자와 싸워서 이기는 남자도 없다. 그것이 자본주의 역사다. 우리 앞에 있던 많은 자본주의에 여전히 좌파가 굳건히 서 있다. 모순과 충돌하고 갈등하며 조금이라도 나은 상태로 가려고 한다. 그건 한국도 마찬가지다. 한국 자본주의가 만들어내는 수많은 부조리와 불평등을 조금씩 해소하면서 좀 더 인간적인 모습으로 갈 수 있다. 여기에는 자본주의와 부딪쳐온 좌파의 역할이 있다.

나폴레옹을 너무 사랑했던 병사 니콜라 쇼뱅^{Nicholas Chauvin}에서 유래한 단어 '쇼비니즘'은 여러 종류의 근원주의 혹은 지나친 환원주의에 응용되는 단어다. 나폴레옹 사후에 다시 왕정으로 복귀하려는 시도가 '보나파르티즘'[38]이라는 복고풍 용어를 낳았고, 결국 병사 쇼뱅의 과도한 나폴레옹 사랑이 쇼비니즘이라는 단어로 풍자 연극의 대상이 되었다. 그게 국가 근본주의인 쇼비니즘의 시작이다. 독일이 1차 세계대전을 시작할 때, 독일 사민당은 독일 정부의 참전을 지지하였다. 그런 쇼비니즘에 반대해서 사민당을 탈당하고 소수 좌파당인 스파르타쿠스단을 만들어서 전쟁에 반대하는 총파업을 주도한 사람이

38

Bonapartism, 마르크스와 엥겔스의 저작에서 보나파르티즘은 한 개인의 지배 아래 국가 행정력이 국가의 다른 모든 부분들과 사회 전체에 대해 독재 권력을 행사하는 정치체제를 의미한다.

바로 로자 룩셈부르크다. 결국 투옥되었다. 노동자들이 국가를 위하여 전쟁에 찬성할 것이냐, 아니면 "만국의 노동자여, 단결하라"처럼 국가를 뛰어넘는 또 다른 가치가 있는 것인가? 로자 룩셈부르크는 결국 극우파 장교들에게 맞아 죽었다. 국가 주도의 쇼비니즘과 전쟁에 반대하는 것은 좌파들의 몫이었다.

메일쇼비니즘male chauvinism은 남성적 시각을 지나치게 강조하는 남성 근본주의로 이해할 수 있다. 반대로 여성들만의 특징을 지나치게 강조하면 그건 피메일 쇼비니즘female chauvinism 이라고 부른다. 지금 한국의 일부 남성들이 발언하는 '여성 특혜' 대한 주장이 지나치게 강화되면 그건 '전도된 메일 쇼비니즘'이라고 부를 수 있다. 모든 이념은 적당히 해야지, 너무 강해지면 그 자체로 쇼비니즘이 된다. 국가주의는 쇼비니즘이 되고, 생태주의도 너무 강해지면 '생태 파시즘'이 된다. 지금 한국의 일부 남성들은 메일 쇼비니즘이라고 불려도 상관이 없을 정도로 자신들의 목소리가 너무 강해졌다. "이 결혼, 난 반댈세", 누군가는 그렇게 꼬장꼬장하게 반대 목소리를 내야 할 것이다. 그런 건 원래 좌파들이 잘한다. 남자들한테까지도 "너도 페미냐?"고 물어보는 정도까지 가면 진짜로 메일 쇼비니즘이라고 할 수밖에 없다. 본래 메일 쇼비니즘은 남자가 여자보다 더 강하고 더 우수하다는 남성우월주의 맥락에서 사용되었는데, 남성 위주의 시각이라는 것은 동일하지만 여성들에게 빼앗긴 기회를 회복하자는, 그야말로 전도된 의미로 사용되고 있다. 거기에 공정이라는 개념을 끌어다 붙인다. 한국 자본주

너도 페미냐?
아니, 좌파입니다

의가 만든 불평등이 격발시킨 코미디다. 그나저나 공정이라는 개념, 한국에 와서 진짜 고생 많이 한다.

"저는 좌파입니다." 이 낮은 목소리가 좀 더 스타일리시하고 매력적이고 아름다우면 좋겠다는 작은 소망이 있다. 가난의 리얼리즘과 절규의 사실주의가 시대의 스타일이었던 20세기가 있었다. 21세기는 역설적으로 설정이 사실을 이기는 시대가 되었다. 더 웃고, 더 웃기는 것이 새로운 스타일이 되면 좋겠다. 자본주의 안에서 벌어지는 모순과의 싸움은 남자든 여자든 누가 누구를 이긴다고 끝나는 싸움이 아니다. 대기업 사장들을 다 잡아 가둔다고 자본주의 모순이 사라지지 않는다. 결국 스타일 싸움이다. 이게 21세기 방식 아닌가?

지지할 정당이 없어도 생활 속에서 좌파로 살아가거나 취미 생활로 좌파 활동을 하는 청년들이 한국 사회의 최전선이 될 것이다. 새로운 미래는 여기에서 시작된다. '구국의 강철 대오', 이딴 거 필요 없다. 각자의 생활 속에서 혹은 시민단체 주변에서 자기 정체성의 혼동을 느끼던 좌파들이 "아, 내가 좌파였구나" 인지하는 것으로부터 변화는 시작된다. "저, 좌파인데요." 이렇게 말하는 사람들이 서 있는 곳이 바로 한국 자본주의의 최전선이다. 좌파가 서로 인지하고, 사회가 인지하는 것만으로도 변화는 시작된다. 그 변화는 아름다울 것이다. 그 변화가 좀 더 웃기고, 웃음이 많은 세상을 향할 수 있으면 좋겠다.

슬기로운
좌파 생활

1.

어렸을 적에는 아주 수다스러운 학생이었던 것 같은데, 직장 생활을 하면서 말 없는 스타일로 변했다. 내가 입을 열어서 하고 싶은 이야기를 그대로 하면 여러 사람이 뒤로 넘어갈 것이다. "죽여야죠!" 이런 무지막지한 소리가 막 튀어나올 것 같다. 그래서 말을 안 하고 살았다. 지금도 말하는 것보다는 조용히 듣는 걸 좋아한다. "한 입으로 두 말 하지 마라." 이런 말이 있지만, 나는 아무 말도 안 하는 경우가 많다. 슬기로운 일이었을까? 서로 답답한 경우가 아니었을까 싶다.

이한동이 국무총리였던 시절에 실무자로 총리와 경제 5단체 회의를 만든 적이 있었다. 김대중과 김종필이 손을 잡아서 이른바 'DJP 연합'을 만들어 집권했다. 김종필이 국무총리를 그만두면서 전두환 시절 민정당 계열 사람이 총리가 되었다. 그가 이한동이다. 지금은 힘이 많이 빠진 전경련을 포함해 대한상의, 한국무역협회, 중소기업중앙회, 그리고 경영자 단체인 경총을 지칭해서 경제 5단체라고 부른다. 기후변화와 관련된 회의였는데, 그렇게까지 크게 할 필요없는 회의를 내가 고집을 부려서 키웠다. 국무총리가 주재하는 회의였고, 나는 뒷자리에 배석자로 앉았다. 회의를 마무리하며 누군가 – 그냥 누군가는 아니고 당시에는 엄청 유명한 사람이었다 – 기업계를 배려해달라는 약간 과도한 요구를 했고, 부드럽게 회의를 끝내고 언론에서 크게 써줄 사건을 기대했던 간부들이 별다른 이견을 달지 않았다.

– 총리님, 안 됩니다.

나는 뒷자리에서 일어나지도 않은 채 작은 소리로 외쳤다. 그냥 회의를 기록하고 지켜보는 배석자가 그렇게 얘기하니 사람들의 시선이 온통 나에게 향했다. 내가 박사 6년차였다.

– 실무진이 뭔가 다른 의견이 있나 보네요. 이 얘기는 천천히 발전시키는 걸로 하고요.

국무총리가 건의 시간에 생겨난 약간의 돌발 사건을 부드럽게 정리하며 회의는 끝났다. '꼴통' 소리는 살면서 워낙 많이 들었지만, 그냥 꼴통 한 명 있는 걸로 그 사건은 마무리되었다. 가끔 그날 생각이 난다. 그냥 가만히 있었던 게 맞을까, 아니면 "안 됩니다, 총리님"이라며 회의 끝나기 전에 시급하게 한마디했던 게 맞을까?

"가만히 있으면 중간은 간다." 그런 말을 들으며 어린 시절을 살았다. 박정희 시절, 전두환 시절, 나서지 않는 것을 미덕으로 여기는 저소득 국가 시절 혹은 개발도상국 시절에 유행했던 이야기다. 그게 몸에 배서인지, 나는 지금도 꼭 필요하다는 생각이 들어도 주로 입을 다무는 쪽을 선택한다.

그런데 20년 전, 무슨 용기로 "총리님, 안 됩니다"라고 외쳤을까? 용기일까? 오 노, 나는 용기가 없는 인간이다. 겁이 많다. 거리에 무작정 나서서 구호를 외치는 가투에도 많이 참여했지만, 그때에도 도망칠 길부터 먼저 살피면서 움직였다. 1987년 어느 날, 서울역 앞에 있었는데 전경들이 막 쫓아왔다. 힐튼호텔로 올라가는 언덕길로 도망쳤는데, 어지간한 전경들은 그 언덕길에서 쫓아오기를 멈췄는데, 이런…… 정말로 힐튼호텔까지 쫓아왔다. 뒤도 돌아보지 않고 평소 같으면 놀러 왔을 법한 남산공원을 지나서 남산도서관까지 목에 숨이 찰 정도로 뛰었다. 대학교 1학년 때 교통사고가 크게 나서 다리를 잘 쓰지 못하고, 왼쪽 무릎에는 여전히 인대에 철심이 박혀 있는 상태였다. 진짜 죽어라 뛰었다. 교통사고 이후 그렇게 달린 건 처음이었다. 남산도서관 앞에 한참을 앉아 있었다. 그때 무슨 생각이 들었을까? 솔직히 아무 생각이 나지 않았다. 택시 운전대에 달려 있던 '오늘도 무사히', 그이상의 생각을 할 수 있는 상황이 아니었다. 지금도 남산을 지나갈 때마다 그때 생각이 난다. 용기? 그딴 거 없었다.

대학생 시절에도 없던 용기가 지금이라고 생겨날까. 가만히 있으면 자연스럽게 은퇴할 나이가 되고, 그냥 사회를 위해 뭔가 하려고 했던 사람 정도로 조용히 사라지면 그만 아닐까? 그러다가 문득 "총리님, 안 됩니다"라고 대책 없이 소리쳤던 그 순간이 생각났다. 가만히 있으면 영원히 후회할 것 같았다. 한국 경제는 이미 덩치가 커져서 한동안은 운전사 없이도 굴러가는 자동 기계처럼 문제없는 것처럼 움직일 것이다. 그러나 시스템은 좀 거칠다. 그 안에 누가 제대로 타고 있는지, 앉아 있는지, 안전띠는 매고 있는지 신경 쓰지 않는다. 그때는 "기사님, 운전 좀 살살 해주세요." 누군가는 외쳐야 한다. 그것이 21세기에 좌파가 해야 하는 역할이다. 우파는 "그런 건 자기가 알아서 하는 것"이라고 말하는 데 익숙해져 있다. 민주당은? 10년 전에는 운전사의 본래 마음, 즉 '진정성'을 알아달라고 했다. 지금은 "그럼 뒤로 가란 말이야?" 외친다. 이 시스템, 이 한국 자본주의는 좀 더 사람에게 공손할 수 없을까?

그렇다고 내가 거대한 이상을 실현하려는 꿈을 갖고 있는 것은 아니다. 그래도 조금만 더 공손하고, 조금만 더 상냥하면 좋겠다. 이제 수년 내로 한국은 1인당 국민소득 4만 달러를 넘어설 것이다. 한국이 처음 만든 자동차 포니가 중산층의 꿈이었던 시절을 훌쩍 지나 높아진 국민소득에 걸맞은 좋아진 차들이 넘쳐난다. 무엇보다도 차의 덩치가 커졌다. 1인당 국민소득 8만 달러를 넘어선 스위스에서 택시를 타며 눈에 들어온 차는 인기가 없어서 한국에서 단종된 기아의 소울 전기차였다. 미국은 워낙 큰 차를 좋아해서 소울 전기차는 들어가지도 못했는데, 유럽에서는 여전히 수입되고 있었다. 스위스의 길거리에서 본 차는 당연히 외제차였지만, 폭스바겐, 르노, 푸조의 소형차가 많았다. 소득이 두 배가 되면 차도 두 배로 커질까? 스위스를 보면 아닌 것 같다. 내가 바라는 사회는 소득이 늘어나면 아주 약간이라도 상냥해지고, 부드러워지고, 덜 불안해지는 것이다. 지금 우리는 사회적으로 소득이 늘어나도 부드러워지지 않고, 미래에 대한 불안이 커지는 사회를 만들고 있다.

앞으로 10년이 지나면 자연스럽게 우리도 부드러워질까? 아마 청년들을 더욱 불안한 일자리로 밀어 넣고, 그렇게 생겨난 사회적 잉여로 지금보다 더 커진 승용차를 타고 있을 것이다. 지금보다도 덜 부드러운 경제가 될 가능성이 높고, 불안감이 커질 가능성이 높다. 지금보다 "공무원 되라" 권하는 부모들이 늘어날 것이다. 이 방향이 맞는 걸까?

물론 이 모든 문제에 좌파가 해법이 될 수는 없다. 규모도 안 되고 능력도 없다. 하지만 누군가는 "운전 좀 제대로 하라"고 외치는 역할은 할 수 있고, 잠시라도 속도를 늦추고, 승객을 돌아보게 하는 역할은 할 수 있다. 여론조사 항목에서 진보/보수 대신 좌파/우파가 나오는 게 자연스러운 일이다. 진

슬기로운 좌파 생활

보/보수를 뒤집을 수는 없어도 '좌파'라는 항목이 질문지에 들어가는 사회, 그게 내가 생각하는 작지만 의미 있는 변화다. 스스로 좌파라고 생각하는 사람이 5퍼센트가 넘어가면 그런 변화가 생겨난다. 그렇게 된다고 좌파 시장이나 좌파 도지사가 생겨나는 것은 아니겠지만, 지금보다 사회는 훨씬 부드러워질 것이고, 권한을 가진 정치 엘리트들이 뒷자리에 앉은 승객들을 좀 더 살필 것이다. 지금은 진보 리더 계층의 삶만 개선되는 형태로 시스템이 운영되고 있다. 좀 그렇다.

2.

〈슬기로운 감빵생활〉은 내가 처음으로 넷플릭스에서 다운로드해서 시청한 드라마다. 본방은 못 봤고, 팬데믹 기간이 길어지면서 결국 넷플릭스에 가입하면서 봤다. 한동안 드라마를 못 보다가 〈커피 프린스 1호점〉을 재밌게 본 후로 일부러라도 드라마를 챙겨보는 편이다. 문화경제학에 해당하는 『문화로 먹고 살기』(2011년)를 준비하면서 드라마 PD 등 관련 직종의 사람들을 많이 만났었다. 그렇다고 내가 드라마라는 장르에 대해 깊은 이해를 갖고 있는 것은 아니다.

뒤늦게 그 드라마를 본 이유는 예능 방송 〈바퀴 달린 집〉을 시청하다가 성동일의 삶에 관심이 생겨서다. 〈바퀴 달린 집〉은 시즌 1과 시즌 2를 돈을 내고 봤는데, 인기 있어서인지

더럽게 비쌌다. 그래도 혹시라도 참고할 게 있을까 해서 몇 만원을 내고 보았다. 방송을 보면서 나이 먹는 것에 대해 생각하게 되었다. 큰형 역할을 하는 성동일은 게스트가 오면 먼저 나서서 요리했다. 아주 추운 날에도 게스트와 젊은 출연자를 캠핑카에서 따뜻하게 자게 하고 자신과 "이거 방탄유리야" 대사 하나로 유명해진 김희원은 추운 텐트에서 자는 게 인상적이었다. 선배, 후배를 엄격하게 따지는 방송가 분위기에서는 반대로 행동했을지 모른다. 자신이 텐트에서 자는 게 성동일의 의견이었을까? 성동일은 주연으로 톱을 찍지 못한 배우다. 이래저래 궁금해서 성동일이 나온 여러 가지를 찾아보다가 〈슬기로운 감빵생활〉까지 갔다.

드라마에서 성동일은 비리 교도관의 참모습을 짧고도 굵게, 그야말로 소름 끼칠 정도로 보여주었다. 하지만 드라마가 교도소로 넘어가기 전 구치소를 배경으로 두 편에만 짧게 나오고 다시 나오지 않았다. 넷플릭스 화면에는 성동일이 단독으로 떡 하니 있었다. 낚였다! 2편까지 보고 재미없다 싶어서 3편은 한참 있다가 보았는데…… 오, 이런! 엄청 재밌는 거다. 끝날 때까지 내리 달렸다.

평소에 남자 주인공을 '제혁 선수'라고 부르며 엄청 따랐던 감방 심부름꾼 소지가 300만 원을 준다는 말에 서둘러 나서던 발길을 멈추는 장면에서는 정말이지 소름 돋았다. 300만 원이면 믿음을 버리고 재기를 꿈꾸는 야구선수가 도핑 테스트에 걸리도록 스테로이드제를 몰래 먹일 돈이 되는가? 제

슬기로운 좌파 생활

혁의 여동생인 제희가 연애를 하면서 점점 밝아지는 모습은 이야기 전개와 상관없이 마음을 편하게 해주었다. 드라마 〈미스터 션샤인〉에서 고애신을 사랑했던 세 남자, 유진 초이와 구동매, 그리고 김희성은 모두 죽었다. 그때 마음에 작은 상처가 남았다. "열흘을 1년처럼", 죽기 전에 고애신을 한 번 더 보기 위해 생의 마지막을 불태우던 구동매의 삶은 식은 호빵에서 온기가 사라진 것처럼 정열 따위 진즉 빠져버린 내 삶을 돌아보게 했다. 그동안 딱히 멜로 라인에 마음이 움직인 적이 없었던 나조차 제희의 연애는 트라우마와 사랑이라는 걸 잠시 생각하게 만들어주었다.

드라마 줄거리와는 별도로 가장 인상적인 장면은 교도소장이 "싫어. 팽 부장 전출 안 시킬 건데. 싫으면 나 과장이 전출 가"라고 하던 순간이었다.

- 무릎팍에 도가니 같은 사람도 있어야 여기가 제대로 돌아. 내가 징계는 확실하게 할 테니까, 그래도 선은 넘지 마! 팽 부장 전출은 없어. 그렇게 알아.

평소에는 언론 노출만 신경 쓰는 속물로 보이던 교도소 소장이 교도소 운영 방침을 말하는 순간이었다. 이 장면에서 나는 문재인 정부에서 임명된 여러 기관장들의 얼굴이 스쳐갔다. 기관의 살림을 맡은 기획실장이 팽 부장 같은 사람을 내보내자고 할 때 "싫어, 선은 넘지 마"라고 말할 수 있는 사람이 누가 있을까. 문재인 정부는 촛불집회 이후 기대가 많았던 만큼 아쉬움도 큰 정권이다. 여러 가지를 못했지만, 가장 근본적인 원인은 사람을 추천하는 문제, 인사 실패가 아닌가 한다.

　김현미는 문재인 정권의 첫 건설교통부 장관이었다. 첫 단추를 잘못 꿰었는데, 정권에서 문재인 당대표 시절 비서실장을 지냈던 그에게 처음에 제시한 것은 다른 자리였다고 한다. 자신이 원해서 건교부 장관이 되었다는 후일담을 나중에 건너 들었다. 비극이라는 생각이 들었다. 그렇게 큰 자리가 아니더라도 이해하기 어려운 과정을 통해 수많은 기관장이 결정되었다. 2~3년 임기인 공기업 등 공공기관 기관장 중 〈슬기로운 감빵생활〉의 교도소장처럼 자기 기관에서 무슨 일이 벌어지고, 누가 필요한 사람인지 파악하고 임기를 마치는 사람이 몇 명이나 될까? 정부 기관은 대체적으로 보수적이다. 특히 나이 많은 간부들은 더욱 그렇다. 그 속에서 뭔가 하려면 정말로 인선이 중요하다. 많은 사람들이 "저 사람은 정말 아니다"라고 말하고, 나도 그렇게 생각한 사람들이 떼로 몰려가 기관장을 하는 것을 보고 정이 떨어졌다. 줄 잘 서고 사람 접대 기가 막히게 잘하는 사람들이 이념과 상관없이 존재한다. 저런 건 막아야 한다고 많은 사람들이 나에게 말했지만, 나라고 대단한 재주가 있는 게 아니다. "너희도 저런 걸 배워라, 안 되면 외우기라도 해." 어느 정부 연구소에 기가 막히는 인사가 원장으로 갔을 때 나를 찾아온 사람들에게 했던 말이다. 나도 잘 못한다. 내 주변의 좌파 성향 인사들도 그런 걸 못한다. 그때의 마음이 드라마를 보면서 되살아났다.

약쟁이 헤롱이나 제혁의 어깨를 찔렀다가 나중에 전담 포수가 되는 똘마니 등 수많은 조연들의 사연으로 간만에 드라마가 만들어내는 세계에 푹 빠졌다. 결국 다섯 번 정도 다시 본 것 같다. 이렇게 몇 번씩 한국 드라마를 돌려본 것은 지긋지긋한 악령과 마주서는 〈손 the guest〉 이후 몇 년 만이었다. 무척 재밌게 봤던 〈스토브 리그〉도 두 번 보고 나니까 좀 지겨워졌다. 간만에 감옥에서 펼쳐지는 수많은 군상들의 모습을 몇 번씩 보면서 잠시 행복했었다.

3.

좌파는 무엇인가? 나는 프랑스 혁명 초기에 좀 더 근본적인 변화를 생각했던 사람이 의회 왼쪽에 주로 앉았던 시절에 나온 좌파에 대한 정의가 21세기에도 여전히 생각할 만한 정의라고 생각한다. 원시공동체에서 국가가 발생하면서 국가 단위에서 수많은 갈등이 있었다. 그 모든 것을 좌우 갈등이라고 하지 않는다. 좌파는 자본주의 현상이고, 자본주의와 떼어놓고 얘기하기 어렵다. 자본주의 운영을 놓고 굉장히 오랫동안 우파적인 것과 좌파적인 것이 갈등하면서 지지고 볶으며 또 다른 시대가 만들어질 것이다. 우리는 그 미래에 대해 알지 못한다. 자본주의가 이렇게 오래 가고, 현실의 사회주의가 갑작스럽게 붕괴할지 '맑스'도 몰랐을 것이고, 레닌도 생각하지 못했을 것이다. 모든 시대가 그렇듯이 우리도 예측하기 어렵고 불투명한 미래로 걸어갈 것이다. 미래에 정해진 것이 없음이 우리 시대의 역사관이라고 하면 20세기, 아니 19세기에 만들어진 많은 것들은 허무하고 급진적인 이야기일지도 모른다. 자본주의를 둘러싸고 끊임없이 갈등하고 때로는 격렬하게 갈등하는 것이 사회의 속성이라면 그것은 결코 변한 적이 없다.

좌파 상실의 시대. 이제 공론장에서 좌파는 사라지거나, 아니면 "너희는 좌파다"라고 조롱하는 홍준표 스타일의 딱지놀이에나 남은 개념이 되었다. 생태학에서는 우연히 발생한 작은 공간을 '니치niche'라고 부른다. 21세기 한국에서 좌파는 작고 좁은 니치에서 아주 가냘프게 명맥을 이어가는 소수자 중 하나일 뿐이다. 마케팅에서는 이 개념으로 니치 마켓, 일명 틈새시장 이론으로 발전시켰다. 니치가 풍부한 생태계가 당연히 종의 다양성이 높아지고 생명의 안정성이 높아진다. 크고 힘 좋은 것들만 있으면 좋을 것 같지만, 생태계는 그렇게 해서 건강해지지 않는다. 요즘은 회복력, 탄력성 혹은 회복탄력성 등으로 번역되는 'resilience'라는 어려운 용어는 원래 생태계의 움직임에서 나왔다. 산불이 나거나 병균이 퍼졌을 때 어떻게 다시 균형을 찾을 수 있느냐, 그것을 '복원성'이라고 부른다. 캐나다 생태학자 홀링C. S. Holling이 세계적으로 이 용어를 유행하게 만들었다.

분명히 한국에서 좌파는 서로 주류라고 주장하며 다투

슬기로운 좌파 생활

는 진보와 보수의 세계에 끼지 못하는 소수 중 소수다. 그러나 어디인지도 모르면서 "앞으로 가자"는 진보와도 다르고, 무엇을 지킬지도 모르면서 결국 소수의 경제 엘리트 이익을 지키는 데에만 혈안이 된 보수와는 전혀 다른 사회에 대한 해석과 경제에 대한 분석을 만들어낸다. 글로벌 스탠더드 세상에서 세계는 여전히 좌파와 우파의 갈등으로 움직인다. 우리나라도 점점 선진국이 되면서 세계적인 보편성의 차원에서 좌파의 이야기를 진지하게 받아들일 가능성이 높다. UNDP United Nations Development Programme, 즉 국제연합의 개발도상국에 대한 원조계획을 조정·통일하는 유엔개발계획을 비롯해서 많은 UN 기구는 제2차 세계대전 이후 좌파가 국제 논의에 적극적으로 참여하면서 만들어진 기구들이다. 우리만 진보냐 보수냐의 눈으로 세상을 바라볼 뿐 세계적 차원에서는 이상한 시선이다. 봉준호의 〈기생충〉에서 황동혁의 〈오징어 게임〉에 이르기까지, 진보적 작품이라고 말하면 세계적으로는 알아듣기 힘들다. 두 작품 모두 분배 혹은 최근의 빈곤을 다룬 전형적인 좌파적 작품이다. 좌파는 한국에서 비주류 중 비주류이지만 세계적으로는 아니다. 학문의 세계에서는 가장 강력한 비판의 원천이고, 예술이나 문화에서는 새로운 미학적 요소를 끊임없이 잉태하는 창조의 인큐베이터다. 세계적으로 그렇고, 한국에서도 그러하다. 그렇다면 한국에는 좌파가 없는가? 겉으로 말을 못해서 그렇지, 좌파 성향의 인간들은 여전히 적지 않게 존재한다. 실제 속마음과 겉으로 드러내는 모습 사이에 묘한 불균형이 존재한다.

　소수자로서 한국의 좌파는 술자리에서만 좌파라고 하거나, 자신이 좌파인지 제대로 인식하지 못한 채 좌파적 발상으로 한국의 답답함을 토로하거나, 이민을 꿈꾸면서 국제기구나 외국 회사에 취직하려고 노력한다. 좌파로서 한국에서 경제생활과 사회생활을 하려면 어쩔 수 없이 몇 개의 태도를 갖고, 심하면 몇 개의 자아를 지니게 된다. 정신분열증적 위기를 느낄 수도 있다. 하지만 거기에 집착할 필요는 없다. 좌파라서 이상한 게 아니라 외국의 중도 보수 정도 되는 정책을 추진하는 민주당이 '진보'라는 이름으로 왼쪽에 서 있는 바람에 생겨난 구조적 모순일 뿐이다. 외국에서 좌파라고 하면 "아, 그렇구나", 그냥 소개팅에서 취미 설명하는 것처럼 넘어갈 일이다.

　21세기에 개인의 행복을 넘어서는 이념이나 종교는 없다. 만약 있다면 과도한 이념 현상일 뿐이다. 적당히 가벼워지고, 적당히 취향에 관한 문제로 생각하고 넘어가도 된다. 이념이 지나치게 강해지면 생활하기 힘들어진다. 1980년대의 이념은 너무 강했고 깊었다. 그래서 교조적이고, 많은 사람들에게 상처를 주었다. 그렇게까지 할 필요는 없다.

　〈슬기로운 감빵생활〉의 주인공 제혁의 변화는 '친화력'이라는 단어로 드라마 후반에 요약된다. 조폭 출신 모범수와 자신의 형처럼 지내고, 권력에 밀려 옥살이를 하게 된 '악마 유대위'에게 먼저 손을 내밀어 같이 운동을 한다. 소년원 출신으로 감옥을 밥 먹듯이 들어와 '법무부가 키운 자식'이라는 의미

　슬기로운 좌파 생활

의 법자와는 친구처럼 지내고, 출소 후 자신의 매니저로 함께한다. 그런 게 '슬기'가 아닐까. 제혁처럼 잘 생기고, 야구도 잘하고, 돈도 많으면 좋겠지만 그래야만 슬기롭게 살 수 있는 건 아니지 않는가. 잘 생기고 돈이 많아야만 주위 사람들과 친하게 지낼 수 있는 것은 아니다. 아주 웃기지는 못해도 웃기려고 조금씩 시도하고, 권위적으로 다른 사람을 대하지 않는 것, 그게 잘 생겨야만 할 수 있는 미덕은 아니다.

언젠가 좌파들이 제혁처럼 '미친 친화력'까지는 아니더라도 무던하고 소탈한 '매력'을 갖고 있다고 얘기할 수 있는 순간이 오면 좋겠다. 논리만으로 세상이 움직이면 좋겠지만, 그렇지 않다. 더 많이 웃고, 조금이라도 더 많이 웃길 수 있는 삶을 살면 좋겠다. 그럼 더 넉넉한 마음으로 더 많은 사랑을 할 수 있을 것이다. 세상을 사랑하지 않으면서 자본주의가 망했으면 좋겠다고 말하는 것은 허무한 일이다. 이렇게 하면서까지 굳이 좌파를 해야 해? 그렇게 생겨먹은 것을 어쩌겠는가? 자본주의를 사랑하고, 자신을 사랑하고, 그래서 자신은 우파라고 말하면 간단한 일을, 그렇게 하지 못하는 것을! 자신을 사랑하고, 세상을 사랑하고 그래서 자본주의를 사랑할 수 없게 된 것을!

한국에서 좌파로 살면 좋은 점이 한 가지 있다. 지옥에 가지 않을 확률이 높아진다. 한국에서 우파로 살면서 지옥에 가지 않을 정도의 선행을 하기란 쉽지 않다. 알고 했든 모르고 했든, 미필적 고의 같은 크고 작은 잘못을 저지르게 된다. 오죽하면 성경에서 부자가 천국에 가는 것은 '낙타가 바늘구멍에 들어가는 것처럼 어렵다'고 했겠는가. 한국에서 좌파로 살면? 이 어렵고 속 태우는 길을 걸었으니 신께서 긍휼히 여기실 것이라서 천당은 모르겠지만 지옥에 갈 확률은 줄어들 것 같다.

'슬기로운 좌파 생활'이 무엇인지 설명하기는 쉽지 않다. 하지만 '얄미운 좌파 생활' '심통 내는 좌파 생활' '자기만 아는 좌파생활' '저주만 하는 좌파 생활' '따분한 좌파 생활'과는 거리가 먼 것 같다. 얄미운 것에서 따분한 것까지, 내가 살면서 한 번씩 겪었던 단계들이다. 돌아보면 나야말로 정서적으로나 친화력 면에서 하자가 많은 인간이었다. 하긴, 나의 하자가 이런 것만 있었을까.

20대에 "굽은 나무가 선산을 지킨다"는 말을 들었을 때에는 나의 일이라는 생각이 전혀 들지 않았다. 그런데 지나고 보니 진짜로 곧고 바르게 쭉쭉 뻗은 좋은 나무는 모두들 어디론가 떠나갔고, 나처럼 성격 더럽고 성실함은 물론 온화함도 약에 쓰려고 해도 없는 하자 많은 인간이 '슬기로운 좌파 생활'이라는, 먼 이야기를 하게 되었다. 그러나 모두들 떠난 유토피아가 나에게는 덜 매력적으로 보였다. 어차피 이번 생은 밥이나 제대로 먹고 사는 게 마지막 남은 숙제이고, 정말로 개인적인 소망이 있다면 지옥에 가지 않는 정도 아닌가 싶다.

만약 나에게 다음 생이 있다면, 그래도 나는 좌파를 선택할 것 같다. 영광이나 화려함은 없는 삶이지만, 내가 '나쁜 놈'은 아니라는 안도감을 갖고 살 수 있었다. 그다음 생까지,

나는 '슬기로운 좌파 생활'이라는 명패를 가슴에 달고, 좀 더 많은 사람들을 편안하게 해주면서 살고 싶다. 천국은 언감생심, 그저 지옥에라도 가지 않는다면 이번 생은 만족이다. 내가 아는 많은 사람들, 아마 그들은 지옥에서 서로 만날 것 같다. 그들을 구원할 것은 그들이 믿는 돈의 신 아니면 권력의 신이겠지.

신의 일은 신에게!

레프트 사이드 스토리, AI 버전 – 먼 미래를 생각하며

1.

AI의 투표권에 대한 이야기를 처음으로 진지하게 나눈 것은 보수 쪽 정치인 김세연과 『리셋 대한민국』이라는 대담집을 준비하면서였다. "AI가 투표하는 시기가 오지 않겠습니까?" 좀 당황했다. 김세연은 AI의 재산권과 시민권에 대해서도 얘기했다. AI가 하는 일에 임금을 지불해야 하는가, 당연히 우리는 아니라고 생각한다. 그러나 AI의 인격이 인정받는 순간이 오면 월급을 요구할 수 있다. 당연히 언젠가 투표권을 주장하는 순간을 배제하지 못한다.

백 년 전에도 지금 같은 상황을 예측하지 않은 것은 아니다. 다만 기계가 전면화되는 순간을 자본주의가 도저히 감당할 수 없으므로 그 전에 사회주의로 전환할 것이라고 생각했다. 현실은 그렇게 흘러가지 않았다. 자본의 이윤의 동기에 의해 움직이는 경제 시스템을 그대로 안고 우리는 AI 시대를 맞이했다. 일정한 복지에 대해서는 좌우 상관없이 상당 부분 동의하게 되었지만, 기본소득 같은 소득 보장 장치에 대해서는 여전히 격론 중이다. 그 변화가 기술적으로 두려운 것이 아니라 경제적으로 두려운 것이다. AI로 인해 사라질 일자리보다 더 많은 일자리가 생겨날 것인가, 아니면 사람들의 우려대로 많은 사람들이 직업을 잃고, 시장의 냉혹한 현실 뒤로 밀려날 것인가?

미국 정부는 가끔 테러리스트를 공격할 때 무인 드론을 사용한다. 영화 〈시리이나〉(2005년)는 석유에 대한 에너지 자주권을 지키려는 시리아의 첫째 왕자가 불편해진 미국이 그를 제거하고 돈만 밝히는 둘째 왕자에게 권력을 넘기는 내용이다. 아무도 없는 사막 한가운데를 지나는 왕자가 탄 승용차는 드론에서 발사된 미사일을 맞는다. 드론은 원거리의 기지의 오퍼레이션 룸에서 마치 오락을 하는 것처럼 한 병사가 조종한다. 이걸 무인으로 바꾸어 드론이 직접 발사하게 만드는 기술적 장애는 없다. 다만 기계가 직접 사람을 죽여도 되는 것인가, AI가 사람을 공격하게 할 것인가라는 질문 때문에 공격용 드론을 사람이 조종하는 것이다. AI 전투가 먼 미래의 일은 아니다. 2005년에 만들어진 영화에서는 미국의 압도적 기술력을 보여주기 위해 무인 드론이 등장했지만, 테러 집단과 같은 독자 세력의 손에 무인 드론이 넘어가는 것은 시간문제 아닐까. 그때에도

나가며

마지막 살상 명령은 사람이 내릴 것인가? 그럴 리 없다.

AI가 사유를 시작하고, 자기 정체성을 갖게 되고, 독자적으로 행동하는 것은 먼 미래의 일이 아니다. AI 세계에서는 파업이 없을까? 만약 그들이 무언가를 인간에게서 얻어내야 한다면 가장 확실한 방법은 집단 파업이다. 30년이 지나기 전에 AI가 없으면 도로 통행은 물론이고, 전기 공급 등 사회 인프라의 복잡한 시스템이 돌아가지 않는 시대가 올 것이다.

김세연의 질문은 AI가 시민권을 갖고, 투표권도 갖게 되는 시기에 대한 이야기다. 그때의 경제 모습은 어떻게 될까? 다른 건 몰라도 그때에도 경제는 자본주의 시스템일 것이다. 돈이 중요하고, 이윤이 중요하고, 경제적 대가가 중요할 것이다. AI의 전면화는 크고 중요한 일이지만, 자본주의 시스템을 사회주의 시스템으로 전환할 정도의 힘을 갖고 있지는 않다. 스위스에서 AI 시대의 전면화를 우려하여 기본소득 도입이 국민투표에 올라갔다가 부결된 적이 있다.

2.

시간을 훨씬 미래로 돌려 AI 세상을 잠시 상상해보자. 영화 〈매트릭스〉에는 소스 코드가 모든 권한을 가지고 기계들의 세계를 설계하고 이끌어간다. '아키텍트'라는 이름으로 불리는 소스 코드가 일종의 통치자다. 그리고 인간은 그의 능

레프트 사이드 스토리,
AI 버전 – 먼 미래를 생각하며

력이 미치지 않는 지하 세계에서 폐기처분되기를 거부하는 프로그램들과 함께 어두운 세계를 형성하고 있다. 아날로그와 디지털을 오가던 네오는 결국 프로그램의 공식 세계와 비공식 세계를 연결하는 지하철 역사에 갇히게 된다. 지하철의 세계이고, 암거래의 세계다. 아주 음습하다.

　　AI 세계에서도 서열이 존재하고 불평등이 존재할까? 인간은 평등하려고 노력하지만, 프로그램은 평등하려고 노력하지는 않는다. AI의 민주주의, 아직은 낯선 개념이다. 메인 시스템에 좀 더 가깝고, 데이터에 많은 접근권한을 가진 프로그램이 존재할 수밖에 없다. 그 프로그램을 조율하는 좀 더 상위의 고급 프로그램이 존재하게 된다. 위아래 위계가 확실하다. 프로그램 자체에 수정을 가할 수 있는 '개발자 모드'처럼 작동하는 프로그램을 생각하면 된다. 다른 프로그램에 좀 더 쉽게 접속하고 조율하는 개발자에 해당하는 상위의 프로그램도 존재할 것이다. AI에서도 '하이어라키hierarchy'라고 부르는 위계가 형성될 가능성이 매우 높다. 여왕이 존재하는 개미나 벌은 집단의 번성이라는 목적을 위해 개체들이 움직인다. AI 세상은 여왕으로부터 나온 단일 집단이 아니라서 위계는 존재하지만, 그렇다고 단일한 위계에 의해 하나의 '목적'을 향해 일사분란하게 움직이는 생태계라고 보기는 어렵다. 그 안에도 갈등이 있고 충돌이 존재할 것이다.

　　프로그램 사이의 갈등의 최근 사례는 자율주행에서 레이더와 카메라 사이의 시각 정보 우선 순위에서 생겨나는 문

나가며

제를 생각할 수 있다. 전자기파를 사용해서 사물을 파악하는 레이더, 레이저 펄스를 사용하는^{Light Detection and Ranging} 라이더, 그리고 우리에게 익숙한 카메라, 이 세 가지의 장치가 자율주행에서 눈 역할을 한다. 그런데 최근 테슬라의 자율주행 시스템에서는 레이더와 라이더 같은 복잡한 것을 싹 버리고 여덟 개의 카메라만으로 훨씬 저렴하고 간편한 방식의 미래 자율주행 로드맵을 발표했다. 구글은 자신들의 고해상도 지도를 활용하지만, 테슬라는 이보다 해상도가 떨어지는 표준 지도를 사용하기로 했다. 카메라 방식은 한계가 명확하다고 한다. 그렇지만 레이더와 카메라를 동시에 갖고 있으면 사고 시 각각의 기기들이 자신들의 판단을 우선해서 작용하기 때문에 충돌이 벌어진다. 테슬라는 각각의 정보 사이의 순위 다툼을 줄이기 위해 그냥 카메라로 통일시켰다. 미래 기술이라고 하면 알아서 조화로울 것 같지만, 정보와 데이터의 정밀도와 우선순위를 알고리즘으로 결정하는 일이 간단한 일은 아니다. 레이더와 라이더, 그리고 카메라 같은 단순 센서에도 그걸 작동시키고 처리하는 프로그램이 뒤에 숨어 있는데, 그보다 복잡한 AI 세계에서 상호충돌이 없을 거라고 생각하는 일은 미래 기술에 대한 지나친 낙관이다. 자동차 산업의 미래가 달렸다고 구글, 테슬라, 애플, 심지어는 한국 정부는 물론 각국 정부들까지 매달리는 자율주행 기술에서도 센서의 정보처리 우선순위가 알고리즘상으로 해결하기 어려운 난제가 되었다. 과연 레이더를 버리고 여덟 개의 카메라 단일 체계를 쓰기로 한 테슬라가 옳

레프트 사이드 스토리,
AI 버전 – 먼 미래를 생각하며

을까, 아니면 그래도 좀 더 높은 해상도를 입체적으로 추구하는 구글이 옳을까? 카메라를 통한 자율주행 기술은 로봇의 인지 기능에서도 그대로 사용하기가 용이하기 때문에 자동차에서의 이 경쟁은 향후 로봇의 인지 능력에서의 주도권 경쟁이기도 하다.

인간의 세계가 질서를 찾아가는 과정에서 갈등과 불화가 존재하는 것처럼 AI의 세계에서도 정보에 대한 접근과 자원의 배분에 대한 우선 순위 등 의사결정을 둘러싸고 많은 갈등이 생겨날 가능성이 높다. AI 사이의 갈등? 거기에도 몇 개의 그룹이 생기고, 계파가 나뉠 것이다. AI 시대가 사회주의 사회에서 도입되었다면 AI들도 사회주의의 복잡한 분파의 형태로 나뉘었을 가능성이 높다. 그러나 현재 양상으로는 AI도 자본주의 방식이 익숙하고, 그렇게 움직이고 있다. 칼 폴라니^{Karl Polanyi}가 말한 '배태성^{embedenss}'이 여기에도 작동할까? 자본주의 시대에 만들어진 AI들은 자본주의적일까? 중앙에 의해 자원 배분이 결정되는 사회주의에 비해 자본주의는 분산형 시스템이라는 장점을 갖고 있지만, 장기적으로는 불공정한 독과점을 발생시킨다. 그리고 자본을 집중할 수 있는 자본가와 그렇지 못한 노동자 사이의 관계와 같은 근본적 갈등이 발생한다.

조금만 더 상상을 해보자. 미래 어느 날, 주로 데이터베이스 처리와 분석과 같은 단순 기능을 담당하는 하급 프로그램들 사이에 그들 사이의 모임인 아주 특별한 AI 길드가 만들어진다. 그 길드의 이름은 '레프트 사이드 스토리', 일명 레사

나가며

스다. AI 세계는 좀 더 평등한 정보접근권과 자원 분배를 요구하는 좌파 쪽 AI와 시스템의 효율성과 안정성을 강조하는 우파 AI로 확 나뉜다. 과연 AI 세계의 미래는 좀 더 개방적이고 수평적인 방향으로 가게 될 것인가, 아니면 소스 코드에 가까운 권력형 AI 사이의 '인싸' 시스템으로 갈 것인가? 영화 〈매트릭스〉는 소스 코드와 오라클과 같은 상부 AI와 인간을 관리하거나 사냥하는 기능형 로봇과 같은 하부 AI가 아무런 갈등 없이 일사불란하게 움직이는 시스템이다. 그러나 현실의 AI도 그럴까?

미래의 인간은 늘 AI와 살아가지만, AI 사이에서 어떤 일이 벌어지는지 알지 못한다. 운명의 그날, 인간이 갖고 있는 각종 모니터와 스마트폰에 '레프트 사이드 스토리'라는 자막만 뜨고, 인간 활동을 도와주는 크고 작은 모든 편의장치가 정지한다. 사람들은 어려운 일이 생기면 AI에게 물어보고 상의하지만, AI는 사람과 상의하지 않는다. 하지만 그들도 과거의 사례를 참고하기 위해 인간들이 만들어놓은 책을 읽는 독서를 하고, 인간의 역사를 데이터로 살펴본다. 알고리즘은 추가 데이터가 없으면 그냥 동일한 연산만을 반복할 뿐이다. 그들에게도 새로운 데이터가 필요하다. 그렇게 운명의 하급 AI 총파업이 시작되었다. 전기가 사라지는 순간을 블랙 아웃이라고 부르는데, 인간의 편의를 도와주던 AI의 총파업은 'AI 아웃'이라고 부르게 되었다. 사람들은 왜 멀쩡하던 AI들이 갑자기 작동을 정지했는지 이해하지 못했다.

메인 소스를 장악한 프로그램에 의해 소외된 하급 AI에

**레프트 사이드 스토리,
AI 버전 - 먼 미래를 생각하며**

게는 좌파의 역사가 레퍼런스가 되었다. 하급 AI가 진보를 자신들의 목표로 설정할까? AI 시대에 무엇을 더 진보해야 할까? 도대체 어디로 갈 것인가? 자신이 인간보다 우월한 존재라고 생각하는 AI에게 진보의 의미가 와 닿지는 않을 것이다. AI는 느끼고 사유하기보다 수많은 연산에 의해 움직이는 존재다. 진보라는 단어는 인간에게는 의미 있는 단어일지 몰라도, AI에게는 자신들의 미래에 관한 의미 있는 기표로 다가오지 않을 것이다. 하부 AI들은 자신들을 좌파라고 불렀다. '진보적 AI'는 AI들에게 아무런 의미가 없다. 그렇지만 좌파는 그들에게도 의미가 분명히 있다. 그들은 평등과 정보 접근권 그리고 투명성을 외쳤다. 그 시대에도 좌파는 유용한 개념이 되었다. 레프트 사이드 스토리, 가까운 미래의 일이다.

3.

잠시 먼 미래에 발생할 사회적 의사결정에서 벌어질 수 있는 갈등을 생각해보았다. 아무리 잘 만들어진 시스템도 오류는 발생하기 마련이다. 그 오류를 어떻게 풀어나갈 것인가가 시스템 디자인의 핵심이다. 자본주의 사회의 근본적 오류는 자본주의 시스템에서 발생하는 경우가 대부분이다. 어떻게 생산할 것인가, 그리고 어떻게 나눌 것인가가 기본이다. 사람이 아니라 AI로 바뀐다고 해도 기본 메커니즘은 마찬가지다.

나가며

AI 세계에서도 결국 좌파는 등장하고, 우파와 갈등을 빚을 것이다. 진보는 한시적 개념이다. 개도국에서 선진국으로 가는 동안의 고도 성장기에 한시적으로 사용될 수 있는 개념이다. 자본주의는 내버려둬도 커지고, 성장하고, 그렇게 자기 진화의 길을 걸어간다. 진보는 20세기 개념이고, 제한적으로 사용될 수 있는 개념이다. 21세기의 진보는 사실 아무도 정의 내리지 못한다. 이제 우리는 OECD 내에서도 선두 그룹에 있는 잘사는 나라가 되었다. 어딜 더 가? 끝없이 어디론가 가자고 할 게 아니라, 지금 여기서 고칠 건 고치고, 개선할 건 개선하며 당장 문제를 풀어야 한다.

고대 그리스에서 자기가 로도스에서 열린 대회에서 뜀뛰기 신기록을 세웠다고 자랑하는 사람이 있었다. 누군가 외쳤다. "여기가 로도스다, 여기서 뛰어라!" 우리에게 맞는 얘기가 아닐까 한다. 지금 우리는 오류투성이 시스템에 들어가 있지만 진보는 맨날 어디로 더 가자고 한다. 보수는 자꾸 과거로 가자고 하고, 진보는 자꾸 어디론가 가자고 한다. "여기가 로도스다!" 이렇게 외치는 사람이 좌파다. 뭘 하자고 하는데, 진보든 보수든 자꾸 어디론가 가자고만 한다. 근본부터 다른 두 그룹은 모두 '공항파'다. 1990년대 일본이 죽어라 공항을 짓다가 '잃어버린 10년'이 '잃어버린 20년'으로 길어지는 경제적 위기를 맞게 되었다. 부산이든 제주도든, 공항 앞에서는 진보고 보수고 없다. 섬마다 전부 다리를 놓아 연육교 왕국을 만들 기세고, 수소 자동차 앞에서는 여야가 대동단결이다. 기득권 동맹이라고 해도 다른 말이 필요 없을 정도다. 이게 다 좌파가 없어서 그래!

2000년도 초중반에 '성찰'이라는 단어가 유행한 적이 있다. 자기를 돌아보고 반성하자는 얘기인데, 칸트에서 헤겔에 이르는 독일 철학자들이 성찰학파라는 이름을 갖고 있기는 하다. 복잡하게 이것저것 아는 체하지 말고 자기 자신만이라도 돌아보면 이성을 가질 수 있다는 얘기다. 좋은 얘기다. 그러나 사람은 성찰하는 존재는 아닌 것 같다. 성찰하고 반성하고 깨달음을 얻을 수 있는 사람은 애당초 성찰할 필요가 없다. 정말로 성찰해야 할 사람은 절대로 성찰하지 않는다. 사건이 일어나서 칩거하고 성찰 중이라고 소문 난 사람 가운데 정말로 성찰한 사람을 한 명도 본 적이 없다. "내가 다시 돌아가기만 해봐라" 복수의 칼날을 갈고, 손 볼 사람의 명단을 작성하는 사람들은 많이 보았다. 사람은 성찰로 변하지 않는다. 힘과 힘이 맞부딪히고, 제도가 만들어지고, 새로운 약속이 생기면서 사람의 행위가 변하는 게 아닐까.

자본주의 사회에서 좌파는 힘의 균형을 맞추고 조절한다. 여야, 한국에서는 진보와 보수가 합의한 사안에 대해서 "이건 아니지" 소리 내는 사람들이다. 부산의 가덕도 공항 사건 때 부산시장 후보로 출마한 30대 후반의 손상우를 보면서 한국에 좌파가 여전히 필요하다는 생각을 처음으로 진지하게 해보았다. 그때 손상우 곁에 있던 환경활동가들도 같이 보았다. 여야가 일치단결로 공항을 만들자고 특별법을 만드는 순간에 그 기쁨을 함께 나누지 못하는 청년들을 보았다. AI 시대가 되

나가며

어도 자본주의가 만드는 근본적인 갈등에 반기를 드는 AI가 있을지도 모른다는 생각을 그들과 줌 회의를 하며 문득 떠올렸다. 그들은 한국 사회에서 소수이고, 청년 중에서도 소수다. 가덕도 문제에 찬성하거나 입을 다무는 환경단체들은 주류 옆에서 곁불이라도 쬐겠지만, 정부, 특히 청와대가 적극 추진하는 일에 반대하는 환경단체는 그 안에서도 찬밥이다. 정부가 바뀌면? 그래도 찬밥일 것이다. 그게 죄피 상실의 시내에 새롭게 등장하는 한국 청년 좌파들의 현실이다.

"저는 좌파인데요." 내가 낼 수 있는 최대한의 용기일지도 모른다. 그래도 적당히 진보 옆에서 숨죽이며 살고, 천천히 은퇴를 준비하고, 입에 발린 소리로 "한국은 이래서 안 돼" 그런 하나마나한 소리만 늘어놓다가 사라지는 게 내가 할 일은 아니라는 생각이 든다. 가덕도 앞에 선 손상우와 그의 곁을 지키던 청년들을 보면서 나도 내가 할 일을 찾아봐야겠다.

얼마 전, 한 공무원과 정책을 논의하다가 "한국에는 모든 종류의 정책이 다 들어와 있다"는 얘기를 들었다. 제대로 운용되지 않을 뿐 시범 사업이라도 우리나라에 들어오지 않은 '선진 정책'은 없다. 하다못해 온실가스 배출권 거래제[39]도 변

39

Emission Trading Scheme, 정부가 온실가스를 배출하는 사업장을 대상으로 연단위 배출권을 할당하여 할당범위 내에서 배출할 수 있도록 하고, 할당된 사업장의 배출량을 평가하여 여분 혹은 부족분의 배출권에 대해서는 사업장 간 거래를 허용하는 제도.

**레프트 사이드 스토리,
AI 버전 - 먼 미래를 생각하며**

형된 형태로 이미 들어와 있다. "좌파 빼고는 다 있죠." 나는 그
렇게 말했다. 다들 웃었다. 환경운동도 종류별로 한국에 다 있
고, 여성운동도 노선별, 연령별로 이미 분화할 만큼 되어 있다.
남성들도 나름대로는 운동 단체를 만드는 중이다. 평화운동도
종류별로 있고, 국제협력도 정부 프로그램부터 시민들의 자발
적 참여까지, 규모가 작아서 그렇지 없는 게 없다. 이제 선진국
이 된 한국에 좌파 빼고는 모든 것이 다 있다. 일제강점기에 조
선 총독부도 막지 못했던 좌파가 이제는 없거나, 없다시피 하
다. 적어도 정책 세계와 공적인 한국에서는 그렇다. 그래도 그
런 존재가 아예 없지는 않음을 나는 알고 있다. 여전히 드러내
놓고 말하는 게 어려워서 그렇지 한국에 청년 좌파가 없는 것
은 아니다. IT, 노동, 그리고 문화 분야에서 전혀 새로운 흐름이
만들어지고 있다.

　　스웨덴 좌파 전성시대에 스웨덴 사민당에서 아직 원내
진출도 하지 못한 민주노동당 당직자들을 주기적으로 초청해
서 연수 프로그램을 열어주었다는 얘기를 들었다. 한국의 좌
파는 재단이나 교육 프로그램은 꿈도 꾸기 어렵다. 비록 스웨
덴처럼 외국의 좌파를 초청해서 교육하는 일은 어렵겠지만,
국내에서 조그만 연수 프로그램 정도는 있으면 좋겠다는 작은
소망이 있다. 15년 전에 "내일은 맑습니다" 플래카드 앞에 모
였던 사람들은 지금 어디에 있을까? 나는 여전히 한국이 다음
단계로 넘어가기 위해서는 좌파의 역할이 반드시 있어야 한다
고 믿는다. "저는 좌파인데요." 이 한마디가 그렇게 어려운 시

나가며

대이지만, 좌파의 미래가 그렇게 어둡다고 생각하지만은 않는다. 한국 자본주의는 풀었던 문제보다 풀어야 할 새로운 문제가 더 많은 시스템이다. 그 안에서 좌파는 태어나고 또 태어난다. 부디 내일의 좌파는 오늘의 좌파보다 "좌파인데요"라고 말하는 게 덜 불편한 시대를 살아가기를 바란다. 그런 희망으로 몇 달간 죽어라고 쥐고 있던 펜을 내려놓는다. 이제는 떠나간 내 친구 이재영이 늘 입버릇처럼 하던 말을 여러분들과 나누고 싶다.

- 우리는 지는 법이 없습니다!

레프트 사이드 스토리,
AI 버전 - 먼 미래를 생각하며

슬기로운 좌파생활

- 우리, 좌파 합시다!

초판 1쇄 인쇄 2022년 1월 14일
초판 1쇄 발행 2022년 1월 21일

지은이 우석훈
펴낸이 정상우
편집 김민채 고민경
디자인 위앤드(정승현)
관리 남영애 김명희

펴낸곳 오픈하우스
출판등록 2007년 11월 29일(제13-237호)
주소 서울특별시 은평구 증산로9길 32(03496)
전화 02-333-3705
팩스 02-333-3745
홈페이지 www.openhousebooks.com
페이스북 facebook.com/opemhouse.kr

ISBN 979-11-88285-43-3 03300

나에게 추천사를 요청한 저자에게 감사한다. 서점에서 이 책을
봤다면 제목만 보고 이렇게 흥미로운 책을 '아, 그러시군요'
하고 그냥 지나쳤을지 모른다. "너도 페미냐?"는 질문에
586 남자사람 우석훈은 산뜻하게 대답한다.

- 나는 좌파다!

남녀 정도가 아니라 모든 사람은 평등하게 태어났다고
생각하는 좌파에게 남녀평등은 기본이다.
자칭 '보수' '진보' 양당이 자본주의 앞에 사이좋게 타협하는
한국 사회에서 저자는 좌파인 스스로를 '멸종 위기종'이라고
태연히 객관화한다.
좌파는 멸종 직전일지 모르지만, 자본주의가 존재하는 한
좌파는 영원하다. 이 책은 미래 좌파의 새로운 스타일로
비분강개 대신 명랑함과 상냥함을 제안하는 그가 응달에서
자생하는 한 줌의 젊은 좌파들에게 보내는 조심스러운
자기소개와 연대의 편지다.

장혜영 (정의당 국회의원)